# 저물어 가는 풍경

# 임철호

구례에서 출생
《에세이스트》수필 등단(2013)
에세이스트 작가회 이사
수필미학 작가회 회원
한국문인 협회 회원
《에세이스트》정경문학상(2020) 수상
에세이스트 올해의 작품상 2회(2019, 2020)선정
《더 수필》2회(2020, 2025) 선정
수필집《길 위의 정원》(2020)
건국대학교 행정대학원 석사
국방대학원 91안보과정 졸업
전 육군본부 관재계획관(부이사관)
국가 유공자(월남전 참전)

e-mail: rcho86@daum.net

# 저물어 가는 풍경

임 철 호 수필집

• 작가의 말

　삶의 끝자락에 서서 뒤돌아보니, 살 만한 삶을 살았는지 회한만 가득하다. 지나간 시간은 먼지처럼 기억으로만 쌓여있다. 솔숲을 지나는 바람 소리 같은 한 생이 내 삶을 스쳐 지나갔다.

　얼굴도 모르는 아버지는 푸르른 봄의 계절에 꽃 한 송이 피우지도, 한마디 말도 남기지 못한 채 하얀 연기가 되어 동토의 하늘로 올랐다. 아버지가 꿈꾸고 이루려고 했던 삶의 지향이 무엇이었는지는 모른다. 이모지년以毛之年의 짧은 삶을 살고 깊은 한을 품은 채로 이승을 하직한 아버지의 몫까지 살아야 한다는 의무감을 늘 마음에 품고 살아왔다. 사람은 아름다운 추억 한 가지만 가져도 살아갈 수 있다(도스토옙스키)는데, 나의 삶에는 아름다운 추억은 없다. 몬닥몬닥 떨어져 나간 허름한 기억 속 풍경들만 한과 설움으로 남았다.

아버지를 사모思慕하는 마음과 생각의 흔적들을 담아 두 번째 수필집을 묶는다. 잘 익지도, 맛도 들지 않은 글들을 모았다. 과거와 현재의 기억들이 교차하면서 내는 소리를 글로 잡아두려고 애를 썼다. 초록색 제복과 견고한 틀 속에서 반생을 살아오다 보니 정서도 부족하고 수준도 함량 미달이다. 혜량惠諒해 주시면 고맙겠다.

50년 동안 나와 함께 살아오면서 옆을 지켜주고, 엄마 같은 보살핌으로 아낌없는 내조를 해준, 사랑하는 아내 김영옥 여사에게 50송이의 하얀 수국을 감사의 마음을 담아 바친다. 함량 미달의 글을 멋지게 묶어 발간해 준 소소담담에도 감사드린다.

2025년 여름
임철호

• 차 례

작가의 말  4

### 1부

감사한 일상  13

수선 꽃 피다  18

잔인한 계절  23

인사의 온도  30

쉼표(,) 속으로  36

낙樂의 발견  42

민들레 정신  47

물의 가르침  53

비명 소리  56

바람의 몽니  62

## 2부

복덩이　71

우리 누나　80

근원에 대하여　87

유년의 골목　92

손주야, 할아버지 이런 사람이야　97

기억의 예절　104

저물어 가는 풍경　108

시묘侍墓살이　113

고향 마을을 짓다　118

햇살 바라기　123

## 3부

친절의 온도　129

돈의 속마음　134

공든 탑이 무너지랴　139

삼봉三封의 계절　144

슬픈 꿈　149

산길에서 만난 노인　153

부도난 약속　159

카페에서 온 문자　164

어떤 고백　169

인연의 끝　174

**4부**

눈 오는 날의 수묵화    185

자운영 꽃밭에 누워    190

잊혀진 계절    196

벌초    201

삼거리의 추억    207

제례단상祭禮斷想    213

그리움의 쉼터    218

취향臭響 – 냄새 교향곡    223

쥬라이    229

내 마음 흐르는 곳    234

## 5부

손주의 미소　245

청산도에서　250

구름 위의 찻집　255

이렇게 좋을 수가　260

춤추는 바구니 배　267

닌호아의 달　273

다낭 여행　279

스페인 여행의 추억　286

할·손 여행기　293

가을 숲에 들다　308

[작품론]
뿌리를 찾아가는 애도의 순례　신재기　313

# 1부

## 감사한 일상

우면산 워킹은 이제 나의 일상이 된 지 오래다. 300m가 안 되는 나지막한 언덕 같은 산이지만 막상 오르려고 하면 반드시 땀을 흘려야 한다. 산을 오르는 길은 오른쪽에서 오르는 길과 왼쪽에서 오르는 길이 있는데 어느 쪽이든 그리 만만치 않다. 정상에 있는 전망대까지 오르려면 가풀막이 오른쪽에 5개소가 있고, 왼쪽(예술의 전당 쪽)으로는 4개소가 있다. 나는 오른쪽과 왼쪽 코스를 번갈아 가면서 오른다. 오르는 산길에는 숲이 무성하여 대낮인데도 햇볕을 거의 받지 않고 걸을 수 있어 좋다. 매일 산길을 걸으면서 진한 땀을 흠뻑 흘리니 개운해서 좋을 뿐 아니라 날로 건강해지는 기분이 들고 행복감으로 넘쳐난다.

  우면산 둘레길을 걷기 시작한 지 한 달 정도 지났을 무렵이다. 대성사 마당에서 오른쪽 다리가 잘린 내 나이 또래의 남자를 보았다. 네 다리 보조 지팡이를 두 손으로 움켜쥔 채 힘겹게 걷기 운동을 하고 있었다. 오른쪽 다리의 무릎 바로 아랫부분을 잘라낸 듯했다. 의족을 끼고 있었다. 바짓가랑이를 걸어 올린 채였으므로 의족임을 금방 알아볼 수 있었다. 대성사는 우면산을 오르는 왼쪽 코스 중 초입에 있는 조그만 절이다. 이곳에는 그리 넓지 않은 마당이 있고 한 귀퉁이에 쉴 수 있는 정자가 있어서 산행하는 사람들의 쉼터로도 이용되고 있다. 나는 항상 정자에서 쉬면서 물도 마시고 본격적인 산행을 준비하기도 한다. 그분은 내가 정자에 앉아 쉬고 있는 동안 절 마당을 한 바퀴 정도 돌고 나서 상기된 얼굴로 정자 마루로 돌아와 바로 내 옆에 앉았다. 초면인지라 어떤 인사말을 건네야 할지 몰라서 그냥 못 본 체하고 우물쭈물 앉아 있다가 잠깐 후에 일어나 내 갈 길을 갔다. 다리를 자른 사유가 궁금하고 안쓰럽기도 해서 덕담 삼아 위로의 인사말을 건네고 싶었지만, 상대가 어떻게 생각할지 몰라서 참았다. 이런 경우에는 어떻게 말을 붙여야 실례가 되지 않을까, 산을 오르면서 생각했다. 내가 가볍게 말을 건넨다 해도 장애를 지닌 분으로서는 어떻게 받아들일까. 자극을 받거나 상처를 건드릴까 봐 조심스러웠기 때문이다. 그렇게 연 3일 정도 매일 만났다. 만날 때마다 서로 눈만 어색하게 맞추다가 이제는 눈인사할 정도로 발전했다. 궁금증도 커지고 어떤 위로의 말이라도 해주어 용기를 북돋아 주는 덕담이라도 해 주어야 할 것 같았다.

  내가 먼저 말을 건넸다. 무슨 사유로 다리를 자르게 되었으며 얼마나 되었느냐고 물었다. 당뇨병이 있는데 증상이 심해져서 올해 4월경에 다리를 자르는 수술을 했다고 했다. 지금은 의족으로 걸을 수 있도록 재활 운동을 4개월째 하고 있단다. 부인이 매일 차로 이곳까지 데리고 와서 의족의 힘을 키우기 위해서 걷기 운동을 한다고 했다. 다른 사람은 4개월 정도 재활 운동을 하면 의족으로 보조 지팡이 없이도 독자적으로 걸을 수 있다고 하는데 자기는 아직 걸을 수 없다면서 은근히 걱정되는 듯한 눈치였다. 아직 절단 부위가 아파서 온전히 설 수 없다고 했다. 그러면서 너무 섣불리 다리 절단 수술을 결정하지 않았는가 하는 후회가 된다고도 했다. 말을 걸어 보니 서글서글하게 거리감 없이 이야기를 잘해 주었다. 20대에는 파월전사로 월남전에 참전했고, 전역 후에는 건설업을 시작하여 많은 돈을 모았고, 지금은 동대문 근처에 조그만 호텔을 지어서 아내, 아들 등 가족들이 운영하고 있으며 다른 곳에도 수익용 부동산을 가지고 있어서 생계유지에는 별다른 문제가 없다고 말했다. 하지만 건강 관리를 소홀한 결과 예상치 않았던 장애인이 되었으니 본인은 얼마나 안타까울까 생각하니 마음이 아팠다.

　나도 십여 년 전만 해도 팔팔하게 활동하면서 세상에 무서울 것 없이 건강에 대하여 자신 있어 하고 과신했던 적이 있었다. 이순을 지나고 칠순을 넘기면서까지도 육체가 노화되는 것을 의식하지 못하고 건강 상태가 변함없으리라 생각하면서 미리 대처하지 못하고 만용을 부리다가 덜컥 뇌경색 증세로 병원 신세를 지지 않았던가. 과신과 욕심이었다. 몸은 항상 제자리 상태로 있어 주지 않았다. 시간 따라 세포가 죽어가면서 노화가 일어나기 마련이다. 우리의 몸과 마음이 무너지기 전에는 반드시 전조 증상이 나타난다고 한다. 피로감, 소화불량, 불면증, 우울증, 짜증, 울화 등 평소에 느끼지 않았던 증상들이 몸이나 마음에 찾아오는데 알아채지 못하게 되면 어떤 형태로든지 생채기를 낸다. 건강에 대한 과신은 금물이다. 소리없이 찾아오는 부정적인 변화를 잘 감지하여 대응하는 것이 중요한 일이지만 사람들은 자기 몸은 항상 이상 없을 것이라는 과신과 자부심을 가지고 만용을 부려서 건강에 상처를 만드는 화근을 자초하기도 한다.

내가 걷기 운동을 시작하고 나서 만나는 사람마다 얼굴이 좋아졌다고 인사하는 사람들이 많아졌다. 매일 숲속을 걸으며 맑은 공기와 피톤치드를 마시고 땀을 흘리는 것이 도움이 된 것 같아서 흡족하다. 그전에는 운동하고 나면 피곤함을 많이 느꼈는데 지금은 오히려 머리가 맑아지고 몸 움직임이 가벼워졌다. 그래서 밤늦게까지 독서를 해도 별로 피로감을 느끼지 않는다. 걷는 일이 일상화하면서 건강 상태가 많이 좋아졌다. 아침 일어나면 가끔 혈당 체크를 하고 있다. 몇 년 전 뇌경색증으로 입원하였을 때 혈압이 높고 혈당치가 높았으므로 퇴원하면 혈압과 혈당 관리를 잘하라는 주치의의 당부가 있었다. 당뇨 기준치인 100을 넘기지 않으려고 식이요법과 운동하는 것에 신경을 많이 썼다. 우면산 둘레길 걷기를 시작하고 나서는 혈당 수치가 80에서 95정도로 정상 수치를 유지하고 있다. 지금은 몸도 마음도 가볍고 편안하다. 이제는 우면산 걷기가 하루 일상 중 가장 중요한 일과가 되었다. 감사한 일상을 살고 있다.

내가 만난 다리 잘린 그 사람도 재활 운동을 잘하여 빨리 독자적으로 걸을 수 있었으면 좋겠다. 그리고 여생을 여한 없이 즐기고 행복하기를 빌어 본다.

# 수선 꽃 피다

4월 초순이다. 긴 겨울이 봄기운을 이겨내지 못하고 점점 차가움이 풀려 따사해지고 있다. 움츠리고 있던 몸을 풀어볼 겸 오랜만에 나의 산책길, 우면산의 산길을 올랐다. 기운이 한창때는 매일 아니면 하루걸러 오르던 나의 산길이었는데, 한참만이다.

내가 우면산 아랫마을에 터를 잡고 산을 오르기 시작한 것이 어언 40여 년이 훌쩍 넘었다. 그런 연고로 우면산은 동네 친구 같은 산이다. 봄, 여름, 가을, 겨울 철따라 스스로 몸체를 변화해 가며 무상의 순리를 가르쳐 줄 뿐 아니라 땀을 식혀

주고 생각의 시간을 갖도록 해주기도 하면서 나를 인도해 왔다. 산을 오를 때마다 고마움을 느낀다. 내 딴에는 산의 속속들이를 잘 알고 있다고 생각했는데, 작년 늦여름 산길에 내가 모르는 샘터를 발견했다. 수없이 많이 지나다녔던 길이었는데도 눈에 띄지 않고 지나쳤던 곳이다. 샘터였지만 목이 마르지 않았으면 무심히 지나칠 수도 있었을 것이다. 우면산 등산로에는 오래전부터 물이 나오는 샘터가 여러 곳이 있었다. 사람들이 많이 찾는 샘터는 나도 알고 있는 곳이 몇 개는 된다. 예전에는 샘터에서 나오는 물을 약수라고 많이들 마셨지만 근래에는 자치단체에서 수질검사를 수시로 하여 오염된 샘터에는 '음용 불가' 표지를 해놓고 있어서 샘터 아무 곳에서나 물을 마실 수 없는 현실이 되었다. 오늘은 새로 발견한 그 샘터를 찾아가 특별히 확인할 일이 있다.

  작년 초가을 우면산에 올라 내가 잘 다니던 산길을 걷던 중에 지금까지 보지 못했던 샘터가 눈에 띄었다. 반가운 마음으로 샘터로 갔다. 엄지손가락 굵기의 플라스틱 관에서 물이 쫄쫄 흘러내리고 있었다. 가는 물줄기였으므로 물을 받을 용기가 필요했다. 샘터 주변을 두리번거렸다. 샘터 옆에 나뭇가지로 만든 걸개에 플라스틱 표주박이 걸려 있었다. 회색의 투명한 표주박 표면에 '수선화 약수터'라고 매직펜으로 쓴 글씨가 보였다. 이 산길에 웬 수선화 약수터? 수선화라는 꽃이 필 만한 환경이나 조건을 갖춘 곳도 아닌 산길인데, 누가 예쁜 '수선화'라는 이름을 붙였을까? 전혀 어울리지 않는다고 생각하면서도 호기심을 느끼며 플라스틱 바가지를 물관에 대고 졸졸 떨어져 내리는 물을 받았다. 생뚱맞았지만, '수선화 약수터'라는 이름을 보는 순간부터 반갑고 귀한 느낌이 들었다. 플라스틱 표주박에 모아진 물을 한 모금 조심스럽게 마셨다. 수선화 꽃말처럼 어떤 고결함과 형용할 수 없는 신비감이 느껴졌다. 보잘것없는 약수터 이름을 '수선화'라는 이름을 붙여 준 이는 누구였을까. 온몸이 가뿐해지고 걸음걸이가 한결 가벼워졌다. 산에서 내려오는 내내 '수선화 약수터'를 생각했다.

  집에 와 곰곰이 생각해 보니 산길에서 발견한 수선화 약수터 이름에 걸맞은 분위기를 만들어 주면 어떨지 생각했다. 일단 샘터 주변을 수선화 꽃밭으로 만들어 주면 어울리지 않을까?. 그러자면 수선화를 심어야 했다. '쿠팡'을 열어 '수선화 구근球根'을 검색했다. 수선화 알뿌리 20그루를 주문했다. 며칠 후 수선화 구근을 배낭에 넣고 우면산에 올랐다. 내가 다니던 산길에 들어서서 눈길을 옆으로 돌릴 사이도 없이 수선화 약수터로 직행했다. 산길 옆 이름 없는 샘터에 수선화 뿌리를 심을 생각을 하니 가슴이 두근거렸다. 평소보다 가볍고 빠른 걸음으로 샘터에 도착했다.

  흘러내리는 약수에 합장 인사를 하고 나서 신문지로 싼 수선화 알뿌리를 조심스럽게 배낭에서 꺼냈다. 꽃삽도 끄집어내어 손잡이를 쥐었다. 샘터를 끼고 있는 뒤편의 경사지는 한 평 정도의 조그마한 땅이었다. 약수가 흘러나오는 뒤편 왼쪽의 경사면에 알뿌리 심을 자리를 찾아 꽃삽으로 표시했다. 11월의 날씨인데도 땅은 고슬고슬 잘 파였다. 적당한 거리를 띄워서 차례로 알뿌리를 정성스레 묻고 꼭꼭 눌러주었다. 겨울을 잘 이겨내고 봄이면 새싹을 잘 피워 주기를 기원하면서 한그루 두 그루 정성을 다했다. 다음 해 봄이면 수선화가 피어나 '수선화 약수터'의 이름값을 제대로 해주기를 기대하면서 뿌리가 파묻힌 흙 위에 약수를 한 움큼씩 뿌려 주었다. 내가 심은 수선화가 낯선 땅에서 움을 틔워 이 산길을 오가는 산객들에게 야생의 위로를 줄 수 있도록 꼭 피어나기를 기원했다.

  깊은 겨울에 들어서고 나서부터는 산에 오르는 일이 없었다. 심정적으로는 계절이 빨리 바뀌어 새로운 봄이 빨리 오기를 기다리면서 수선화 알뿌리가 어린 새싹을 예쁘게 피워 내 주기를 마음속으로 기원하면서 겨울을 보냈다. 수선화꽃이 피었는지를 확인하러 가는 날이 바로 오늘이다. 이름 없는 약수터를, 누군가 '수선화 약수터'라고 이름을 붙여주지 않았으면 무명의 샘터였을 '수선화 약수터'. 현장에 도착했다. 아아! 탄성이 터져 나왔다. 이럴 수가. 수선화꽃이 피었다. 뾰족한 입술의 노란 꽃잎이 햇살을 받아 하늘을 향해 반짝이고 있었다. 수선화가 꽃을 피우다니 믿기지 않는 기적 같은 일이었다. 기원의 결실이 눈앞에 펼쳐져 있었다. 첫아이의 탄생에 버금가는 환희를 맛보는 순간이었다.

10여 그루의 수선화가 꽃밭을 만들어 놓았다. 소박한 나의 바람이 이루어졌다. 한량없이 기뻤다. 수선화를 키워 본 적 없는 나에겐 큰 기쁨이었다. 타고난 소질은 없지만, 이제부터는 녹색 손가락(Green thumb)이 되어야겠다. 야생의 생명을 받아 낸 산모의 역할을 다짐해 본다. 작가 에마 미첼Emma Michell은 《야생의 위로》에서 25년간의 깊은 우울증을 치유해 준 최고의 비결은 바로 '야생의 산책'이었다고 했다. 수선화 약수터의 수선화가 건강하게 자라서 야생의 산책을 즐기는 모든 산객에게 약수 한 모금이라도 선사하여 위로를 전하는 산속의 오아시스가 되었으면 좋겠다.

## 잔인한 계절

　4월을 지나고 나서부터 나에게도 잔인한 시간이 회오리처럼 몰려왔다. 5월부터 시작된 내몸에 장착된 부품들 이곳저곳에서 잔인한 황토 바람이 일었고, 삐걱거리는 소리가 들려왔다. 잔인한 계절풍이 불어오는 소리였다.

　오래전부터 버킷리스트 한 줄로 기록하고 있었던, 말로만 듣던 크루즈 여행 계획을 세우고 가슴 두근거리면서 출발 날짜만 기다려 온 시간이 어언 1년이다. 여행사와 계약을 하고 여행 경비를 송금하고, 출발일과 도착일을 포함한 여행 일정을 확인했다. 기항지에서 관광할 지역과 내용을 확인하는 동안은 참 행복했다. 대망의 유람선 여행에 대한 기대와 호기심이 하늘을 찌르듯 했다. 지중해 3국(이탈리아, 프랑스, 스페인) 유람선 여행은 5월 10일 출발했다. 인천에서 이탈리아 밀라노행 비행기를 타고 14시간 날아가 내린 것은 저녁 12시경이었다. 우리의 여행 일정은 사바나에서 출항하여 마르세유, 바르셀로나, 이비사섬, 팔레르모, 치비타베키아를 거쳐 다시 사바나항으로 돌아와서 남프랑스 니스와 모나코를 돌아보고, 제노바와 밀라노 관광을 끝으로 귀국하는 9박 11일간의 일정이었다.

호기심과 즐거움으로 가득한, 여행 6일째(치키타베키아항에 정박 중)되던 날 아침, 여느 때처럼 침대에서 일어났다. 아무 생각 없이 눈을 뜨자마자 오른쪽 눈이 침침하여 물체가 선명히 보이지 않는다. 침대에서 일어나 바닥에 발을 딛는 순간, 중심을 잡지 못하고 넘어질 뻔했다. 가까스로 창문을 붙잡고 간신히 일어나 눈을 크게 떠보았다. 역시나 짙은 장막이 가려진 것처럼 눈앞의 모든 것이 뿌옇게만 보였다. '왜 이러지! 이럴 수가?' 무척 당황스럽고 난감했다. 눈앞이 캄캄해졌다. 절망감이 온 뇌리에 가득 찼다. 이게 무슨 일이지? 어떻게 이런 일이 생길 수 있단 말인가. 베란다로 나가 지중해 바다를 바라다보았지만 까만 바다의 형체만 어른거릴 뿐 파도의 움직임을 볼 수가 없었다. 왼쪽 눈으로 대충 물체의 윤곽만 확인할 수 있었다. 우리를 인솔해 온 여행사 가이드에게 실정을 알렸다. 인솔자는 혹시 뇌신경에 이상이 생긴 게 아니냐며 무척 놀라는 기색이었다. 일단 조식 시간에 만나서 사후 처리 방안을 논의하기로 했다. 곧바로 아들에게 전화로 내가 처한 상황을 알렸다. 좀 있다가 아들의 지인인 안과 전문의로부터 전화를 받았다. 안과적 소견으로는 망막의 동맥이 파열되었거나 정맥이 막혔을 수도 있다면서 일단 빨리 귀국해서 검사해 보는 것이 좋을 것 같다고 말했다.

남은 여행 일정을 취소하고 5월 17일 밀라노 공항에서 출발하는 귀국편 비행기를 탔다. 5월 19일 아침 일찍, 아들이 예약해 놓은 안과 의원에 갔다. 20여 가지의 각종 검사를 받았다. 검사 결과, 30년 전 백내장 수술 시에 삽입한 인공수정체가 떨어져 나왔다며 봉합 수술을 하면 원상으로 회복할 수 있다고 했다. 5월 23일로 수술 날짜를 정했다. 원인을 알았으니 일단 안심은 되었다. 봉합 수술을 하면 다시 볼 수 있다니 얼마나 다행한 일인가. 노심초사, 한 시도 안심할 수 없었던 근심이 일거에 해소되었다. 점심 밥맛이 되살아났다.

수술 날인 5월 23일 이른 아침에 병원에 갔다. 시작하여 1시간 만에 수술을 마쳤다. 안대를 하고 바로 귀가했다. 모든 걱정이 해소되는 듯했다. 참 좋은 세상이다. 30년 전에는 백내장 수술을 하고 일주일 이상을 입원실에서 꼼짝하지 않고 침대에서 위로만 시선을 두고 회복될 때까지 기다렸는데, 지금은 수술이 끝나자마자 곧바로 집에 갈 수 있으니 얼마나 좋은가. 이튿날 병원을 방문하여 수술 부위를 점검받았다. 이상 없이 잘되었다고 했다. 한 달 후부터는 정상적인 활동을 할 수 있다고 했다. 천만다행이고 무척 고마웠다. 벼르고 벼르던 유람선 여행은 제대로 하지도 못하고 대망의 멋진 기행 수필도 쓰지 못했지만, 눈이 정상으로 회복되어 얼마나 다행인지 모르겠다.

눈이 회복되어 정상을 되찾아 갈 무렵, 감기 몸살 증세가 회오리바람처럼 나를 엄습해 왔다. 마른기침이 시도 때도 없이 목을 괴롭히기 시작하자 온몸이 열에 묻혀 식은땀이 연거푸 나기 시작했다. 기침은 계속 나오고, 몸기운은 시나브로 없어지고, 걷기도 힘들 정도로 시르죽을 지경이 되었다. 마음은 아직 옛날 패기로 가득한데, 몸은 내 힘으로 가누기 힘들어서 괴롭기 그지없었다. 동네 병원에 가서 약을 처방했다. 시간 맞추어 약을 먹기도 힘들다. 몸속에서 진땀이 배어 나와 속옷이 흥건한데도 샤워할 수도 없으니 이런 고통이 없다. 입맛이 떨어져 식사를 정상적으로 할 수도 없고, 그러니 기운은 더 빠지고…. 고통의 시간은 온전히 나 혼자만의 일이었다. 옛날 같았으면 한 사흘 지나면 감쪽같았던 기억이 있지만, 시간의 흐름에는 내몸도 당할 재간이 없는 것 같았다. 이를 악물고 버텨내는 수밖에는…. 한 달의 반 정도를 몸살과 싸움을 벌이다 보니 몸 상태가 말이 아니다. 자력으로 밖에 나가기도 겁나고, 걷기도 힘들어져서 운동도 제대로 할 수 없는 지경에 이르렀다. 몸이 만신창이가 된 채 그냥저냥 병치레의 시간으로 보내고 말았다. '내몸도 이제 노화 과정으로 들어섰구나' 하는 생각이 들었다. 원시적인 공포감이 나를 휘감았다.

  8월에 들어서자, 이번엔 설사를 자주 쏟아냈다. 여태까지는 여름에 차가운 물을 마시거나 매운 음식을 먹었을 때, 설사하고 나면 정상으로 회복되었으나 이번에는 달랐다. 간헐적인 설사가 계속 이어졌다. 은근히 걱정되면서 이상하다는 생각이 들었다. 언뜻 몇 달 전, 건강 공단에서 통지문을 받은 것이 떠올랐다. 2년마다 하는 검진 해이니 건강검진을 속히 받으라는 통지를 받아 놓고도 일자를 정하지 못하던 터였다. 바로 내시경 전문 병원에 전화해서 8월 28일로 내시경(위와 대장) 일자를 정했다.

  내시경이 끝나고 회복실에서 안정을 위해 1시간 정도 잠을 자다가 눈이 띠었다. 주섬주섬 평상복으로 갈아입고 담당 의사로부터 검사 결과 내용을 설명 들었다. 대장에 있는 용종 3

개를 발견하여 바로 절제했고, 위에는 별 이상 소견이 없다고 했다. 안심하고 귀가했다.

이튿날, 내시경을 시행했던 병원에서 전화를 받았다. 검사 결과 위장에 헬리코박터균 감염 증세가 있으니 자기 병원에 오든가 다른 병원에 가서 제균제除菌劑를 처방받아 치료하라는 것이다. 이상 없다는 설명을 어제 들었는데, 이 또한 날벼락이었다. 평소에 다니던 동네 내과 병원을 찾아가 자초지종 설명을 하니 2주간 복용할 제균제를 처방해 주었다. 약 한 봉지에 들어있는 빨갛고, 노랗고, 파랗고, 하얀 알약이 한 주먹이었다. 제균제에는 강한 항생제가 들어있어서 매우 불편한 증세가 있다고 하면서 지사제도 같이 처방해 주었다.

사실 나는 헬리코박터균을 잘 몰랐다. 지금까지는 정상적인 식사를 하고 소화를 잘 해왔으므로 나하고는 상관없다고 생각하고 지내왔다. 인터넷 검색을 해 보고 나서야 증세와 실체, 약 복용 중 나타나는 부작용도 만만치 않다는 것을 알았다. 주로 설사를 자주 하고, 기운이 없어지는 증상이다. 하루에 아침과 저녁으로 약을 철저히 먹어야만 했다. 긴장감이 스멀스멀 느껴졌다. 또 한 번의 전쟁을 치러야 했다. 다음 차례는 약 복용 후 일주일이 되는 날, 내과를 방문하여 '요소 호기尿素呼氣' 검사를 받아야 한다. 헬리코박터균이 소멸하였는지 아닌지를 확인하는 검사다. 9월 9일이면 1주일이 된다. 5월 여행 중에 눈 이상증세로 시작하여 몸살 통, 위장에 감염된 헬리코박터균 발견까지 5개월간의 연속된 잔인한 계절을 보내고 있다.

 뒤돌아보니 나름대로 건강하게 잘 살아왔다. 이제는, 어떤 노랫말처럼 내몸도 익어가고 있다는 것을 몸소 실감하는 계절이다. 감도 가을이 되면 빨갛게 익어서 홍시가 되어 떨어지는 현상이 나와 다를 게 없다는 것을 깨닫고 있다. 모든 사람이 건강하게 오래 살기를 원한다. 하지만 몸의 노화에 따른 질병은 자연 발생적이므로, 긍정적인 생각으로 순응하며 살아야겠다는 생각을 요즘 많이 하고 있다. 하지만 생각일 뿐이지 언제 다시 적군이 쳐들어와서 다시 잔인한 전쟁을 치러야 할지는 모르겠다. 정상적인 건강을 유지하면서 살아가는 것이 큰 행복임을 알겠다. 나의 잔인한 계절도 이 가을에는 원상으로 돌아와 자연의 섭리대로, 고운 낙엽으로 무르익어 가는 계절이면 좋으련만….

## 인사의 온도

 3월 초에 발생한 예기치 않은 병 증세로 며칠간 입원했다가 퇴원한 후 처음으로 친구들 모임에 나갔다. 6월 말이었다. 증세가 뇌혈관 질환이었으므로 혈압 관리와 당 관리에 신경을 쓰면서 채식 위주로 식사하고 운동의 비중을 높이다 보니 몸무게가 빠지고 얼굴이 핼쑥하게 변했다. 입원 사실은 주변에 일절 알리지 않았으므로 내색하지 않고 일상을 보내던 중이었다. 모임에 나가서도 표 내지 않고 태연한 척했다. 친구들은 내가 평소에 건강하고 열심히 운동한다는 것을 알고 있으므로 나의 행색에 대해 두드러진 반응을 보이지 않아서 다행이었다.

수인사가 끝나갈 무렵 한 친구가 나에게 물었다. "얼굴이 멀쑥하고 살이 많이 빠진 것 같은데 무슨 고민거리가 있어? 혹시 아들 병원 일 때문에 그런 거야?" 하고 묻는다. 참 어이가 없다. 내몸 상태하고 아들 문제하고 무슨 상관이람. 아들 문제와 결부시켜서 묻는 것이 무슨 의도인지는 몰라도 기분이 별로 좋지 않았다. 아들 병원은 3년 전 개원해서 잘 돌아가고 있다. 그 친구는 개원식에 초청했는데도 참석하지도 않았던 친구였으므로 더욱 생뚱맞다는 생각이 들었다. 질문의 속내가 무엇일까. 그 소리가 머릿속에 계속 맴돌았다. 몇 달 만에 얼굴을 맞대면서 건네는 인사말로 적절한 것인지 되씹어 보았다. 왜 내 건강 상태와 아들 일하고 상관 지어서 말했는지 그 저의가 의심스럽고 무척 불쾌했다. 무심코 던진 말이라도 일단 입 밖으로 나온 말은 상대의 마음에 파장을 일으킬 수 있다. 집에 와서도 한동안 불쾌한 생각을 버릴 수 없었다. 그 친구의 속마음과 달리 내 임의적인 해석일지도 모르겠다. 아니면 친구의 미숙함일지도. 나의 예민한 반응일까?

인사人事란 사람들 사이에 지켜야 할 예의로 간주하거나 그러한 예의를 지키기 위한 행동이라고 알고 있다. 우리는 어렸을 때부터 어른들로부터 가장 먼저 배운 것이 인사하는 법이었다. 지금도 아이가 태어나서 똥오줌 가릴 시기가 되면 맨 먼저 인사하는 방법을 가르치고 있다. 사람으로서 당연히 갖추어야 할 범절이라는 것으로 알고 있기 때문이다. 사람 간의 관계나 질서는 인사로부터 시작되는 것이다.

내가 어렸을 때는 할아버지로부터 동네 어른을 보면 무조건 인사를 잘해야 한다고 배웠다. 인사를 잘하면 효자요 착한 어린이였다. 나도 손자가 태어나고 말귀를 알아들을 무렵부터 인사를 가르쳤다. 아들 내외가 가르쳐서 오긴 했다. 집에 오고 갈 때 인사랍시고 인사를 한다는 게 "안녕하세요, 안녕히 계세요" 정도였다. 마음에 들지 않았다. 내가 생각하는 인사법은 적어도 상대의 눈을 마주 보고 인사를 해야 한다. 손주가 집에 왔을 때 인사하는 것을 보니 배꼽인사라고 하면서 두 손을 모아 배꼽에 대고 하긴 하는데 눈은 헛딴데를 쳐다보고 고개만 숙이는 꼴이다. 눈을 나하고 마주 보도록 반복해서 시켰다. 지금은 유치원도 다니고 배우면서 눈을 마주 보면서 인사를 곧잘 한다. 인사란 마음과 마음으로 이어지는 일종의 교감이다. 그뿐만 아니라 인사에는 만났을 때 하는 인사만 있는 것이 아니라 기쁜 일이 있을 때 하는 축하 인사, 어려운 일 등 애사에 건네는 말이나 행동 등 사회생활 과정에서 부딪치는 경우마다 수많은 종류의 인사가 있다. 상하 간의 인사, 동료 간의 인사, 친구 간의 인사를 비롯해 동네 이웃이나 친척 간의 인사 등 다양하다. 이러한 인사에서 기본적인 덕목은 진실과 존중심이다. 인사라는 절차는 이렇듯 어렵다.

 E 수필지 가을호에 내 특집이 발표되었다. 〈하얀 찔레의 추억〉 외 4편이 실렸다. 추석을 지나고 며칠이 지나 수필지가 배송되었다. 이곳저곳의 문우들로부터 작품평과 함께 감동적으로 읽었다는 내용의 메일, 문자, 전화 등으로 인사를 전해왔다. 전혀 예기치 않은 반응에 놀랐다. 내 글을 보고 이렇게 인사를 해오리라고는 예상치 못했으므로 당황스러웠다. 돌아보니 수필 쓰기에 입문한 지도 어언 5년이 지났다. 하지만 항상 부족한 글솜씨에 스스로 자책하면서 독서에 많은 시간을 투자하면서 좋은 글을 써 보려고 노력은 하고 있었다. 내 글에 공감하는 여러분들로부터 격려의 인사를 받게 되니 자신감이 생기고 용기가 솟는 것 같았다. 인사를 받는다는 것이 또 다른 힘과 용기가 될 수 있다는 것을 새삼 느끼게 되었다. 나는 인사를 잘해왔는가.

 지난 목요일 예술의 전당 야외 광장에 있는 한 식당에서 소박하면서도 정이 담긴 점심 대접을 받았다. 늦가을 풍경 속에서 받은 아름답고 맛있는 인사였다. E 수필지 81호에 실린 나의 특집 작품의 독자로부터 좋은 글 읽었노라는 인사와 함께 음식을 대접하고 싶다는 메일을 받았다. 5편 작품 중 〈하얀 찔레의 추억〉과 〈철아야!〉는 깊은 감명을 받았다는 내용과 함께 식사 초대를 하는, 정중한 인사를 받은 것이다. 나는 전혀 모르는 분이었다. E 수필지를 정기구독하는 친구의 책을 읽었노라고 했다. 글을 쓰고 나서 처음 독자로부터 식사 초대를 받은 초유의 사건이다. 내가 유명 작가도 아닌데 이러한 음식 대접을 받는다는 게 어색한 일이 아닐 수 없었다. 참 반갑고 고마운 일이었다. 내 생애 가장 아름다운 풍경으로 기억될 것이다. 친구인 문우와 함께 4명이 한 식탁에 앉아 이런저런 수필에 관한 이야기를 나누면서 맛있게 식사했다. 참 감사한 하루였다.

지난 10월 19일 모르는 사람으로부터 메일을 받았다. H 산문의 월평 담당인데 내 특집 작품을 12월호에 월평을 쓰고자 하니 사진과 약력 사항을 보내 달라는 내용이었다. 고맙다는 인사와 함께 사진과 약력 사항을 메일 답장으로 보내 주었다. 변변찮은 졸작에 관해 관심을 두고, 읽어주고 평까지 써 주겠다고 하니 고맙기는 하지만 송구스러운 마음이 들었다. 인쇄 매체의 효과에 대해 다시 한번 생각해 보는 계기가 되었다. 앞으로 더욱 진지한 태도로 좋은 작품을 써야 하겠다고 다짐하면서, 이럴 때 어떻게 인사를 해야 할지 궁리 중이다.

오늘 또 메일을 받았다. "임철호 수필가께. 안녕하십니까? 도서출판 '북인' 대표입니다. 2018년 한 해 봄, 여름, 가을, 겨울 네 계절에 걸쳐 여러 수필 잡지에 발표되는 수필 중 계절마다 15편씩 60편의 좋은 수필을 선정하여 2018년 말과 2019년 초 사이에 무크지 《더 수필》을 내려고 합니다. 이번 가을 동안에 발표된 수필 중 15편에 선생님께서 E 수필지 9, 10월호에 발표한 〈철아야〉가 선정되었습니다. 그래서 재수록 허락을 받으려 메일을 드립니다"라는 내용이었다. 글을 보는 눈은 여러 곳에 깔려 있구나 하는 생각이 들었다. 이 또한 아름다운 인사가 아닌가.

오랫동안 자주 만나고 나에 대해 잘 안다고 하는 친구로부터 기분 안 좋은 인사를 받고 충격과 함께 께름칙했던 마음이 이번 특집 작품 발표를 통해 고마운 인사들을 받고 확 풀렸다. 인사에도 온도가 있다는 것을 느꼈다. 내 마음이 차갑게 전해지는 인사가 있는가 하면 포근하고 고맙고, 격려와 더불어 용기와 자신감을 주는 인사도 있다. 글을 쓴다는 것에 대한 자부심과 자신감을 얻게 되어 감사할 따름이다. 인사는 쉬운 것 같지만 사실은 어려운 일이다. 사람의 할 일 중 인사가 가장 큰 일이라서 그럴 것이다.

## 쉼표(,) 속으로

서늘한 바람과 함께 또 한 계절이 찾아오고 있다.
산들바람이 곱게 부는가 싶더니 아침과 저녁에 느껴지는 기온의 감도가 다르다. 무더위와 비와 바람이 세상을 뒤흔들던 때가 언제였던가 싶을 정도로 이젠 조용하다. 그 자연의 시간 속에 나는 분명 살고 있었다. 에어컨 아래에 자리를 잡았고, 천둥소리를 피해 베란다 밖의 문을 꼭 닫고 어릴 적 들어본 적 있는 벼락 치는 소리를 연상하며 가슴 졸이는 시간도 보냈다. 세상을 할퀴고 소용돌이치던 광풍도 이젠 어디로 숨었는지 흔적 없이 조용하다. 시간의 틈새에 둥지를 틀고 앉아 아무것도 생각하지 않기로 한 것이 5개월이 지났다. 그 속에 한 계절(여름)을 품고 있었다.

　글쓰기에 입문한 지도 어언 7년이 되었다. 살아오면서 가슴속에 똬리처럼 웅크리고 있던 뭔지 모를 응어리를 풀어내야만 홀가분할 것 같은 생각이 들었다. 그 방법의 하나가 글쓰기였다. 문학이라는 것을 알지도 못하고 어린아이 옹알이처럼 그저 내 가슴을 풀어헤치는 작업만 해 온 듯싶다. 내 유년 시절의 비밀 같은 이야기들이 활자화되면서 창피한 생각도 들었지만 한 편은 후련하고 시원하기도 했다.

　그동안 글쓰기를 배우면서 끄적거렸던 글이 한 줌 두 줌 모이기 시작하고 상당한 분량이 쌓이게 되었다. 글 같지도 않지만 지면에 발표가 되면 주변의 문우들로부터 '잘 썼다', '감명 깊게 읽었다'라는 등, 격려의 글과 말을 전해 들을 때도 있었다. 하지만 내가 글을 잘 쓴다는 생각은 해 본 적이 없다. 항상 뭔가 빠져 있고 함량 미달이라는 것과 어설프다는 느낌만 들었다. 그래도 열심히 공부하고 노력하면 잘되리라는 믿음은 가슴속에 간직한 채 글쓰기를 재미있게 해왔다.

　2년 전 봄, 느닷없는 뇌경색증으로 병원 신세를 5일간 지고 퇴원했다. 건강하다고 믿었던 몸이었는데 병원까지 다녀왔으니 모든 생각과 행동에 긴장감을 느꼈다. 시간이 지날수록 머리를 쓰는 일은 거의 정상으로 돌아왔으나 몸을 써야 하는 건기라든가 물건을 드는 일은 약간의 불완전한 느낌을 떨쳐버리 수 없었다. 걷는 발걸음이 가볍지 못하고 순발력이 떨어지는가 하면 몸의 중심이 불균형 상태로 한쪽으로 기우는 듯했다. 오래 걸으면 빨리 피곤을 느끼기도 했다. 완전한 회복이 되진 않은 상태였다. 그래도 생각을 하고, 의사 표시를 하고, 생각한 대로 거동할 수 있으니 얼마나 감사한지 모른다. 더 좋아지기 위해 헬스장을 다니면서 다리와 팔의 힘을 기르고 걷기 운동도 열심히 했다. 수필반에도 열심히 다니며 글을 많이 썼다. 그 덕분인지 연말께에는 특집 발표도 하고 '올해의 작품상'도 수상하였다.

### # 비우다

지난 5월에는 어지럼증[離石症]이 발병하여 한동안 거동의 제한을 겪었다. 외부 활동을 자제하면서 휴식에 들어갔다. 어지럼증이 발병하면서 일상의 리듬이 깨어졌다. 병원에서는 별일 아니라는 듯 약을 먹고 며칠 지나면 정상으로 돌아온다고 했지만, 처음 당하는 증상이었으므로 은근히 걱정되는 것이 사실이었다. 주변 사람들도 별 증세가 아니므로 머리를 움직이지 말고 집에서 며칠만 쉬다 보면 회복이 된다는 말을 들었으나 걱정을 떨쳐 버릴 수 없었다. 반신반의하면서도 바깥출입을 자제하면서 조용한 휴식의 시간을 가졌다. 반전이 필요한 순간이 내 앞에 와 있음을 느꼈다. 내려놓자. 욕심을 내려놓으면 무리하지 않을 것이고 무리하지 않으면 건강을 까먹지 않을 것이다. 일단 아무것도 하지 않고 머리와 몸을 내려놓기로 했다. 생각의 회로를 멈추고 가만히 침묵의 문을 열고 들어가 번잡한 신경을 재워 주기로 했다. 건강하다고 자부했던 마음은 허세이고 위선이고 교만이었다. 무위의 시간을 보내면서 나를 뒤돌아보는 쉼표가 필요했다. 빈약하기만 했던 내 유년 시절의 아린 기억을 불러내느라 힘들고 고달팠던 영혼이 잠시라도 쉬게 해 주어야 했다. 더 이상의 창고 인생倉庫人生에 머물지 않고, 글쓰기 감옥에서 벗어나 정신과 육체에 빈자리를 만들어 주기로 했다. 채우기 위해서는 공간이 필요하듯이….

# 벼리다

인간은 생각하는 동물이다. 아무리 무위의 시간을 산다고 해도 사람은 한순간도 생각 없이는 살 수 없다. 정신적, 육체적 이완의 극점에서 만나게 되는 것은 심심함이다. 심심함을 느끼는 순간, 그닐그닐 솟아오르는 욕구, 빈 위를 채우려는 식욕 같은 허기짐이 살아난다. 그 허기짐을 채우기 위해 깊은 여름, 졸참나무 가지에 업듯이 붙어서 울어대는 매미들처럼 한가로움에 머물면서 책을 집중적으로 읽고, 헬스장에서 근력운동을 하고, 학교 운동장을 찾아가서 걷기 운동을 했다. 나를 뒤돌아보는 성찰의 시간이 되기 위해 인문학 관련 서적들과 산문집을 읽었고, 힘 있는 걸음걸이를 위해 걸었고, 사유의 공간을 채우기 위해서 음악을 들었다. 오로지 운동과 산책과 독서와 음악을 들으며 통찰의 시간을 가졌다. 지금까지의 내 허름한 영혼과 마음속 그늘에 윤활유를 치는 소중한 시간을 만들었다. 내 삶에 새로운 시각이 필요했던 순간들에 먹이를 주는 귀중한 시간으로 채웠다. 내게 필수인 체력(몸), 심력(마음), 뇌력(뇌)을 집중적으로 증강하는 기회로 삼았다. 한껏 자유로운 공허와 무위의 시간을 사색과 관조의 시간에 할애하여 통찰과 창조의 시간 속을 산책하는 호모 사피엔스가 되었다. 나를 위한 여백의 시간은 나를 온전히 행복하게 해주는 것들이라는 것을 알았다. 마음에 적당히 간이 배이길 기다리며 한여름을 살았다.

# 다짐하다

결실을 수확하는 계절, 가을이다. 설악산으로부터 단풍이 물들어 온다는 소식이 전해진다. 한편에서는 시샘이라도 하듯 남쪽에서는 태풍이 불어와 물가와 계곡을 할퀴고 사람도 앗아가는 안타까운 사연들이 TV 뉴스를 통해 전해 온다. 자연 속에서 사는 뭇 삶들은 어느 것 하나 자신의 마음대로 이룰 수 없다는 것을 알면서도 개미처럼 땅과 길을 오가면서 열심히 일하고 그 성과를 수확하고자 한다. 하지만 누구도, 어떠한 사물도 자연의 용트림에 항거하지 못하고 기대어 살 수밖에 없다. 몇 개월의 침묵과 무위의 시간을 보내면서 몸과 마음을 아무 제약 없이 머리를 비우고, 마음을 비우고, 몸을 추스르면서 나 자신의 함량을 점검해 보는 시간을 가졌다. 앞으로 내 시간을 어떻게 사용할 것인지를 생각해 보았다. 가을을 맞이하여 150여 일 동안 지은 농사를 잘 수확하여야 할 때가 되었다고 생각한다. 심기일전하여 보고, 느끼고, 생각했던 알곡들을 잘 정미하여 내 삶의 영양소로 활용하여야 하겠다고 다짐해 본다. '걸음을 멈추면 생각도 멈춘다'라는 장 자크 루소의 말을 되새기며 쉼표(,)를 터닝포인트 삼아 생각의 걸음을 계속 걸어야겠다.

# 낙樂의 발견

세상에 드리운 검은 장막, 지난 1월 중순에 방문한 검은 손님은 사람 사는 세상에 눌러앉기로 작정한 모양이다. 어느새 7개월째 인간사를 묶어놓고 있다. 사회적 거리 두기 1, 2, 3단계를 반복해 가면서 불청객의 접근을 막으려고 애써 보지만 역부족이다. 속수무책으로 당하고만 있자니 사람 사는 맛을 잃어 가고 있다.

평소 건강 유지를 위하여 다니던 동네 헬스장에도 발을 끊고 집에 칩거하기 시작했다. 조심하면서 기다리다 보면 해결되겠지, 하며 집에만 틀어박혀 있었는데 점점 멍청이가 되어 가는 것 같고 몸이 무겁고 둔해지는 것 같았다. 출구를 찾아야 했다.

　집 근처에 있는 고등학교 운동장을 걷기로 했다. 저녁 식사를 마친 후 운동장에 갔다. 처음 와 보았는데 스포츠 경기장처럼 인조 잔디가 깔려 있고, 트랙이 잘 갖추어져 있어서 걷기에 안성맞춤이었다. 트랙의 길이는 500여 미터쯤으로 적어도 5바퀴 이상 돌아야 운동이 될 것 같았다. 5회전을 목표로 하여 걷기를 시작했다.

　한 3개월 정도 매일 저녁 걷다 보니 숙달이 되어 재미가 붙었고 다리에도 힘이 붙어 점점 수월해졌다. 코로나19가 물러가도 걷기 운동을 계속해야겠다고 마음을 다잡아보기도 했다. 그러나 돌아가는 판세는 오히려 더 악화하고 있었다. 방역단계를 높이는 조치가 이루어지면서 학교 정문이 폐쇄되었다. 이런 낭패가 없다. 대안으로 집 앞에 있는 우면산牛眠山을 오르기로 했다.

　우면산은 270m 정도의 야트막한 산이다. 이름 그대로 소 한 마리가 옆으로 누워 잠자는 듯한 모습으로 어머니의 너그러운 품속 같다. 관악산에서 흘러 내려온 능선으로 서울 남부의 허파 구실을 단단히 하고 있다. 50, 60대 때에는 일주일에 한 번꼴로 오르내리던 아담하고 포근한, 마치 우리 집 앞마당 같은 산이다. 그러나 몇 년 전 뇌경색을 앓고 나서부터는 오를 엄두를 내지 못하고 있었다. 작년부터는 봄, 가을에 가끔 손주를 데리고 오르기는 했지만, 예전처럼 자주는 아니었다.

막상 산을 오르려고 하니 은근히 걱정이 되었다. 아무리 낮다고 해도 산은 산이어서 정상 바로 밑에는 깔딱고개가 있게 마련이다. 우면산에도 정상의 오른쪽, 왼쪽 모두 오르막길 막바지에 계단 300여 개가 깔려 있는 경사도 70~80도쯤의 가풀막이 있다. 나의 체력으로는 조금 무리가 될 듯하지만, 그동안 워킹으로 단련된 다리를 믿고 강행하기로 했다.

7월 1일 오후 6시, 등산로 입구에 들어섰다. 장마철이라서 그런지 길은 습기를 많이 머금었고 빗물이 흘러 골이 팬 곳이 여기저기 보였다. 바닥에 보행용 마포가 깔려 있어서 걷기에 편하긴 했다. 자연보호 목적이기는 하지만 자연스러움은 덜했다. 오랜만에 오르는 오르막에 적응되도록 숨을 조절하면서 천천히 걸었다. 예전 같았으면 넓은 보폭으로 힘차게 올랐을 터인데, 생각처럼 발걸음이 따라주지 않았다. 산길에 서 있는 나무들은 무성하게 가지를 뻗어 올라가고 있는데, 나는 무성했던 머리털이 하얗게 변색이 되고 팔다리의 힘이 빠져 걸음걸이가 느려지게 되었으니 인간의 한계를 인정해야 했다.

길을 오르는 중간중간에 나처럼 혼자 산을 오르는 사람들이 많이 보였다. 20여 년 전에는 일단 산에 들어서면 팔을 앞

뒤로 힘차게 휘두르며 뛰어가듯이 앞만 보고 올랐는데, 이제는 양손에 쥔 등산용 스틱에 의존하여 올라가야 했다. 길 중간마다 정자나 그늘막이 있어서 쉬기도 하고 목에 물을 축이기도 하면서 쉬엄쉬엄 오르니 그런대로 오를 만했다.

우면산 워킹을 작정하면서 제일 먼저 염두에 둔 것이 비움이었다. 말로는 항상 욕심부리지 말고 살자고 다짐했지만 실행하지는 못했다. 산을 오르는 일은 욕심만 가지고는 안 되는 일이었다. 작은 물 한 병, 몸의 균형과 무릎 보호를 위한 스틱 한 세트, 핸드폰과 헤드폰을 기본 물품으로 정했다. 빠른 걸음으로 걷지 않고 내 앞에 가는 사람을 추월해 가지 않기로 했다. 경쟁의식을 잠재웠다. 눈으로 길가에 숨은 듯 피어 있는 이름 모를 꽃의 예쁜 입술과 나무들의 푸르른 자태와 시시각각 변하는 산속 풍경을 감상하면서 쉬엄쉬엄 걸었다. 영상 30도를 오르내리는 여름날의 산길 걷기란 생각처럼 낭만적이지만은 않았다.

우면산 걷기 운동을 시작한 지도 한 달이 넘었다. 힘은 들었지만, 욕심을 버리고 평지를 산책하듯이 천천히 오르니 우려했던 무릎에 무리도 가지 않고 허벅지가 단단해진 느낌이 들었다. 몸무게와 혈당수치도 내가 정한 기준치(60kg, 100) 이하로 유지되고 있었다. 아프던 허리도 유연해지고 잠잘 때 장딴지에 쥐가 나던 것도 거짓말처럼 사라졌다.

 이제 우면산 걷기는 내 일상의 한 페이지가 되었다. 어렵고 귀찮게만 여겼던 산길 걷는 시간이 재미있어졌다. 산에 오를 시간이 기다려지기까지 한다. 산길을 오르다가 쉼터에 앉아 산바람에 땀을 날려 보내며 우거진 나무숲 사이로 빠끔히 보이는 파란 하늘, 구름을 바라본다. 나뭇잎의 흔들리는 몸짓을 쳐다보고 있노라면 산 나그네의 즐거움이 커진다. 온몸이 땀범벅이 되고, 손수건이 물수건이 되어도 몸은 한결 가볍다. 점점 산과 친구가 되어간다.
 장마가 지나가고 숲속에 몇 줄기 햇살이 들자, 매미들 울음소리가 귓전을 흔든다. 숲속을 찬미하는 노래인 듯 아름답다. 코로나19에 밀려난 변방에서 새로운 즐거움을 찾았다. 울창한 나무들이 성성하게 춤추듯 나도 산처럼 건강하고 바다처럼 넉넉해지고 싶다.

## 민들레 정신

 봄 기분을 채 느낄 새도 없이 봄이 훌쩍 다가왔다. 산하 곳곳에 저마다의 생명이 쏙쏙 자라나고 있다. 마치 유치원 어린이들이 선생님의 질문에 '저요, 저요' 하고 손을 높이 치켜드는 것 같은 모습이다.
 서울 가는 직행버스 정류장에 왔다. 정류장에는 비가림 지붕을 지탱하기 위해 네 귀퉁이마다 보강 기둥이 받치고 있다. 왼쪽 기둥과 바닥 보도블록 사이의 좁은 틈새에 민들레 한 송이가 홀로 꽃망울 하나를 품고 해바라기를 하며 바람에 흔들리고 있다. 외진 곳 낯선 땅에 홀로 피어서 긴 꽃대에 의지하여 매달린 꽃망울이 안쓰럽기도 하다.

봄이 되면, 우리 주변 곳곳에 민들레가 노란 꽃을 피우고, 하얗고 동그란 씨방을 만들어 바람에 날리는 민들레 홀씨를 흔히 볼 수 있다. 우리나라에 자생하는 민들레는 토종 민들레와 서양민들레가 있다. 우리가 흔히 보는 민들레는 서양민들레다. 서양 민들레는 봄부터 가을까지 몇 번이고 꽃을 피우고 씨앗을 퍼뜨린다. 우리의 토종 민들레보다 번식력이 몇 배 강하다. 1900년대 초에 우리나라에 유입된 서양민들레는 우리나라 전역에 퍼져 있다. 이에 비해 토종 민들레는 남부 지역에서만 자라고 봄에만 꽃을 피우며, 꽃도 작아 씨앗의 번식력이 약해서 개체수가 점점 줄어들고 있다. 어릴 적 초등학교 교과서에서 보았던 털이 보송보송하고 탐스러운 토종 민들레는 머지않아 보기 힘들어지지 않을까 싶다.

자연의 마음은 넓고 공평하다. 기후와 장소에 상관없이 어느 생물이건 주어진 환경에 적응할 수 있는 능력만 갖추면 다 품에 안아서 키워 준다. 모든 생물은 자기만의 터를 만들고 사랑을 하여 열매를 맺고 씨를 만든다. 일단 자리를 차지하면 그곳이 그들의 영토가 되는 것이다. 다만, 환경에 잘 적응하는 생물만이 자기들의 마을을 만들고 자손을 이어갈 수 있다. 일본 메이지 시대의 도쿠토미 로카는 그의 저서 《자연과 인생》에서 "너 귀를 기울여/ 이 꽃의 말을 들어라/ 장미가 아니니/

꽃피지 않겠다고 말하는지"라고 했다. 모든 꽃이 한목소리로 대답하는 소리가 들리는 듯하다. '나는 나만의 꽃을 피운다'라고. 자연의 모든 생물은 나름대로 자기만의 꽃을 피운다. 자연의 일원으로서 자연에 순응하기 때문이다.

  민들레는 다른 식물과 달리, 때와 장소를 가리지 않고 바람과 흙과 습기만 있으면 세상 어느 곳에라도 발을 붙이고 살아낸다. 바람에 날려 멈추는 곳에 조그만 틈새라도 비집고 들어가 발아하고, 뿌리를 내려 자손을 번식시킨다. 끈질긴 생명력과 적응력이 뛰어난 식물이다. 저 강인한 삶을 이어가는 민들레의 끈질긴 생명력은 어디에서 근원하는가. 모든 생물은 자신의 유전자를 후세에 남기기 위해 존재한다는 진화의 기본 이념을 다시 한번 음미해 본다. 민들레의 꽃말은 '행복, 감사'의 마음이다.

  옛날 노아의 대홍수 때 온천지에 물이 차오르자 모두 도망갔지만, 민들레만은 발이 빠지지 않아 도망을 가지 못했다. 민들레는 두려움에 떨다가 머리가 하얗게 세어버렸다. 민들레는 필사적으로 구원의 기도를 드렸고, 하나님은 민들레를 가엾게 여겨 높은 산 양지바른 곳에 올려 주었다. 민들레의 하얗게 세어버린 머리카락은 바람에 날려 여기저기로 자리를 잡아 새로운 생명으로 태어났다고 한다. 민들레는 하나님의 은

혜에 감사하며 오늘까지도 얼굴을 들어 하늘을 우러러보며 살게 되었다는 이야기가 전해진다. 민들레는 꽃이 지면 하얀 털을 단 열매(홀씨)를 맺어서 바람에 잘 날려가기 좋은 조건을 가지고 있다. 많은 씨앗을 날려 보내 자신의 영토를 넓히고자 하는 것이 민들레의 생존 전략이고 민들레의 정신이다.

요즘 세태를 보면 한창 혈기 왕성한 젊은이들이 결혼도 하지 않고 아이를 갖지 않으려는 풍조가 만연해 있다. 딸, 아들을 가진 부모들의 걱정 아닌 걱정 중의 하나가 결혼과 생산 기피 현상이다. 반만년의 역사를 이어오고 있는 우리나라의 젊은이들은 왜 민들레나 갈대, 향나무처럼 견고한 뿌리 내림을 하지 않으려고 하는지 모르겠다. 나무든 잡초든 모든 식물은 흙과 물기만 있으면 어디에서든 뿌리를 내리고 씨앗을 뿌려 자기의 영토를 넓힌다. 우리 인간도 부모에 의해 태어나면 그곳에서 부모의 가르침이나 자기의 소질이나 능력에 따라 성장하고 자손을 출생하여 대를 이어 살아가는 것이 순리라고 생각했던 시절이 있었다.

21세기 들어 글로벌화되면서 인적, 물적 교류가 급격히 늘어나고, 전자기술의 발전과 진화의 속도가 빛의 속도로 빨라지고 있다. 우리의 전통적인 생활 모습이나 환경이 변화하면서 우리의 선조들이 금과옥조로 지켜오던 전통적인 미풍양속이 일거에 붕괴하는 현상이 우리 주변에서 일어나고 있다. 이러한 현상은 시대적 환경의 변화와 문명의 발전 등 여러 가지 원인이 있겠지만, 자연의 섭리마저 저버리는 결혼 기피라든가 결혼 후에 당연히 가져야 하는 2세의 출생을 인위적으로 도외시하는 풍조는 자연의 섭리를 배반하는 처사가 아닐 수 없다. 로봇이나 AI에 세상을 내주지 않으려면 민들레나 울릉도 벼랑의 향나무와 같은 강인한 뿌리를 내려서 우리 고유의 전통을 이어가고, 세상을 우리의 영토로 만들어 가면 얼마나 좋을까. 민들레꽃 같은 노란 울음소리가 방방곡곡에 민들레 홀씨처럼 번질 날을 기대해 본다.

늦은 오후 백운호수 둘레길을 걸었다. 길 주변의 늪지대에는 늙은 황갈색의 갈댓잎들이 겨우내 꺾인 자태로 힘없이 누워있었는데, 어느새 늙은 갈대숲 사이로 뾰쪽한 초록의 갈댓잎들이 솟구쳐 오르고 있었다. 죽은 듯이 누워있던 누런 갈댓잎들을 밟고 자라나고 있었다. 자연의 섭리를 느끼는 순간이었다. 만물은 자연의 순리를 따라 생동한다. 새로 피어나는 갈대는 여름에 무성하게 자라 가을에는 또다시 꽃을 피우고, 다시 노랗게 시들어 죽을 것이다. 또다시 봄이 오면 죽음 위를 뚫고 새로운 갈대가 태어나고…. 자연의 순리와 생명의 순환 법칙을 따를 것이다.

호수길을 걷던 중 갈대 숲사이로 흘러드는 계곡 물길 따라 호수로 헤엄쳐 들어오는 청둥오리 가족을 보았다. 맨 앞의 어미 오리 뒤로는 새끼 오리 5마리가 앞서거니 뒤서거니 하며 어미 오리를 뒤따르고 있었다. 참 아름답고 행복한 정경이었다.

## 물의 가르침

가을이다. 그 무참하던 불볕더위와 무성하게 내리던 비도 그쳤다. 가을바람 서늘한 백운산 계곡을 따라 산길을 걸었다. 계곡에 흐르는 물은 봄이나 여름에 보던 물이 아니다. 맑고 신선하다. 우렁차게 흐르지도 않는다. 조심조심 좌우를 살피며 얌전하게 흐른다. 가을이 되면 물은 여름내 내린 빗물을 어디에든 감추어 소생의 시간까지 스스로 보전한다. 나무들의 뿌리에 스며들거나 낮은 곳을 찾아 흘러내린다. 종국에는 강을 찾아, 또는 호수를 찾아 몸을 불리고 흘러 흘러 바다로 갈 것이다. 물은 흐르지 않고는 살아있음을 표현하지 못한다. 한 곳에 고여 있기도 하지만, 근본적으로 흐르는 생리를 가졌다.

물의 생명은 소멸하지 않고 모습만 변할 뿐, 윤회를 거듭한다. 그런 면에서 인간과는 천양지차의 속성을 가졌다. 물은 고집이나 반항이 없다. 지형이나 지세에 따라 흐르거나 그릇에 담길 뿐, 거부도 없고, 반항도 없다. 흐르다 막히면 돌아가고 파인 곳이 있으면 채우고, 넘치면 다시 흐른다. 자연의 섭리에 잘 순응하는 자연물 중의 하나다. 물은 청정淸靜, 무색無色, 무욕無慾, 무아無我의 자질을 가졌다. 물의 소리는 자연의 소리다.

《열하일기熱河日記》를 쓴 박지원朴趾源은 〈물〉이라는 글에서, 물소리는 듣는 사람의 마음가짐에 따라 소리의 느낌이 다르다고 했다. 고요한 밤에 흐르는 강물 소리를 들을 때, 깊은 소나무에서 나오는 바람 같은 소리로 듣는 사람은 그의 심성이 청아하고, 산이 찢어지고 언덕이 무너져 내리는 듯한 소리로 듣는 사람은 흥분한 까닭이며, 뭇 개구리들이 다투어 우는듯한 소리로 듣는 사람은 교만한 사람이고, 수많은 축(筑:비파)의 격한 가락인 듯한 소리로 듣는 사람은 노怒한 까닭이다. 찻물이 보글보글 끓는 소리로 듣는 사람은 운치가 있는 사람이고, 종이창에 바람이 우는 듯한 소리로 듣는 사람은 의심에 차 있는 심상 때문이다. 이러한 모든 소리는 올바른 소리가 아니라 자기 흉중에 품고 있는 뜻대로 귀에 들리는 소리를 받아들인 것에 지나지 않는다고 했다. 이렇듯 하찮은 강물이 흐르는 소리도 듣는 사람의 마음가짐에 따라서 다양한 느낌으로 받아들여질 수 있다니, 우리 범인들은 상상도 할 수 없는 깨달음이다. 물은 말 한마디 하지 않고도 소리만으로도 우리에게 많은 깨우침을 주는 스승이다.

  가을 산을 오르며 물의 가르침을 깨닫는 하루였다. 우리의 몸은 70%가 물로 이루어져 있다. 인간은 물의 은덕을 입고 살아가면서도 물의 고마움이나 물이 주는 교훈을 회피한 채 욕심만 움켜쥐고 살아가느라 세상이 너무 시끄럽고 혼란스럽다. 우주의 시원 물질인 물이 주는 가르침을 깨달아 순리에 어긋나지 않는 삶을 살았으면 좋겠다. 가을 산 계곡물처럼 청아하고 운치 있게.

# 비명 소리

2022년 겨울, 절기상 대설날 아침나절이다. 창문 밖 어디선가 나무 자르는 굉음이 귀를 자극했다. 11층 아파트에서 내려다본 풍경은 살벌했다. 우리 아파트와 도로를 경계로 인접한 S 아파트를 둘러싸고 있는 울타리의 나무들이 살육을 당하고 있었다. 수종은 주로 소나무와 사철나무, 벚나무 등 여러 종류의 나무들이다. 내 귀에 들린 굉음은 아파트 울타리 나무들이 전동 톱에 의해 잘려 나가면서 내는 핏빛 머금은 비명이었다.

S 아파트 정문과 골목길에는 몇 년 전부터 커다란 현수막이 걸리기 시작했다. 재건축을 추진한다는 내용의 공지문으로

시작하여 조합 구성, 조합 설립, 재건축 공사 인가, 시공사 선정 등의 일련의 진행 상황이 현수막으로 걸린 지가 3~4년 정도 되는 것 같다. 지난 10월부터는 이사 차량이 시도 때도 없이 한동안 드나들었다. 주차장 마당은 가을 벼수확이 다 끝난 황량한 들판처럼 을씨년스럽고 쓸쓸한 분위기로 변했다.

이 아파트 단지는 콘크리트와 아스팔트로 고층 아파트를 올리고 바닥을 포장하고 나니 맨땅은 고작 건물 주변의 화단이나 울타리 주변밖에 남지 않게 되고, 경관 보존을 위한 조경 작업이 이루어지게 되었을 것이다. 아파트 마당과 울타리의 조경 수목은 입주민과 함께 수십 년간 같이 살아오면서 묵묵히 인간을 지켜 주었건만 눈길 한 번 주지 않고 인사 한마디 없이 떠나버린 아파트 주민이 한없이 얄밉고 배신감마저 느꼈을 것이다. 전쟁 통에 피난 가듯 부랴부랴 짐을 꾸려 떠나버린 입주민의 모습을 보고 인간의 이기심과 인정머리 없는 냉혹함에 치를 떨었을 것이다.

입주민이 다 떠나고 난 황량하고 을씨년스러운 빈 아파트 단지 안으로 노란 굴착기 3대와 10여 명의 인부가 마치 점령군처럼 칼과 전동톱 등으로 무장하고 울타리 주변에 배치되었다. 무장한 인부들은 조경 수목을 향하여 무자비하게 칼날을 휘두르기 시작했다. "웽웽" 하고 굉음이 울려 퍼지는 순간,

나무의 살점이 뚝뚝 떨어져 나가면서 몸통이 차례로 잘려 나뒹그러졌다. 그 뒤를 굴착기가 달라붙어 톱으로 잘라내지 못하는 나무의 중간 가지들을 좌에서 우로, 우에서 좌로, 팔을 회전시키면서 쳐내는 것이다. "우지직" 하며 나뭇가지 찢어지는 소리가 허공으로 솟음쳐 오른다. 말로는 자연보호와 공존을 외쳐대고, 기후 변화에 대응하기 위해 자연을 보전해야 한다고 떠들던 사람들이 아니었던가. 하지만 눈앞의 이익을 두고는 언제 그런 말을 했냐는 식으로 뒤돌아서서 거침없이 자연을 훼손했다. 인간의 이중적이고 탐욕적인 속성이 여실히 드러나는 현장이었다.

10여 년 전 단독 주택에 살았던 적이 있다. 우리 집 마당에는 나이가 20년은 족히 넘었을 감나무 한 그루와 자두나무가 살고 있었다. 매년 자두와 감이 주렁주렁 열렸다. 정부 주택 정책에 따라 단독 주택을 다세대 주택으로 다시 짓게 되었다. 부득이 감나무와 자두나무를 베어내야만 했다. 동고동락했던 나무를 막무가내로 베어낼 수 없었다. 나무를 자르는 날, 시루떡과 북어포 등 간단한 제물을 진설하고 막걸리를 따라 올리면서 천지신명에게 나무를 베어내는 사유를 고하고 감나무와 자두나무에 용서와 이해를 구하는 고사를 지낸 적이 있다. 나무의 생명을 인정하고 살상의 무례함을 양해받은 셈이다. 그렇게 하고 나니 마음이 홀가분하고 앞으로 진행되는 모든 일이 잡음 없이 잘 마무리되었다. 나무에도 정령精靈이 있지 않을까. 한 해 두 해 자라면서 고빗사위를 넘길 때마다 몸에 박힌 옹이나 나이테에 지나온 삶의 흔적이 차곡차곡 쌓여서 나름의 영혼을 가지게 되지 않았을까. 나는 개인적으로 나무, 특히 몇십 년을 자란 나무에는 정령이 있다고 믿고 있다.

"당신은 자연에 초대된 손님입니다. 예의를 지키세요." 이 말은 19세기 오스트리아 화가이자 건축가인 프리덴 슈라이히 훈데르트바서Frieden-srich Hundertwasser가 한 말이다. 인간은 지구의 주인이 아니라 손님이라는 걸 환기해 주는 말이 아니겠는가. 인간과 자연의 평화로운 공존을 위해서라도 살아있는 나무를 살육하는 것은 인간의 삶에 폐해로 앙갚음을 받을 것이다. 자연의 일부인 나무는 산소를 생산하여 공기를 깨끗하게 정화해 줄 뿐만 아니라 질병을 예방해 주고 피부의 탄력과 윤기를 더해 주는 등 인간의 삶에 필요한 요소를 아무 대가 없이 제공해 준다.

나무로 이루어진 숲은 인간에게 원천적인 고향이며 모태와 같은 존재이다. 웰빙을 넘어 내츄럴빙이 화두가 되는 현실에서 나무는 경제적, 환경적, 문화적인 중요한 자원일 뿐 아니라 건강 자원으로서도 다양하게 활용된다. 근래 떠오르는 내츄럴 빙Natural-being의 핵심은 숲(나무)과 조화롭게 살아가는 삶이다. 숲은 부작용 없는 치료 약이고 돈을 주고 사지 않아도 되는 보약이며, 모든 사람을 받아주는 종합병원이자 산소공장이다.

내 눈앞에서 여전히 나무 살육 작전이 진행 중이다. 내몸이 잘리는 듯한 착각에 잠시 빠졌다. 나무의 몸통이 잘려 나가고 남아있는 뿌리를 움켜쥔 나뭇등걸이 까까머리가 되어 추위에 맞서고 있다. 잘린 나무 시체들은 즐비하게 나뒹굴어져 있다. 전동톱에 의해 난도질당한 나무 몸체와 가지들은 굴착기의 이빨에 물려 이곳저곳에 무덤이 만들어졌다. 순식간에 나무들의 묘지가 생겨났다.

왜 인간들은 아파트 건설이나 재건축할 때 나무와 공존할 생각을 하지 않고 막무가내로 살육만 할까. 10년 이상 건강하게 자란 나무를 나무 은행이나 보호소 같은 것을 만들어 임시로 이식했다가 필요한 곳에 다시 심는 등 재활용 방안을 마련한다면, 조경공사에 들어가는 큰 비용을 절약할 수 있을 텐데. 지구 온난화와 환경 변화에 따른 문제가 심각하게 대두되고 있는 현실인데도, 나무의 중요성을 망각한 채 주거 시설 확충이라는 명목으로 인간과 공존하던 조경, 울타리용 수목들을 일거에 살처분하는 모순에 빠진 인간들의 행위를 이해할 수 없다. 정책 수립하는 기관이나 건설 관계자들이 나무도 살리고 돈도 아낄 방법을 먼저 고려하는 긍정적인 발상의 대전환이 필요한 시점이 아닌가 생각해 본다. "건설업자들이여, 나무는 우리와 공존해야 할 자연의 친구입니다. 나무들을 베어내기만 하지 말고 재활용 방안을 강구하시기를 청합니다."

밤낮없이 꿀을 퍼 나르기 바쁘던 벌들은 다 어디로 갔는지. 빈 벌통에는 벌 한 마리 드나들지 않고 절명絶命한 나무들의 비명悲鳴소리만 허공에 가득하다. 인간들의 날 선 톱에 잘려 죽은 나무들이여, 삼가 명복을 비노라! 부디 목신木神이 되어 천생天生의 삶을 이어 가기를 기원하노라.

## 바람의 몽니

하얀 눈이 세상을 덮고 있다. 집 앞의 우면산에도 하얀 점들이 물감처럼 번지고, 갈색으로 보이던 나무들의 색깔도 회색으로 희부옇게 변했다. 올해 들어 처음 내리는 눈이라 반갑기는 하지만 기대했던 함박눈이 아니어서인지 어딘지 모르게 아쉬운 마음이 얇게 깔린다.

우면산에서 흘러 내려온 자락 사이로 S 아파트가 자리하고 있다. 우리 집 바로 앞에 있는 아파트다. S 아파트 난방용 굴뚝에서 하얀 연기가 마치 증기기관차에서 뿜어져 나오는 증기처럼 폭폭 피어오르고 있다. 마치 목화솜처럼 폭신하게 수직으로 오르다가 산산조각으로 흩어지거나 부서져 버리고 만다. 굴뚝에서 피어오르는 연기는 한시도 그대로의 모습이 아니니다. 바람이 부는 방향에 따라 시시각각으로 몸태를 바꾼다. 수직으로 높이 길게 오르다가 옆으로 잘게 퍼지기도 하고, 산산조각으로 부서져 소멸하기를 반복한다. 내가 앉아 있는 쪽으로 방향을 틀기도 하고, 그러다가 다시 오른쪽으로, 다시 위로, 그리고 왼쪽으로. 연기의 몸체도 크게 작게, 굵게 가늘게 변하며 날아오른다.

　지금은 곧바로 오르고 있다. 저 연기를 조종하는 주체는 무엇일까. 한동안 응시해 본 끝에 알았다. 그것은 바로 바람이었다. 베토벤 피아노 협주곡 5번, 〈황제〉 1악장에서부터 3악장까지 흐르는 동안 눈앞의 풍경은 바로 바람이 지휘하고 있었다. 그러고 보니 연기의 흐름도 〈황제〉가 연주되듯 시간에 따라 변하는 음률의 변주와 같다. 우리의 삶도 결국 시간과 바람에 따라 살아온 것 아닐까? 아, 이제는 굴뚝 연기가 똑바로 하늘로 솟구쳐 오르고 있다. 허공에 바람이 없다는 뜻일 것이다. 베토벤의 〈황제〉 협주곡 연주도 끝났다. 조금 있으면 바람이 어느 쪽으론가 방향을 틀 것이다. 한시도 가만히 정지해 있지 않은 바람. 마치 사람 마음 같기도 하고 인생사인 것 같기도 하다. 하늘로 솟구쳐 오르던 연기가 이젠 사방으로 퍼져 오른다. 한참을 기둥처럼 말아 올라가던 연기가 어느새 흐트러지고 있다. 내 마음도 흐트러지고 있다.

어린 시절 고향 시골집에서 보았던 겨울 함박눈 내리던 풍경이 떠오른다. 겨울밤을 지나고 아침에 일어나보면 소복소복 내려 쌓이던 함박눈, 마치 목화솜 같은 따뜻한 느낌을 주었다. 마당에 쌓인 눈은 할아버지가 맨 먼저 쓸어내었다. 세상에서 제일 깨끗하고 포근한 느낌을 주는 눈을 쓸어내는 할아버지가 미웠다. 세수를 하는 둥 마는 둥 옷을 대충 가려 입고 강아지와 함께 대문 밖을 나서 골목길을 걸어보았다. 뽀드득 뽀드득 발밑에서 눈이 밟히는 소리는 맑고 투명한 느낌이었다. 함박눈은 골목뿐 아니라 집 앞 들판에도 폭신한 이불처럼 깔려 있었다. 그때도 눈은 바람이 불지 않는 날에는 얌전하게 수직으로 사뿐사뿐 내렸으나 바람이 부는 날에는 중천에서부터 춤을 추듯 내렸다. 어느샌가 눈은 또 미친 듯이 좌로 우로, 아래에서 위로 곤두박질치면서 내리기도 해서 정신이 헷갈리기도 했다. 바람이 불 때 내리는 눈은 예쁜 마음이 들지 않았다. 눈은 예쁘게 내려서 세상을 아름답게 만들고 싶었을 것이다. 하지만 바람의 몽니 때문에 얌전히 내리지 못하고 사랑도 받지 못했다.

눈이 다시 진눈깨비로 변해서 내리는가 싶더니 다시 싸락눈으로 변했다. 하얀빛이 무색의 비가 되어 수직으로 내리다가,

다시 대각선으로 곤두박질치기도 한다. 눈도 비도 바람이 시키는 대로 모습을 바꾼다. 창밖의 세상은 삽시간에 온통 흐려졌다.

  아파트 굴뚝에서 나온 연기도 세상의 흐름 속으로 숨어 들어갔을까? 우면산이 흐리게 보이기 시작한다. 몇 분 전에 한우 소고기의 마블링처럼 하얀 반점으로 보였는데 지금은 알아볼 수 없을 정도로 시야가 흐려졌다. 골목길은 눈이 왔지만 말끔하다. 눈이 내리자마자 녹아버렸다. 그 위에 진눈깨비가 내려서 비 온 뒤의 습한 도로처럼 보인다. 우면산이 뽀얗다. 굴뚝에서 나오는 연기가 힘이 없어 보인다. 흐려진 하늘의 습도가 높아져 활개를 칠 수 없는 모양이다. 내리던 진눈깨비가 다시 하얀 눈발로 변했다. 기온이 다시 낮아졌나 보다. 음악이 바뀌었다. 바깥을 응시하는 동안 음악도 어느새 바뀌어 흐른다. 속도가 빠른 음악이다. 바이올린 협주곡이다. 아, 이젠 굴뚝 연기가 오르지 않는다. 멈추었다. 이제야 난방의 온기로 배가 불렀나 보다. 나도 음악감상에 집중해야겠다. 나의 시선도 거두어들여야겠다. 12월 중순의 어느 일요일, 눈 오는 아침. 2020년 겨울, 첫눈이 내리는 풍경. 지나온 내 삶의 데칼코마니 같은 눈 오는 날, 바람의 조화를 응시해 본 시간이었다. 눈을 들어 다시 거실 창밖을 내다보니 지붕과 길에 하얀 눈이 덮여있다. 쌓이진 않았으므로 덮여있다는 말이 적절할 것이다. 올겨울 들어 처음 내린 첫눈이다. 우면산의 풍경도 마치 산수화 한 폭으로 변했다. 내가 매일 걷던 산길도 아마 눈이 덮였을 것이다. 회전 안락의자에 앉았다. 몸을 돌려 창밖으로 향했다. 근래에는 겨울이 되어도 예전처럼 많이 내리지 않아 은근히 눈이 내리기를 기다리는 편이다. 어렸을 적 고향 마을에 내렸던 포근하고 아늑한 정경을 느낄 수 있기를 기대하면서 눈이 내려 쌓이기를 은근히 바라기도 했지만, 막상 눈이 쌓이면 걱정이 되기도 하고 부담스럽기도 하다. 집 앞의 도로에 눈을 치워야 하는 부담감이나 미끄러운 걸음걸이가 위험스럽기도 하기 때문이다. 이제는 눈이 내리더라도 쌓이지 않고 살짝 덮였다가 곧바로 녹는 눈이 좋다.

  하늘이 맑아지면서 햇무리가 떴다. 주황색 면사포를 쓴 신부가 수줍어 배시시 웃는 모습으로 변했다. 금방 햇무리가 없어졌다. 구름이 가렸다가 다시 비켜났다. 아, 다시 햇무리가 없어졌다. 해가 다시 보인다. 구름이 해 앞으로 흐른다. 다시 또 구름이 해를 감추었다. 마치 구름과 해가 숨바꼭질하는 것 같다. TV에서는 '코로나19 종합뉴스'가 진행 중이다. 어제 코로나 확진자가 1,053명이란다. 괴질의 공포가 세상을 휩쓸고 있다. 무섭다. 바람에 코로나19 바이러스가 확 날아가 버렸으면 좋겠다. 오늘은 온종일 찌부드득하다. 바람이 분다. 바람에 눈이 날린다. 구름이 하늘을 가렸다. 종일 해 보기가 어렵겠다. 불과 몇 분 동안에 천변만화의 세계를 보았다. 바람이 조화를 부리고 있었다. 바람의 몽니를 보았다.

삶을 뒤돌아보니 인간뿐 아니라 세상의 모든 생명 있는 것들은 보이지 않는 힘의 영향으로 얼어 죽기도 하고, 이곳에서 저곳으로 날아가 씨를 내리고 살아가기도 한다. "바람이란 모든 것에 영향을 주고 세상일을 가르친다"라는 장자의 말이 떠오르는 날이다. 나의 삶도 보이지 않는 바람의 힘으로, 바람이 부는 대로 이리저리 흔들리며 살아오지 않았던가. 나도 결국 자연의 미물 중 하나로, 바람이 부는 대로 여기까지 날려왔을 것이다.

지상에서 솟구쳐 오른 눈송이들이 회오리친다. 어떤 놈은 거실 유리창으로 머리를 쳐들고 달려든다. 이내 부딪쳐서 물기가 되어 흘러내린다. 명분 없는 자살 행위다. 이 또한 바람의 몽니이려니. 회색 비둘기 두 마리가 눈바람을 타고 하늘로 박차고 오른다.

"땅과 흙이 우리 생명의 근원이듯 자연에 존재하는 모든 생물도 저마다의 근원이 있다. 나는 그 근원(뿌리)에서 태어난 잎사귀이고 가지임을 음미해 보는 시간이었다."

# 2부

# 복덩이

내 머릿속에는 '복덩이'라는 이름을 가진 한 소년의 이야기가 전설처럼 살고 있다. 복덩이는 우리나라가 국권 침탈이 되고 난 후, 3·1운동이 일어나던 해의 1년 전인 1918년 한여름(6월), 백운산자락이 섬진강 쪽으로 흘러내린 산줄기 아래 20여 가구가 옹기종기 모여 있는 마을의 한 초가집에서 태어났다. 복덩이는 삼대째 독자로만 이어오던, 손이 귀한 집안에서 태어나 나름대로 귀한 아들이었다. 아버지는 이 아이가 복을 많이 받고 좋은 세상을 살아가기를 간절히 소원하여 '복덩[福童]이'라고 이름을 지었다. 집안 형편이 넉넉지 못했다. 아버지는 선대로부터 물려받은 땅마지기 한 평 없었고, 15평 남짓한

흙벽의 제비집 같은 초가 한 채를 붙들고 살아왔다. 아버지는 날품으로 남의 집이나 친척 집의 일을 거들고 쌀 됫박이나 겨우 얻어와 하루하루 연명하는 삶을 이어왔다. 오죽했으면 아들 이름을 복덩이라고 지었을까.

　복덩이가 출생하고 난 4년 후 둘째를 몸에 담아 둔 상태로 시름시름 앓던 복덩이 어머니는 출산하고도 아이에게 젖을 물릴 수 없을 정도로 건강이 안 좋았다. 동생은 동네 아낙들의 동냥젖으로 겨우 목숨을 부지하기는 했다. 복덩이가 8살, 동생이 4살 되던 해에 어머니는 두 아들을 남긴 채 저세상으로 먼저 떠났다. 아버지의 근심과 걱정은 태산 같았다. 허름한 삶을 그냥 땅에만 묻고 살기도 버거웠던 아버지는 두 아들을 먹이고 가르쳐야 하는 바윗덩어리 같은 짐을 지고 어떻게든 살아남아야 했다. 아이들도 키워야 하고 눈앞의 궁핍을 어떻게든 벗어나야 했다. 그러기 위해서는 아이들을 키워줄 새엄마가 필요했다. 동네 사람들의 도움으로 새엄마를 맞이했다. 복덩이 아버지는 탈출구를 고심하던 중에 돈을 벌러 일본으로 건너간 동네 사람을 알게 되었다. 복덩이가 9살, 둘째가 5살 되던 해에 두 아이와 새로 맞이한 아내를 앞세워 일본행 짐을 쌌다. 짐이라야 별것 있기나 했을까. 몸뚱어리와 옷가지 몇 벌 주섬주섬 챙겨서 괴나리봇짐만 어깨에 걸치고 고향을 떠났다. '한 맺힌 가난을 벗고 무슨 수를 써서라도 돈을 벌어 아이들만큼은 반드시 공부시키고 귀향하리라'고 가슴 깊이 꼭꼭 눌러 다짐하고 조상님들에게 하직 인사를 올린 후 하동포구로 향했다. 높은 하늘에 뜬 구름을 바라보며 아무도 배웅해 주지 않는 고향 마을을 뒤로한 채 터벅터벅 생면부지의 땅, 그러나 희망의 땅을 향해 걸었다.

복덩이 일가는 하동포구에서 현해탄玄海灘을 건넜다. 일본 시모노세키항을 거쳐 미야자키라는 낯설고 생소한 이국땅에 짐을 풀었다. 잘할 수 있는 일이란 몸으로 부닥쳐서 벌어먹을 수 있는 막노동일뿐이었다. 맨 먼저 잡은 일터는 흙일을 하는 기와 공장이었다. 고향에서 농사를 지어 보았으므로 흙을 이기고 밟고 치대는 일은 가장 만만한 일이었다. 공장 부속 창고를 개조하여 아이들과 함께 살 만한 보금자리를 마련하였다. 부부와 어린 두 아이는 빨리 일본 생활에 적응해 갔다. 네 식구는 밤낮없이 황토를 파내어 발로 밟고 치대어 기와를 만드는 데 온 힘을 쏟았다. 그럭저럭 먹고 사는 기반을 마련하였다.

복덩이는 오오요도(大淀) 소학교에 들어갔다(1928). 복덩이는 머리가 명석하여 일본말을 익히고 학교생활에 빨리 적응했다. 아버지와 어머니의 말을 잘 듣고 학교 공부도 열심히 하는 우수한 학생으로 학급에서 상위권의 성적을 유지했다. 일본 선생님의 귀여움을 받았고 동네 주민들로부터도 예의 바른 조선 아이로 소문이 날 정도로 바르고 꿋꿋하게 성장했다. 학교에 다녀오면 아버지와 어머니의 흙일을 도와주고 공부도 열심히 했다. 복덩이 가족은 '조센징'이라고 비하하는 말을 귓전으로 흘리면서 성실하고 근면하게 기와 굽는 일을 했다. 그 덕에 주인으로부터 인정을 받았고, 동네 사람들로부터도 무시당하지 않고 어울려 살았다. 겉으로는 그렇다 해도 피지배국의 백성인데 동등한 대우를 받았을까. 남의 나라에서 살아가려면 남모르는 애환이 가득했을 것이지만 한 가족이 온전히 살아남기 위해서는 어떤 질시와 무시를 당해도 참아내야 하는 것이 이방인이 감내해야 하는 운명 아니었을까.

  복덩이는 감수성이 예민한 어린이였으므로 일본말과 글을 빨리 익혀서 학교생활에 잘 적응하였다. 학년이 올라갈수록 학급에서 다른 현지 아이들을 제치고 우등생이 되기도 하고 행사 때에는 학교 대표로 선발되기도 하였다. 아버지의 기대에 어긋나지 않은 착한 아들이 되었다. 고학년이 되어서는 자전거를 배워서 학교 통학을 할 정도로 자전거를 능숙하게 탔다. 방학 때는 학교 운동장에서 아버지에게 자전거 타는 법을 가르쳐서 아버지가 일상생활하는 데 도움이 되도록 하기도 했다. 소학교 6년 동안 우등상을 타는 등 아버지의 기대를 저버리지 않았고 가족의 희망이 되었다. 아버지의 고달픔도 다 날려 버리게 하는 복덩이의 자랑스러운 모습이었다. 소학교 6년을 우수하게 마친(1934) 복덩이는 지역에 있는 미야자키 농학교에 입학했다. 미야자키는 일본의 남쪽에 있는 중소 도시로 농업이 주를 이루고 있던 지역이었으므로 자연스럽게 농업학교에 진학할 수 있었다. 아버지 생각으로는 고향에 돌아가서도 가장 손쉽게 써먹을 수 있는 것이 농업 기술이라고 생각했을 것이다.

미야자키 농업학교를 졸업(1938)한 복덩이는 혼자 귀국하여 대구 관립 사범학교에 입학했다. 그 당시 사범학교는 소학교 선생님을 양성하는 교육기관이었다. 머리는 좋으나 경제 사정이 좋지 않은 집안의 아이들이 선택할 수 있는 가장 좋은 길이었다. 졸업과 동시에 교사로 임용되므로 가장 현실적인 대안이었을 것이다. 당시 사범학교 진학은 경쟁이 치열했다. 그런데 그 힘든 경쟁을 뚫고 그곳에 입학했으니 대단한 일을 한 것이다. 복덩이는 9살 무렵에 일본에 가서 소학교를 다녔으므로 우리말에 익숙지 않아 어려움을 많이 겪었다. 복덩이는 농업학교를 졸업하고 사범학교에 입학하기 전, 아버지의 뜻에 따라 미야자키 시내에서 금은방을 하고 있던 경남 창녕

출신의 석씨 집안의 규수와 약혼을 서둘렀다. 복덩이의 사람 됨됨이와 명석함을 눈여겨보았던 금은방 사장의 적극적인 혼인 요구를 받아들여 혼사를 치렀다. 대구 사범학교에서 2년간의 교육과정을 수료하고 1940년 4월, 졸업과 동시에 결혼식을 올리고 경남 창녕의 창락 소학교와 성산 소학교 등에서 봉직하다가 해방을 맞이했다.

18년 만에 어릴 적 떠났던 고향(구례)으로 전근을 했다. 구례 광의 초등학교를 거쳐 산동면에 있는 중동 초등학교에 교장으로 부임하였다. 얼마나 감개무량했을까. 해방된 조국에서 교육입국의 큰 뜻을 펼쳐 보려는 꿈을 품고 돌아온 고향이 아니던가. 해방과 더불어 귀향하여 생모의 고향마을이던 냉천리에 터를 마련한 아버지는 높은 산에서 재목을 구해다가 새집을 지었다. 복덩이도 아버지를 도와 꿈에 부푼 집을 짓는 데 열심히 도왔다. 새집에 보금자리를 마련하고 아이들을 키우고 가르칠 생각을 하면서 얼마나 뿌듯했을까. 복덩이 아버지는 농토를 마련하고, 아들은 선생님이 되었으니 남이 부러워 할 만큼 행복한 삶을 새롭게 시작하였다.

호사다마好事多魔라고 했던가. 운명의 신은 복덩이의 행복을 시기했을까. 복덩이 가족이 이룬 조그만 행복은 1948년의 여순사건이라는 거대한 물줄기에 휩쓸려 버리고 말았다. 1948

년 여수에 주둔했던 '국군 14연대의 항명 사건'으로 국군 토벌대가 출동하였다. 국군이 토벌 작전을 전개하면서 반군들은 지리산으로 도피하여 일명 빨치산이 되면서 군경과 대치하는 형국으로 변모하였다. 그런 와중에 복덩이가 근무하던 구례 산동면 중동 초등학교에도 먹구름이 덮였다. 복덩이는 주말을 기하여 아버지가 계시는 본가에 와 있다가 빨치산의 준동과 국군 토벌대의 작전 중심지였던 산동 지역이 어수선하다는 소식을 듣고, 일요일임에도 책임자로서 학교의 안위가 걱정되어 아무런 정보도 없이 학교로 향하였다. 학교에 도착하자마자 토벌대(국군)에 연행당했다. 영문도 모른 채 다짜고짜 두 팔에 포승줄이 채워지면서 산동면 원촌리 누에고치 판매소에 구금되었다.

당시 반군은 12연대장이 사망한 후 수색작전을 하던 국군을 습격하여 획득한 물자를 중동 초등학교로 가져와 정리한 적이 있다. 이는 중동 초등학교가 반군의 소굴이라는 의심을 낳았다. 산동면 중동 초등학교 교장 임문주(당시 31세의 복동이), 교감 정효종(당시 25세), 평교사 조영옥과 김영수 등 4명은 1948년 11월 20일경 제3연대 소속 군인들에게 연행되었다. 이들은 트럭에 실려 가 원촌리 누에고치 판매소에 하루

동안 구금되었다가 11월 21일 새벽 산동면 외산리 한천마을 참새미에서 사살되었다.

— 〈진실화해를 위한 과거사 조사 정리위원회 2008년 상반기 조사보고서〉에서

엄동설한의 야밤에 두 방의 총소리와 함께 복덩이는 흙구덩이에 매몰되고 말았다. 이것이 복덩이의 짧은 삶과 세상의 끝이었다. 다복多福을 바라고 이름까지 복덩이로 지어준 아버지는 엄동설한의 흙구덩이에 파묻힌 아들 시체를 찾기 위해 산동으로 갔다. 복덩이의 참변을 목격했던 동네 지인의 도움으로 야밤에 얼어붙은 구덩이를 파서 복덩이의 시체를 지게에 짊어지고 집으로 왔다. 집 앞의 밭에다가 임시 매장을 하고 봄이 되기를 기다렸다. 날씨가 풀리는 날, 지리산 반야봉 오르는 나뭇길 근처의 야산, 소나무 숲에 복덩이를 묻었다. 아버지는 나뭇길을 오르내리면서 먼저 간 아들의 명복을 빌었다. 사랑했던, 희망을 주었던 복덩이를 산에 묻고 난 복덩이 아버지는 평생 논과 밭을 일구면서 참척慘慽의 한을 쓸어내리다가 1966년 1월, 83세의 일기로 아들 복덩이 곁으로 갔다.

복덩이가 마지막으로 봉직했던 구례군 산동면 중동 초등학교 자료실에 있는 《구 교직원 이력서철》이라는 낡고 헐거워

진 '참고 문서철'에는 '2대 교장 임문주(복동)'라는 색바랜 펜글씨로 주소지만 적혀 있고, 재직 기간 난은 공터로 남아 있다. 복덩이의 유일한 마지막 행적이다.

 복덩福童이는 내 아버지다.


※ 세상의 모든 복福을 다 받아 복덩어리로 자라서 가문을 일으켜 주기를 바랐던 복덩이 아버지(할아버지)의 소원은 꽃을 피워 보기도 전에 자식의 명복冥福을 빌어야 했던 기구한 흑역사黑歷史를 전설처럼 기억해 주기를 바라는 마음으로 이 글을 남긴다.

## 우리 누나

오래전부터 누나를 만나러 가겠다고 마음만 먹고 코로나19를 핑계로 차일피일 시간만 보내고 말았다. 이제나저제나 코로나가 우선해지려나 기대했으나 소식이 없이 2년이 다 되어 간다. 5월 어느 날 콧구멍과 입을 잘 봉하고 용기를 내어 사당역에서 동탄행 전철에 올랐다. 경로석에 몸을 앉히고 팔짱을 낀 채 지그시 눈을 감았다.

할아버지는 누나를 초등학교만 졸업시키고 중학교에 보내지 않았다. 여자라는 이유였다. 여자는 공부할 필요 없고 시집 잘 가서 시가와 남편 봉양만 잘하면 된다고 생각하던 시절이었고, 농사로 근근이 생계를 이어가던 때였으므로 누나는 할아버지에게 말 한마디 하지 못하고 순응하고 말았다. 누나는 시절의 희생양이 되었다. 아버지만 살아계셨다면 이러한 불행을 피해 갈 수 있었겠지만, 참 야속한 운명이었다. 돌이켜 생각해 보면, 공부하지 못한 우리 누나가 한없이 불쌍하고 안타깝기만 했다. 내가 어렸을 때, 누나 친구들은 교복을 입고 중학교에 다니는데, 누나는 집에서 농사일을 하면서 먼발치로 친구들을 바라보며 부러워하는 것을 보고 살았다. 나는 평생 누나가 중학교에 가지 못했던 일을 생각하면 한없이 미안하고 죄스럽기만 했다. 누나의 한은 지금껏 풀리지 않은 숙제로 가슴 한쪽에 웅크리고 있을 것이다. 아버지만 살아계셨어도 누나는 어엿한 중학생이 되어 앞날을 꿈꾸고 가꾸어 나갔을 것이다.

누나는 1941년생으로 일본(미야자키)에서 태어났다. 손이 귀한 집안에서 그것도 남의 나라에서 궁벽한 삶을 연명하던, 고달팠던 시절이었으므로 얼마나 귀하고 예쁜 탄생이었을까. 첫딸이었으므로 집안의 귀염둥이로 가족의 사랑을 오롯이 받으면서 복스럽게 자랐다. 할아버지는 일제 시절 고향에서의 고달픔을 벗어나기 위해 무일푼으로 일본에 건너가 삶의 터전을 마련하고 두 아들을 기르고 공부를 시켰다. 장성한 큰아들(아버지)이 일본에서 혼인해 낳은 누나는 일본 태생이다. 해방이 되자 강남 갔던 제비가 다시 돌아와 집을 짓듯 고향으로 돌아와서 장성한 두 아들과 함께 새로운 보금자리를 마련했다. 아버지는 고향 마을의 초등학교에 봉직하던 1948년 11월, 휘몰아친 여순 사건의 소용돌이 속으로 매몰되고 말았다. 할아버지를 비롯한 모든 가족은 난파된 배처럼 중심을 잃고 흔들리기 시작했다. 할아버지의 희망이며 집안의 기둥으로 믿고 의지했던 큰아들이 졸지에 참척의 변을 당하게 되자 할아버지는 말문을 닫고 속울음을 삼켜야 했다. 설상가상으로 며느리(어머니)마저 우리 형제를 놓아둔 채 집을 나가버리고 말았다. 누나가 7살, 형이 5살, 내가 2살 적 이야기다. 할아버지는 엉겁결에 어린 손녀 손자 3남매를 슬하에 품게 되었다.

　누나는 고향에서 결혼한 후 매형의 직장을 따라 서울로 올라온 지 70년이 넘었다. 공무원이던 매형의 얇은 월급봉투를 담보로 신림동에서 남의 집 문간방을 얻어 신접살림을 시작하고 2남 2녀를 낳았다. 이후 답십리, 인덕원, 수원을 전전하며 아이들을 공부시키면서 고추 같은 매운 세월을 힘겹게 살아냈다. 한없이 순진하고 겁이 많은 누나가 매서운 타향살이를 어떻게 견디면서 살아왔을지를 생각하면 놀랍기만 하다. 남에게 말하지 못하는 외로움과 슬픔을 가슴속에 깊이 감추고 살아왔을 누나를 생각하면 눈시울이 뜨거워질 때가 많았다. 몇 년 전부터는 몸이 허약해지면서 음식을 제대로 먹지 못하고 움직임이 느려지기 시작했다. 할아버지와 아버지 기일에는 빠지지 않고 참석했던 누나인데, 이제는 기일까지 잊어먹기도 한다. 어머니를 대신해 내 옆구리가 되어 주었던 누나는 전화 목소리마저 모깃소리만큼 약해졌다.

병점역에 내려 누나 집에 왔다. 누나와 매형이 반갑게 맞아주었다. 누나는 드러누웠다가 일어났는지 정리되지 않은 머리채와 헐렁한 옷으로 가벼운 몸을 가리고 있었다. 병색이 완연했다. 여름 산길에 서 있는 굴참나무 몸통에 붙어있는 매미의 허물처럼 무척 헐거워 보였다. 옛날의 바지런을 떨던 누나가 아니었다. 누나는 몇 년 전부터 밥맛을 잃어 정상적인 식음을 하지 못했다. 누나에게 안부 전화를 할 때마다 잘 먹고 기운 차리라고 빈말처럼 주문했지만, 그러겠다고 대답은 하면서도 음식을 잘 먹지 못했다. 종합병원에서 검진도 받아보았으나 별다른 이상 증세가 없다는 얘기를 들었다고 하니 딱히 도움을 줄 길이 없었다. 10년 전만 해도 조계사에 매일 출근하다시피 하면서 가족들의 평안을 빌었다. 합창반에도 들어가 노래 봉사도 하고 도반들과 함께 산사 순례를 다니면서 불심을 키우던 시절도 있었는데 왜 이렇게 육신이 피폐해졌는지 알 수 없다.

누나는 원래 손이 컸다. 밥을 해도 넉넉하게 해서 푸짐하게 상을 차리고, 반찬도 그릇이 넘치게 담아낸다. 누구에게나 아끼지 않고 내어주는 성격이다. 어렸을 적 할아버지와 할머니에게 쌀을 아끼지 않는다고 지청구를 자주 듣기도 했다. 내가 고등학교 시절에 가끔 누나 집에 방문하면 누나는 집에 있는 온갖 찬거리를 동원하고 고깃간에 가서 고기를 사다가 상다리가 부러질 정도로 밥상을 차려 주었다. 밥그릇은 하얀 쌀밥을 고봉으로 담아주고 옆에 붙어 앉아 반찬을 수시로 보충해 주면서 많이 먹도록 채근하기 일쑤였다. 나는 그럴 때마다 은근히 걱정되었다. 아이들 키우고 살림 살리려면 돈이 많이 들어갈 텐데, 이렇게 대접하고 나면 살림이 쪼들리지 않을까 하는 생각이 들기도 했다. 내가 돌아올 때면 집에 있는 돈을 다 털어서 버스비 하라고 손에 쥐여주면서도 적어서 미안하다고 죄스러워했다. 그럴 때면 엄마 같은 인정과 포근함이 따뜻하게 전해지기도 했다. 일생을 살아오면서 누나가 베풀어 준 온정은 잊지 않고 마음 깊숙이 간직하며 살아왔다. 엄마에게서 받아보지 못한 따뜻한 정과 사랑을 누나에게서 받았다.

누나는 당신이 못 배운 한을 밖으로 나타내지 않고, 표현도 하지 않으면서 묵묵히 자식들을 통하여 당신의 한(恨)을 풀고자 했던 것 같았다. 누나는 자식 넷 중 딸 둘을 피아노 전공으로 사립 예술중학교에 입학시키고 예술고등학교를 거쳐 대학까지 진학을 시켰다. 피아니스트를 만들려는 꿈을 가지고 있었다. 그 시절에는 예체능을 전공하기 위해서는 경제적으로 엄청난 지원이 필요했다. 그런데도 누나는 매형의 수입에 비해 과도한 수업료와 레슨비를 사채까지 얻어가면서 충당했다. 해가 갈수록 가정 경제가 기울어 갔다. 답십리에 마련했던 집을 팔고 작은 전셋집으로 이사를 하는 등 빚을 지고 허덕이는 지경에 이르기도 했다. 누나의 한풀이가 이어졌다. 매형과의 불화의 원인이 되기도 했지만 너그럽게 이해해 주는 매형 덕분에 그냥저냥 지금까지 별 탈 없이 잘 살아왔으니 그나마 다행이고 감사한 일이 아닐 수 없다.

10여 년 전 누나에게 기회가 되어 금일봉을 드린 적이 있다. 많은 금액은 아니었지만, 어머니처럼 포근하고 따뜻하게 품어준 누나가 베풀어준 사랑과 정에 보답하고, 누나가 공부하지 못하고 세파를 헤치고 살아온 한 서린 삶을 위무하고자 하는 마음을 담았다. 그때 누나는 눈물을 글썽이면서 고맙다는 인사를 몇 번이나 했다. 나중에 아버지 기일에 만나서 들은 이야기가 아직 머릿속에서 맴돌고 있다. 누나는 20년 전에 친구에게 빌린 상당히 큰 빚을 아직 갚지 못하고 죄인처럼 살아왔다고 했다. 다행히 내가 준 돈으로 그 빚을 다 갚았다고 하면서 무척 고마웠다고 다시 한번 말을 했다. 나는 가슴이 찡했다. 얼마나 자존심 상하고 체증 같은 세월을 살아왔을까. 누나의 아픈 세월이 느껴졌다.

오늘 본 누나는 옛날의 윤기 나고 활기차던 모습이 아니었다. 80을 넘긴 누나는 핏기 없는 얼굴, 총기 잃은 어스름한 눈빛, 휘청거리는 걸음걸이, 웃음기 없고 힘없는 어눌한 말씨, 어느 것 하나도 푸르던 시절의 포근했던 누나가 아니었다. 세월 속에 묻혀버린 한恨 서린 누나의 일생이 영화 필름처럼 휙휙 지나갔다. 이제는 아버지와 어머니의 냄새를 가장 많이 맡았을 누나에게서 젖비린내마저도 맡을 수 없다. 그전 같으면 상을 차리고 이것저것 내놓으며 대접하려고 분주하게 움직였을 누나는 이제는 대접할 힘이 없어 안절부절못한다. 누나는 수조엽락樹凋葉落의 계절을 살고 있었다. 우리 누나의 가슴속에 고드름처럼 매달려 있었을 얼음 같던 한恨도 육체의 노쇠와 함께 녹아내리고 있었다.

## 근원에 대하여

2년여의 세월을 코로나19로 움츠리고 지내왔다. 위드 코로나가 시행된다고 하니 콧바람이나 쐴 겸 교외에 있는, 평소에 자주 가는 식당에 갔다. 점심을 먹고 난 후 식당 인근의 호수를 끼고 있는 카페에 들렀다. 겨울의 중간이지만 날씨는 햇살이 곱게 내리쬐는 봄날 같았다. 커피잔을 받아 들고 밖으로 나갔다. 호수를 바라다보는 언덕배기에 자리하고 있는 풍치가 좋은 벤치에 앉았다. 호숫가에는 네 마리의 청둥오리 가족이 떼를 지어 유유히 물 위를 스치기도 하고 물속으로 고개를 처박기도 하면서 즐거운 가족 놀이 중이었다.

오리들의 유희 과정을 보고 있는 사이, 눈앞에 반짝거리는 먼지 같은 미세한 물체가 팔랑팔랑 날아다니는 것이 보였다. 가만히 한참을 보았더니 민들레 홀씨였다. 어디서 날아오는지 수십 개의 홀씨가 공수부대의 낙하산처럼 하늘 위에서 아래로 바람 따라 내려앉고 있었다. 민들레는 본래 봄부터 가을까지 꽃을 피우고, 대궁이 끝에는 솜털 같은 하얀 포자가 우산처럼 펴졌다가 바람이 불면 일시에 바람을 타고 날아가는 속성을 가지고 있다. 자연물의 가장 기본적인 생존 본능이자 번식 활동이 아닐는지. 민들레는 어느 곳에나 있는 흔한 풀이며 아무 데서나 뿌리 내리고 생장하는 흔하디흔한 잡초의 하나이다.

한때 '민들레 영토'라는 카페와 음식점이 곳곳에 많이 생겨났다. 이해인 시인의 《민들레의 영토》라는 시집이 출간될 무렵이지 싶다. 시의 내용과는 직접적인 연관이 없는 것 같은데도 마치 민들레가 많이 날아와 지역을 점령하므로 영토라는 말까지 생겨나지 않았을까 하는 생각이 든다. 내 눈앞에 날아다니는 저 민들레의 홀씨들은 어디에서 날아왔을까. 홀씨들의 고향이 궁금해졌다.

미국의 흑인 작가 알렉스 헤일리Alex Haly가 쓴 《뿌리Root》라는 소설이 1977년 드라마로 제작되어 방영되었다. 이 작품에 등장하는 주인공은 아프리카 감비아 출신의 노예 후손이다.

감비아의 제임스 섬(지금은 쿤타킨테 섬) 주쿠레 마을(만딩카족)에서 태어난 쿤타킨테는 17세 무렵 노예선에 납치되어 미국 남부 지역으로 팔려 가 노예로 살았던 실존 인물이다. 1750년부터 6세대(약 180년)에 걸쳐 노예 생활을 한 후손들의 파란만장한 삶과 고난을 서술하고 있다. 자신(쿤타킨테)과 조상의 뿌리를 찾아가는 여정을 기록한 이야기다. 18세기 미국을 비롯한 유럽의 열강들은 아프리카 흑인을 소나 말 같은 동물로 간주하고 노동의 도구로 활용하는 등 무지막지한 인격 침해와 인권 유린을 저질렀다. 오늘날 그들의 경제적 부의 근저에는 흑인 노예들의 피와 땀과 눈물이 거름이 되었다고 말할 수 있다. 《뿌리》라는 소설에서 작가가 말하려고 한 것은 무엇일까. 나의 뿌리(근원)는 어디에 있으며, 나는 누구인가를 묻고자 한 것이 아닐까?

미국 44대 대통령 버락 오바마는 케냐 출신의 아버지를 둔 흑인 대통령이다. 2007년에 《내 아버지로부터의 꿈》을 출간하였다. 아프리카 케냐의 루오족 출신인 아버지의 땅과 그의 가족들을 찾아가서 만나고 자신의 정체성을 확인하는 과정을 그린 내용이다. 작가는 개인적인 내면의 여행, 아버지와 나의 뿌리를 찾아가는 여정을 그렸다. 이 또한 자기의 정체성을 확인하고 근원(뿌리)을 찾아가는 길고 긴 여정의 기록이다.

유년 시절 고향에서 할아버지의 품 안에서 15여 년을 살고 서울로 유학을 왔다. 여순 사건으로 내 나이 두 살 때 아버지를 여의었기 때문이다. 할아버지는 본래 빈한한 집안의 태생으로 글자를 배운 적도 없고 물려받은 재산도, 손에 쥔 돈도 한 푼 없었다. 궁핍한 삶과 원초적인 빈곤을 타개하고 집안을 일으키기 위한 일념으로 어리디어린 두 아들을 데리고 일본으로 갔다. 기와 공장에서 흙일을 시작으로 힘든 노동을 하여 모은 돈을 가지고 고향에 돌아와 새로운 집을 마련하고 농지를 사들였다.

농사를 지으면서도 설이나 추석이 되면 조상님들의 산소를 찾아 성묘하는 일은, 내 기억으로는 한 해도 거른 적이 없다. 계절이 몇 해 바뀌면, 허물어진 봉분을 수시로 사초하여 조상님들의 묘소를 잘 보존하기 위하여 온갖 정성과 노력을 다했다. 어릴 적 할아버지를 따라 성묘를 다닌 적이 많다. 할아버지는 제삿날이나 성묘 때에는 항상 "조상님들 잘 모셔야 복 받고 잘 산다"라는 말씀을 귀에 딱지가 앉을 정도로 들었다. 그 말은 수십 년이 지난 지금도 내 귓전에서 맴돌고 있다. 할아버지가 추구했던 조상 모시기는 근원(뿌리) 지키기의 행위가 아니었을까. 할아버지 덕분에 5대조 이하 조상님들은 할아버지가 마련해 놓으신 선영에서 평화롭고 안온하게 잠들어 계신다.

　우리나라는 오래전부터 유교의 가르침을 바탕으로 조상 숭배 의식을 치르면서 문중이라는 집합체를 통하여 나름의 뿌리를 지키고 이어가고자 하는 행위를 미풍양속으로 이어가고 있다. 족보, 시제, 기제사(추모), 추석, 설날 등의 모든 의식은 뿌리를 지키는 수단의 일종으로 볼 수 있다. 조상에 대한 제례(추모의식)는 자신의 뿌리(조상)를 지키고자 하는 아름다운 행위다. 나를 있게 한 아버지 어머니를 넘어 조상은 나의 근원이므로 기억하고 추모하는 의식은 길이길이 이어져야 할 경건한 보은 의식이다. 한강의 발원지는 강원도 태백시 창죽동 산1-1번지 검룡소이다. 낙동강은 강원 태백시 천의봉 너덜샘(황지)에서 발원하여 낙동강 하굿둑에서 남해로 흘러가고, 섬진강은 전북 진안군 백운면 신암리에 있는 데미샘에서 발원하여 광양시 진월면 망덕포구에 이르러 남해로 흘러 들어간다. 우리의 뿌리도 깊고 넓게, 그리고 길이길이 뻗어 내리는 근원이면 좋겠다.

　땅과 흙이 우리 생명의 근원이듯 자연에 존재하는 모든 생물도 저마다의 근원이 있다. 나는 그 근원(뿌리)에서 태어난 잎사귀이고 가지임을 음미해 보는 시간이었다.

## 유년의 골목

괴괴한 밤이었다. 고향 선산 묘사를 마치고 모텔에 들어 고단한 몸을 침대에 뉘었다. 몸과 다르게 눈은 말똥말똥해지고 머릿속에서는 어릴 적 살았던 마을 골목길을 불러냈다. 침묵이 깊게 깔린 1월 중순 초저녁, 옛 기억을 더듬어 골목길을 찾아들었다. 고요한 기운이 몸에 스며들었다. 오랜만에 찾아오는 골목길은 '전설의 고향'을 떠올리게 하는 으스스하고 생경한 풍경으로 다가왔다. 몇 년 전에도 고향 친구와 골목길을 걸어 본 적이 있는데도 몹시 적막하고 쓸쓸하게 느껴졌다.

내가 어릴 적 살았던 마을의 골목길을 그리워하고 추억하는 것은 다름 아닌 내 뇌리에 잠재된 안타깝고 슬픈 기억의 편린들 때문일 것이다. 나는 고향에서 초등학교와 중학교를 졸업할 때까지 15년을 살았다. 1961년에 서울로 올라온 이후 내 마음에 간직한 고향은 이곳 마을이다. 두 살 때 아버지가 돌아가시고 어머니와 이별한 후에는 내 생물학적 고향은 사라졌다. 지금 남은 것은 지리학적 고향으로만 남아있다. 우리 마을 이름은 지리산 화엄사 아래에 있는 '냉천리冷泉里'라는 마을이다. 내가 살던 고향 마을에는 지리산 노고단 계곡으로부터 세 개의 개천이 마을 중간과 동서 양쪽으로 흘러들어 골목길이 만들어졌다. 마을을 통과한 개천물은 섬진강으로 합류하여 하동 쪽으로 흘러간다. 개천을 따라 이루어진 골목길 주변으로 삼백여 호의 고만고만한 집들이 어깨를 맞대고 천여 명의 주민들이 사이좋게 살았다. 그러다 보니 골목이 십여 개나 되어 기억하기도 어려울 정도였다. 진 골목, 도시락 골목, 옥동, 당산 골목, 뒷도랑거리, 서샅, 동샅, 둠벙거리, 서당 골목, 늘니리 골목 등 예스럽고 정다운 이름이다. 그 골목길을 다 걸어보지도 못하고 어린 시절을 보냈다.

유년의 기억을 더듬어 어두운 동샅 골목길에 들어섰다. 입구에는 도로를 따라 개천 옆으로 늘니리 집들이 있었으나 보이지 않고, 그 자리에 큼직한 기와집들이 자리 잡고 있다. 세월 따라 변한 모습이다. 그 시절, 늘니리 집에 살던 분들은 아마도 하늘나라로 가시고 그 후손들도 민들레 홀씨처럼 이곳 저곳으로 흩어져 뿌리를 내리고 살아갈 것이다. 늘니리 집이란 1948년 여순사건과 1950년 6·25전쟁을 겪으면서 살아남은 민초들이 연명하기 위해 임시 거처로 마련한 달동네 같은 판자촌이었다. '늘니리'라는 말은 아마도 길게 늘어서 있다고 해서 붙여진 이름이 아닌가 싶다. 가난하고 엄혹한 시절을 살았던 그분들의 모습이 어렴풋이 떠오른다.

동살 골목길은 옛날보다 넓어졌고 골목 어귀에 승용차나 농기계 등이 주차되어 있다. 집집이 대문은 닫혀 있고 집안에 불빛은 없다. 노인이 많이 살아서인지 빨리 잠자리에 들었나 보다. 옛날에는 전기가 없었는데도 호롱불이 창문으로 새어 나와 마당을 비추기도 했는데, 마당은 고요하고 앙상한 감나무 가지만 차가운 겨울밤을 보내고 있었다. 친구 한영이와 연희가 이 골목에 살고 있었는데 집이 어디였는지 알 수가 없다. 친구들은 오래전 외지로 나갔다는 소문만 들었다. 앙칼지게 짖어대던 강아지 소리, 돼지 꿀꿀거리는 소리, 닭 홰치는 소리는 전혀 들을 수 없다. 초저녁인데도 적막강산이다. 마치 스님들이 선정禪定에 든 절간 같다.

활대처럼 휘어진 굽잇길을 지나 마을 중앙통인 서당 골목길을 거쳐서 내가 살았던, 옛집이 있는 당산나무 골목을 향해 걷기로 했다. 서당 골목은 마을의 중앙을 관통하는 중심길이다. 옛날 마을 한가운데의 서당과 동회 자리에는 한옥 풍으로 지은 마을 회관이 차지하고 있었다. 넓었던 공터는 주차장으로 변했고 동네 알림이 아저씨가 살던 집은 없다. 몸집이 크고 목소리는 걸걸하고 우렁찼던 알림이 아저씨, 새벽이나 초저녁에 골목을 돌아다니며 공지 사항을 외쳐대던 분이었는데, 어린이에게도 깍듯이 도련님이라고 존칭을 해주던 그 아저씨가 생각났다. 아마도 먼 시간 너머 하늘로 올라가셨을 것이다. 그 고마웠던 아저씨 얼굴이 떠오른다. 하늘나라에서도 그 우렁찬 목소리로 동네방네 외쳐대고 있을까?

고요한 골목길을 걸어서 당산나무를 찾았다. 200살이 훌쩍 넘었을 당산나무는 팽나무다. 나는 이 연세 높으신 팽나무를 당산 할머니라 부른다. 우리 집 옆 골목 입구에 있었으므로 사시사철 당산 할머니 품속에서 놀았다. 여름이면 높고 넓게 퍼진 가지에 초록의 잎사귀를 늘어뜨려 시원한 쉼터가 되어주었고, 가을이면 잘 익은 나무 열매를 떨어뜨려 젖배 골던 조무래기들의 간식거리를 나누어 주던 정 많은 할머니였다. 그 왕성하던 몸태는 사라지고 얼굴이 쪼글쪼글한 할머니가 되어 쓸쓸하고 외로운 삶을 사는 듯하다.

나는 이 당산 할머니와 특별한 인연이 있다. 내가 두 살 때,

여순사건의 회오리에 아버지가 억울한 죽임을 당하고 그 참상을 목격한 어머니는 참척慘慽의 슬픔을 대신 지려는 듯 우리 삼 남매를 놓아둔 채 홀로 떠난 후 다시는 돌아오지 않았다. 내가 초등학교 입학할 무렵 어느 여름날, 당산나무 아래로 날 불러내서 연필 두 타스와 공책 몇 권을 내 손에 쥐어주고는 눈물을 적시며 돌아섰던 여인, 그가 철들어서 처음 본 내 어머니였다. 어머니가 생각날 때면 당산나무를 떠올리며 슬픔을 삭혔던 이곳이 내 그리움의 시작점이었다. 내 일생에서 어머니와 단둘이 만나서 눈을 마주쳤던, 쓰디쓴 커피 맛 같던 추억의 장소이기도 하다. 당산 할머니가 사는 골목은 내 정서적 고향이며 어머니를 그리는 마음의 언덕이었다. 나는 여윈 할머니의 가슴팍을 감싸안고 한참 회상에 잠겼다. 그리고 오래오래 살아계시라고 기원했다. "할머니 또 찾아오겠습니다." 인사를 올리고 골목길을 되돌아 나왔다. 눈시울이 뜨거워졌다.

  도스토옙스키는 "아름다운 추억 한 가지만 가져도 살아갈 수 있다"라고 했다는데, 오랜 기억이 몬닥몬닥 떨어져 나가는 계절, 아름답거나 포근했던 추억은 아닐지라도 당산 할머니와 어머니의 냄새가 배어 있는 내 유년의 골목을 오래오래 간직하고 싶다.

# 손주야,
# 할아버지 이런 사람이야

　엉금엉금 기어다니던 손주가 어언 자라서 초등학교 일 학년이 되었다. 어릴 적부터 우리 집에 매주 오다시피 했던 손주놈은 너덧 살이 되고부터는 유아원, 유치원을 다니면서 글자뿐 아니라 영어도 제법 중얼거리면서 자랑하기 시작했다. 제 놈이 세상에서 제일 잘난 것처럼 우쭐대더니 7살이 되어서부터는 할아버지에게 이것저것 문제를 내면서 나를 시험했다. 이순신 장군이 어떻고 한산대첩이 저렇고 등등 많이 알고 있다는 것을 뽐내고 자랑하고 싶어 했다. 나는 모른 척하고 놈이 주절대는 이야기를 들어주면 더욱 신이 나서 "나의 죽음을 적군에게 알리지 마라!"는 이순신 장군이 전사하면서 했던 말을 실제처럼 흉내를 내기도 하고, 귀덮개 달린 등산모를 투구처럼 뒤집어쓰고는 구두칼을 칼처럼 손에 잡고 목소리를 내리깔며 지휘하는 모습을 보여주기도 하면서 신나 했다. 세상에 나와서 아무것도 모르던 놈이 하나하나 배워가는 모습이 대견하기도 하고 귀여웠다. 백지상태의 어린 머릿속에 가르치는 대로 기억하여 저장하였다가 자랑할 줄 아는 사람으로 자랐다는 것이 대견스럽다. 초등학생이 되고 나서는 처음 접해보는 모든 것들이 신기하고 재미있는지 학교에서 배우는 것, 학원에서 배우는 것들을 우리 집에 오면 나를 앉혀 놓고 가르치러 들기도 한다. 자랑하고 싶어서다. 자기의 지식이나 장끼를 남에게 자랑하고 싶어 하는 마음은 어린애나 어른들이나 별반 다르지 않은 인간의 본성인 것 같다.

  나는 어렸을 때나 어른이 되어서나 남 앞에서 자랑하거나 뽐내는 것을 부끄러워하거나 감추려고 했다. 지금도 마찬가지다. 내 성격 탓일 뿐, 자랑하는 것이 나쁘다는 것은 아니다. 자랑하고 싶은 마음은 매슬로의 욕구 이론 중 '자기 존중' 욕구인지도 모른다. 그러므로 손주가 자랑하는 것을 말리려는 생각은 없다. 나도 손주에게 자랑거리 하나 있으면 좋겠다는 생각은 하고 있었다.

오랫동안 책상 서랍에서 묵고 있던 잡동사니를 정리했다. 집사람과 연애 시절에 오갔던 편지 뭉치, 옛날 흑백사진, 초등학교 시절 상장과 임명장 등등. 무슨 귀중한 물건도 아니지만, 추억이 서린 것들이다. 일상을 사는 데 별로 쓸모가 없었으므로 관심도 두지 않고 버린 듯 눈길도 머무르지 않았다. 이 집에까지 따라와서 주인의 눈길이 닿지 않는 덮개 달린 책장 속에 자리를 잡고 있었다.

이것저것 뒤적거리다가 청색 서류철에 들어 있는 누렇게 변한 백지에 까만 붓글씨체로 쓰인 상장이 눈길을 잡아끌었다. 타임머신을 타듯 65년 전의 기억을 불러냈다. 내 상장과 임명장들은 어렸을 때 잠시 같이 살며 보살펴 주셨던 작은어머니가 보관하던 것을 내가 결혼하고 난 후 나에게 넘겨준 것이다. 참 감사한 일이다.

서류철 파일에 꽂힌 상장을 한 장 한 장 넘겨 보았다. 이 파일 정리는 이사 오기 전 짐을 정리하면서 해 놓았지만, 시간을 내서 여유 있게 세세하게 확인해 본 것은 처음이다. 맨 첫 장에 있는 것은 초등학교 1학년 때의 상장이다.

"상장/ 제1학년 1반 임철호/ 우는 품행이 단정하고 학업성적이 우수하였으므로 이에 표창함/ 단기 4287년 3월 25일/ 청천 국민 학교"라는 문안이다.

상장 오른쪽 위에는 빨간색의 인주로 낙관 같은 관인이 찍혀 있다. 상장 외곽으로는 금박의 굵직한 테두리가 문안을 가두고 있다. 내 기억에서는 사라진 지 오래된 초등학교 시절을 떠올려 본다. 아무리 기억을 더듬어보아도 상장을 받던 상황이 떠오르지 않는다. 다음 장, 그다음 장을 차례로 넘겨 본다. 2학년 상장의 문안은 '학업 우수, 출석 개근'이라는 내용으로 바뀌었고, 테두리는 역시 굵은 선의 금박으로 되어 있으며 중앙 상단에는 태극기 문양이 새겨져 있다. 이후, 같은 내용의 문안으로 3학년, 4학년, 5학년까지의 상장이 연속으로 꽂혀있다. 나는 6년 연속 우등상과 개근상을 받았고, 졸업식에서는 단 한 명에만 주는 최우수상으로 전남 도지사상을 받았으며 상품으로 큰 영어 콘사이스를 받았던 것으로 기억한다. 초등학교 학창 시절의 그림을 한 장 한 장 넘겨 보았다. 추억을 불러와 앉히고 어릴 적 나 자신의 모습을 떠올리며 미소를 짓기도 하고 눈시울을 적시면서 회한을 번갈아 음미해 보기도 했다. 뒤로 넘기니 6학년 초 4월 11일 받은 임명장이 보인다. '교외 화랑대 대대장' 임명장과 '학교 자치회 회장' 임명장이 굵은 글씨가 등사기로 등사된 문안이다. 기억을 1959년으로 되돌려 본다. 나는 6학년이 되자 화랑대 대대장 임명을 받고부터 매주 월요일 아침 애국 조회 때마다 교장 선생님의 훈화를 할 때, 1학년부터 6학년까지의 약 1,000여 명의 학생들을 지휘하는 지휘관이 되었다. "열중 쉬엇! 일동 차렷! 교장 선생님께 대하여 경례!" 하는 구령을 했다. 훈화 시작이나 훈화 끝나는 때에 학생들 앞에 부동자세로 서서 눈에 힘을 잔뜩 주고 마치 군대 지휘관처럼 절도 있는 자세로 호령했던 기억이 머리에 고스란히 떠오른다. 입가에 추억 어린 미소가 피어났다.

지금도 그렇지만 초등학교 시절에 내 키는 남의 앞에 나설 만큼 그다지 크지도 않았을 뿐만 아니라 왜소했다. 운동장에서 집단을 대상으로 구령을 할 만한 체구가 아니었다. 아마도 6년 연속 급장(반장)을 했던 관록이 붙어서 카리스마가 있었는지 나름대로 똘똘하고 목소리도 우렁차서 선생님들에게 인정을 받았는지 모른다. 그 연유와 경험으로 군 초급 간부 시절에도 남보다 우수하게 부대를 지휘하고 이끌 수 있지 않았을까 생각해 본다. 수줍음 많고 내성적이었던 내가 어떻게 그런 시절을 지냈을지 돌이켜 생각해 보면 나 자신이 기특하다. 사실 그 시절이 어떻게 보면 내 인생에서 가장 화려했던 시절이었다. 일생을 통해 긍지를 갖고 성실과 수범의 삶을 살게 한 계기가 되었던 것 같다.

파일을 뒤로 더 넘겨 본다. 이번에는 4290년(1958년) 4학년과 4291년(1959년) 5학년 때의 통신표가 있다. 보호자는 할아버지(임근암)로 되어 있다. 눈이 번쩍 뜨여서 우선 성적란부터 펴보았다. 4학년 통신표의 '교과 학습 상황'란에는 수, 우, 미, 양, 가의 다섯 단계로 과목별 평가를 해놓았다. 평가 종목은 국어, 산수, 사회생활, 자연, 보건, 음악, 미술, 실과 등 8개이며 평가 항목은 27개로 세분되어 있다. 내 통신표에는 총 27개 항목 중 24개가 '수'에 동그라미 표시가, 산수과의 3개 항목만 '우'에 동그라미가 처져 있다. 산수 성적이 좀 처졌던 것 같다. 5학년 통신표에는 전 평가 항목 전부에 '수'가 수를 놓고 있다. 1학년부터 3학년까지의 통신표가 없어서 아쉽기는 했지만, 이나마도 내 어린 시절 역사 기록물을 보존하고 있었다는 게 감사하고 다행이라고 생각한다. 파일을 뒤로 넘겨 보았다. 맨 마지막 파일에는 B4 규격의 누렇게 바랜 표창장이 있다.

"표창장/ 1등/ 청천초등학교 제4학년 임철호/ 위는 제4회 전국 교육주간 행사 구내 어린이 학술 경연대회 글짓기 부에 있어 두서의 성적으로… 이를 표창함/ 단기 4289년(1956년) 10월 25일/ 구례 교육구 교육감 김봉학"이라는 표창장이 잠자고 있었다. 케케묵은 옛 시절 나의 흔적이 아직 남아 있었다니…. 몸은 늙었어도 마음만은 어린 시절로 돌아간, 마냥 즐겁고 행복했던 시간이었다. 나를 객관적으로 볼 수 있는 귀중한 나의 기억 속 풍경이었다. 내가 오늘날 글을 쓰게 된 것도 내

몸속에 글쓰기에 대한 유전인자가 있었으므로 수필 공부에 이끌리지 않았나 하는 생각이 든다.

　이젠 나도 자랑거리 하나가 생겼다. 지금까지는 우리 아들이나 딸에게 내가 이런 사람이라는 걸 가끔 자랑삼아 슬며시 흘렸던 적은 있지만, 근거를 대지는 않았다. 이제 확실한 근거를 찾았으니 당당히 자랑해도 되겠다. 우선 안사람을 내 방으로 불러 예전 기록물들을 다시 한번 보여주며 자랑삼아 "여보, 나 이런 사람이야" 하고 한 번 으스대 보았다. 이제는 우리 손주에게 자랑하는 일이 남았다. 자기 자랑만 늘어놓기 바쁜 이놈에게 본보기를 보여줄 수 있는 자료가 생겼으니 더욱 더 든든하고 자신감이 생겼다. "여보, 서준이 언제 오지?" 하고 물었다. 아내는 "왜요? 손주에게도 자랑하려고요?" "응." 손주 놈이 오면 아들과 같이 앉혀 놓고 내 상장 목록을 하나하나 보여주리라. 손주야, 빨리 오너라. 네 코를 납작하게 해 줄 테니. 하하하! 혼자 즐겁다. 한참 들떠 있는 나에게 옆에 서 있던 아내가 "여보, 손주는 1학년이라 자랑해도 아직은 이해하지 못해요. 그리고 요즘에는 통신표가 없어서 무슨 이야기인지 몰라요. 좀 더 기다리세요." 하고 초를 친다.

　기대만으로도 즐거운 날이다.

## 기억의 예절

　일요일 아침마다 K본부에서 방영하는 〈걸어서 세계 속으로〉라는 여행 프로를 보았다. 통상적으로 이름난 관광지가 아닌 세계 여러 나라의 곳곳에 숨어있는 오지를 중심으로 직접 찾아다니며 역사와 문화와 삶의 모습을 보여주는 프로다.
　세상을 떠난 이들을 기억하는 방법에는 여러 가지가 있다. 우리처럼 가족이 모여 제사를 모시기도 하고, 축제를 벌이는 곳도 있다. 멕시코의 하니치오 섬에 사는 푸레페차 인디오들은 과거부터 생과 사에 대한 철학이 남아있어 죽은 자와 산 자가 만나는 '죽은 자의 날'을 정하여 일 년에 한 번 축제를 벌이는 전통이 전해져 내려오고 있다. 우리의 제사와 같은 의식이려니 생각하면서도 호기심이 일었다. 축제의 방식으로 죽은 자들을 불러와 가족이 모여 앉아 죽은 자에 대해 추모 의식을 치르고 노래하고 춤추면서 하루를 보낸다. 세상을 떠난 이들을 기억하는 방법에는 지역이나 민족에 따라 다르다. 멕시코 사람들은 세상을 떠난 이들이 일 년에 한 번 보고 싶은 사람을 만나기 위해서 세상에 내려온다고 믿고 있다. '죽은 자의 날'은 매년 10월 말일부터 11월 2일까지 사흘간을 정하여 공원이나 집에 제단을 차리고 죽은 자의 해골 조형물과 뼈 모양의 사탕을 만들고, 여기에 죽은 사람의 이름을 적어 제단에 올리는 것으로 그들의 명복을 비는 풍습이다. 일부 지역에서는 해골 복장을 하고 죽은 가족이나 친구의 묘지를 찾아가는데, 어른인 경우는 테킬라와 담배를, 아이를 위해서는 장난감을 가져간다. 멕시코인은 죽음의 가치를 긍정적으로 받아들여 현생과 죽음이 이어진다고 인식하기 때문에 가능하지 않았을까 하는 생각이 든다.

 멕시코의 과나후아토와 하니치오섬에서는 '죽은 자의 날' 축제가 벌어지고 있었다. 골목마다 가지각색의 해골 모양의 탈이나 사람 모양의 뼈를 만들어 파는 가게가 성업 중이었다. 사람들은 원색의 복장으로 제각각 해골을 쓰기도 하고 뼈를 들고 다니기도 한다. 특이한 추모 의식이었다.

어렸을 적 고향집에서 할아버지 따라 제사 모시던 광경이 떠올랐다. 겨울밤 할아버지는 하얀 두루마기를 입고 자정이 되어서야 제상 앞에 꿇어앉아 촛불과 향을 핀 다음 경건한 자세로 절을 올리고 축문을 읽었다. 그때 나는 졸리는 눈을 깨우기 위해 우물물을 길어 올려 세수하고 참례를 했다. 우리식의 '사자의 날'이었다.

우리의 죽은 자에 대한 추모 의식은 유교 정신에 따른 고유의 제례 의식으로 자리를 잡고 우리 민족 고유의 미풍양속으로 이어 내려오고 있다. 하지만 이는 과거 농경사회를 기반으로 한 추모 의식이다 보니 고도의 산업사회인 현대에는 도시 생활과 핵가족화, 종교 활동에 따른 갈등 등으로 추모 의식인 제례 문화에 대한 개선을 요구하는 분위기가 확산하고 있다.

멕시코의 '죽은 자의 날' 축제를 보고 우리도 제례 의식을 간소화할 필요가 있지 않을까 생각해 보았다. 우리의 경우 가족이 죽으면 장례 의식을 치르고 난 후 개별자에 대한 기제사를 집에서 모신다. 또한 먼저 가신 조상님들을 3대까지 모실 뿐 아니라 설날과 추석날 등 명절에도 제례를 모시는 것이 고유의 전통으로 자리 잡고 있다. 먼저 가신 분들에 대한 가족 단위의 제례 의식이 중첩되어 있어 어느 가정이나 제사, 명절 증후군 등 정신적 부담으로 작용하고 있는 것이 현실이다.

우리도 연중 하루를 조상 추모의 날로 정하여 집안 선산이나 추모관 등에서 조상님들을 기리며 명복을 비는 의식으로 변화시켰으면 좋겠다. 살아있는 가족들이 밝고 즐거운 마음으로 참배하는 분위기를 만들어서 일 년에 한 번 진심 어린 추모가 되도록 하는 것이 미래지향적인 방법이 아닐까.

## 저물어 가는 풍경

　동방천 옛 나루터에 왔다. 어린 시절 할아버지의 하얀 두루마기 끝자락을 붙잡고 조상님들께 성묘 다닐 때 반드시 건너야 했던 섬진강 변에 있는 유일한 뱃길이었다. 머리에 하얀 천을 동여맨 뱃사공이 밧줄을 잡아당기면서 나무배를 옆으로 밀어서 강 건너에 데려다주던 그곳. 줄배가 다니던 뱃길 위로 지금은 육중한 콘크리트 다리가 서 있고, 그 위로는 자동차들이 쌩쌩 달리고 있다. 배가 지나다니던 물길 위쪽으로 여울이 반짝거리며 흐르고 있는 것이 보인다. 그때도 여울은 햇빛을 받아 반짝이면서 흘러내리고 있었다. 나루터 입구에 초가 한 채와 소나무 한 그루도 있었다. 추사의 〈세한도〉 그림 속 같던 풍경이었다. 초가집은 아마도 뱃사공 집이었을 것이다. 지금은 정자가 자리하고 있다. 그때의 풍경이 고스란하다. 정자 마루에 앉아 섬진강물과 여울을 마주하고 있다.

나의 선영은 백운산(광양) 자락이 섬진강 쪽으로 흘러내린 자그마한 둔덕 아래에 있다. 어릴 적 내가 살던 고향은 연고가 없어진 지 오래다. 지금의 내 고향은 아버지와 할아버지, 할아버지의 선조 님들이 마을을 이루고 오순도순 잠들어 계시는 곳이다. 이곳에 꽃피는 산골 마을을 만들겠다고 시작한 시묘살이가 어언 3년이 지났다. 한 달이면 두어 번 내려와 선영 주변에 철쭉, 사철나무 등 꽃나무를 심고 가꾸었다. 이곳이 진정 내가 꿈꾸는 마음속 고향이다. 오늘 아버지와 할아버지께 추석 인사를 드리러 왔다.

지나온 여울 같던 시간은, 움켜쥐고 살았던 인연과 생의 욕망이 손가락 사이로 모래가 새어 나가듯 나도 모르게 빠져나갔다. 하나라도 더 가지려고 남보다 더 앞서겠다고 안간힘을 쓰면서 살아왔던 시간과 욕심, 지금은 두 주먹 잔뜩 움켜쥐었던 금쪽같은 것들이 모래시계처럼 힘없이 빠져나가는 것을 피부로 느끼는 계절이다. 상처와 번뇌가 없는 인생은 없다. 기다리던 우편물이 배달되듯 왔던 계절도 이제는 황홀하게 빛나는 석양의 모습으로 변해갈 것이다. 대개의 삶이란 결핍이

저물어 가는 풍경

고 누추함 그 자체인데, 결핍을 채우고 누추함에서 벗어나려는 욕망 때문에 얼마나 많은 시간을 흘려보내고 마음을 움츠렸던가. "당신의 인생이 아무리 비천하더라도 그것을 똑바로 맞이해서 살아가라. 그것을 피한다던가 욕하지 마라. 당신의 인생이 빈곤하더라도 그것을 사랑하라"고 했던 헨리 데이비드 소로의 말소리가 들리는 듯하다. 시간의 선로 위로 지나가 버린 무수한 흔적들이 동방천 다리 위에 달리는 자동차 바퀴 자국처럼 찍힌다.

누구에게나 뒷모습이 있다. 그 뒤에 그들의 세월이 묻어 있다. 굽어진 어깨 사이, 가장은 가족을 책임져야 하는 바윗덩어리 같은 짐을 짊어지고도, 가족에게 그 뒷모습은 언제나 당당하게 보이게 하려고 억지웃음을 짓기도 한다. 하지만 때로는 그것이 짠하고 슬퍼 보일 때가 있다. 누군가에겐 삶의 역사가 어떤 이에게는 삶의 뒷모습으로 그 안에 담겨 있다.

할아버지의 삶이 그랬다. 80여 년의 생애를 살았던 할아버지의 뒷모습이 바로 나의 앞모습일지 모른다. 할아버지의 등 뒤로 새어 나왔던 한숨 소리가 내 가슴속에 직선으로 꽂힌 운명의 화살이었는지도 모른다. 저 강물이 흐르면서 부딪쳐 오르는 여울 위로 할아버지의 어둡고 애잔하던 잔상이 떠오른다.

지금도 내 가슴을 헤비는 것은 70년 전의 할아버지 뒷모습이다. 무법과 무질서가 세상을 집어삼키던 그해, 1948년 겨울, 아버지가 두 발의 총탄에 쓰러지던 날, 참척지변慘慽之變의 날이 떠오른다. 말없이 흐르는 동방천 여울 위로 가난과 슬픔으로 울부짖던 할아버지의 통탄이 넘쳐흐르는 것 같다. 할아버지에겐 빈한하여 배우지 못했던 당신의 한풀이로 온 생을 바쳐 만들어 놓은 대들보였을 아들의 무고한 죽음이 애간장을 헤집는 큰 슬픔이었을 것이다. 내 나이 두 살 때쯤이었으니 아주 먼 시간 속의 일이다.

나는 아버지의 일을 기억하지 못한다. 할아버지의 뒷모습에서 살을 에는 듯한 찢긴 슬픔을 보았을 뿐이다. 나는 서울에 올라와 고등학교에 다니면서도 할아버지에게 편지를 써서 안부를 전해본 적이 없는 불효한 손자로 살아왔다. 길을 걸을 때 늙수그레한 노인이 불안전한 걸음걸이로 걷는 뒷모습을 보면, 할아버지의 뒷모습이 겹쳐 보이고 희끗희끗한 머리의 노인을 보면 더없는 연민을 느끼기도 했다.

지금은 눈앞에 여울을 타고 넘는 물결 위로 햇빛을 받아 반짝이는 윤슬을 보고 있다. 그 윤슬이 하얗게 센 머릿결의 할아버지 뒷모습으로 보인다. 할아버지의 뒷모습은 나태주 시인의 〈뒷모습〉처럼 어여쁘고 아름다운 모습은 아니고, 한과 그리움이 가득한 먹구슬 같은 암갈색 슬픔이었을 것이다.

할아버지는 천생 가난한 농사꾼이었다. 농사철에는 짚신이나 검정 여수 고무신에 삼베 홑적삼 맞춤 한 벌로 일생을 살아오신 분이다. 여름에는 삼베 바지를 홑것으로 걸치고 바지 한쪽은 걷어올린 채 논밭을 오가곤 했다. 당신의 옷깃에서는 언제나 발효된 거름 냄새가 향수처럼 맴돌았다. 할아버지는 내가 성년이 될 때까지도 아버지의 억울한 죽음과 관련한 한 서린 이야기를 한마디도 하지 않고 평생 입을 봉하고 사셨다. 오늘, 지금, 여기에서 생전 할아버지의 뒷모습이 떠오르는 까닭은 무엇일까. 저 여울의 입술들이 이제는 말할 수 있다는 듯 햇살을 받아 반짝거린다. 그 반짝거림이 나에게 할아버지의 이야기를 전해 주는 것 같다.

가을바람이 소슬하다. 문득 눈시울이 붉어지는 날이다. 어느새 강언덕 갈대의 흰 얼굴들 사이로 석양이 내려앉는다. 마치 와온 해변의 자황색 노을처럼 서서히 물들어 가고 있다. 저 물어 가는 풍경 언저리에 할아버지의 긴 한숨 소리가 여울지고 있다.

## 시묘侍墓 살이

고향 역에 내리면 나는 하늘을 쳐다본다. 원과 한을 품고 하늘나라로 떠나신 할아버지와 아버지의 얼굴을 찾아 인사하기 위해서다.

"나의 살던 고향은 꽃피는 산골"이라는 노래를 듣거나 읊조리면 고향이 떠올랐다. 하지만 현실은 아니다. 아무도 반갑게 맞이해 주는 이 없고, 찾아보아야 할 가까운 친척도 남아 있지 않다. 고향 역에 내리면 겨울바람 같은 쓸쓸하고 차가운 외로움뿐이다.

지난해 고향 마을을 끼고 흐르는 섬진강 변을 걸어보기 위해 고향 역에 내린 적이 있었다. 마침 점심시간이 되어 열차에서 내리자마자 인근에 있는 식당에 들어갔다. 주인아저씨는 혼자 배낭을 메고 들어서는 내 행색을 의아스러운 눈초리로 훑어보고, "한 사람은 밥을 팔지 않는다"라고 손사래를 치면서 식당 안으로 들어오지 못하게 했다. 인정사정없는 행태에 가슴이 먹먹해지고 말았다. "아, 이게 고향 인심인가." 내가 간직하고 있던 고향에 대한 반가움이 일순 배반감으로 바뀌었다.

"고향에 돌아와도 그리운 고향은 아니려뇨"라던 정지용 시인의 심정이 되짚어졌다. 고향은 "손길이 따스하고 부드러워/고향도 아버지도 아버지의 친구도 다 있는 곳"(백석, 〈고향〉)이라는데 할아버지와 아버지, 아버지의 친구들이 없는 마을과 골목길, 아무도 맞아 줄 이 없는 고향은 이미 고향이 아니다. 빈 우렁이 껍데기 같은 단순한 명사에 불과할 뿐. 내가 가슴 속 깊이 간직하고 있던 고향의 이미지는 아버지와 어머니가 내 옆에 없던, 어린 시절을 채워 준 할아버지와 할머니의 품이었다. 할아버지와 할머니가 하늘나라로 떠난 후에는 고향이라는 단어도 여우 꼬리처럼 내 마음속에서 이내 떠나버리고 말았다. 솜이불처럼 부드럽고 포근하던 인심은 어디로 날려 갔을까. 이젠 고향이라는 이름은 있어도 마음의 고향은 없다. 지금 나에게 느껴지는 진정한 고향은 할아버지와 아버지가 잠들어계시는 가족 선산이다.

 내가 고향을 방문하기 시작한 것은 은퇴 후 고향 친구들과 모임에 참가하거나 시제와 성묘할 때 등 고작 한두 번 정도이다. 서울 근교의 시립묘지에 계시던 할아버지를 선산으로 모시고 난 이후부터는 빈도가 높아지긴 했다. 모임이 끝나면 친구들은 흩어져 각자의 집으로 돌아가는데, 홀로 남은 나는 잠잘 곳이 없어 방황하다가 서울행 버스를 타거나 여관을 찾아 잠자리를 구해야 했다. 고향에 와도 포근하게 잠을 잘 수 있는 집이 없다는 것을 실감할 때면 찬바람이 몸속으로 파고들곤 했다. 그럴 때는 이방인이거나 영원한 여행자라는 생각을 떨칠 수 없었다.

 150여 년 전의 방랑 시인 난고蘭皐선생이 읊었던 선각先覺의 시구를 빌려와 위안으로 삼아본다.

   새도 둥지가 있고 짐승도 굴이 있건만
   내 평생을 돌아보니 가슴이 아프네
    (중략)
   의지할 친척 없고 세상인심 박해지고
   부모상 마치자 황폐하였네
    (중략)

마음은 이역에서 고향 그리는 여우 같건만
형세는 울타리 뿔 박은 양처럼 궁박하네

여우도 죽을 때는 고향으로 머리를 둔다고 했는데, 조상님들이 잠들어 있는 선산을 고향으로 삼기로 했다. 1970년대의 새마을 사업이거나, 요즘 도시에서 말하는 아파트 재건축 사업 같은 개념으로 조상님들 마을을 만들기로 했다. 현재 선산에는 현조玄祖를 제일 윗대로 하여 할아버지 아버지까지 5대조의 조상님들이 누워 계신다. 임씨 집성촌이나 다름없다. 각각의 봉분 앞에는 택호처럼 이름을 새긴 입식 비석만 서 있을 뿐, 마치 오랜 세월 비바람에 허물어져 내린 초가집 같았다. 성묘할 때마다 초라한 유택이 마음에 걸렸다. 흙이 흘러내린 봉분을 돌집으로 다시 지어드리기로 했다.

선산은 할아버지와 아버지와 숙부님이 태어나시고 자랐던 마을 옆에 1930년대에 할아버지가 직접 마련해 놓은 땅이다. 할아버지는 한미寒微한 집안에서 태어나 배우지도 못하고, 날품팔이로 근근이 살림을 꾸려가기는 했으나 아들 둘이 태어나자, 아이들의 장래를 위해 두 아들과 함께 일본으로 건너갔다. 돈을 벌어 아들 교육만이라도 잘 시켜서 당신의 한을 풀어야 했다. 일제 강점기 시절에 일본행을 결심하고 행동으로 옮길 수 있었던 용기는 어디에서 온 것일까. 지금 생각해 보아도 위험하고 무모한 결행이 아닐 수 없었다. 당신이 가진 것 없고, 배우지 못한 한을 자식에게만은 물려주고 싶지 않은 처절한 결심이 아니었을까. 할아버지는 일본에서 모은 돈으로 맨 먼저 선산을 마련했다. 할아버지가 어렵사리 마련해 놓은 선산은 내게는 더없이 값지고 성스러운 곳이다.

진정한 고향이란 어머니의 품속처럼 따스하고 아늑한, 조상 대대로 이어온 마을이 아닐까. 나는 할아버지와 아버지가 누워계시는 선산이 진정한 나의 고향이라고 생각한다. 선산에 계신 조상님들 묘의 봉분을 새집으로 리모델링해서 철 따라 예쁜 꽃들이 함께 피어서 어우러진 꽃대궐을 만들고 싶다. 우선 흙 봉분을 헐어내 화강석 석물을 돌리고, 봉분과 산소 주변에 개나리, 철쭉, 사철나무, 옥향, 라일락 등 예쁜 꽃을 가득 심어 철 따라 꽃 피는 마을을 만들 참이다.

나도 언젠가는 돌아와 묻혀야 할 이곳. 새로 지은 고향 마을에서 시묘살이하면서 지킴이가 되고 싶다.

# 고향 마을을 짓다

선영 입구에 도착했다. 백운산의 먼 자락에서 흘러내린 산비탈, 조상들이 잠들어 계시는 곳. 10월 중순의 아침이슬이 영롱한 눈망울처럼 잔디 잎사귀에 내려앉아 반짝인다. 숭조 제단 앞에 무릎을 꿇고 앉았다. 막걸리와 오징어포 등 마른안주를 상석에 진설하고 향을 피우고 작업 보고를 드렸다.

"평택 임씨 선영에 잠들어 계시는 조상님들께 고하옵니다. 오늘 저희 후손들은 오랫동안 거처하시어 비가 스미고 바람이 드나들어 허물어진 초막을 돌집으로 지어드리고자 합니다. 작업하는 동안 기계 소리와 진동이 요란할 것이오니 잠깐만 눈감고 조용히 바라봐 주시옵소서."

치마폭처럼 선산을 덮고 있던 안개도 서서히 물러나고 가을 햇살이 산언저리를 감싸안고 있었다.

할아버지는 추석이나 설날 등 명절 때가 되면 차례를 모시고 나서 날을 잡아 손자들을 데리고 성묫길에 나섰다. 지리산 능선 이곳저곳(문수골, 무욱내, 아욱골 등)에 잠들어 계시는 조상님들을 일일이 찾아다녔다. 할아버지의 아버지와 할아버지, 증조할아버지 등이다. 할아버지 뒤를 따라다니면서 늘 불만스러웠고 시큰둥하기 일쑤였다. 왜 조상님들은 하나같이 이런 험한 산 중턱에 계실까. 태어나서 한 번도 본 적 없는 분들의 흙무덤을 왜 이렇게 힘들게 찾아다니면서 절을 해야 할까? 할아버지는 왜 그토록 조상님들 제사를 챙기고 성묘를 하고 산소를 지키는 일에 매달리실까. 풀리지 않는 의문을 품고 성묫길을 따라다녔다. 그때는 이해할 수 없었다.

유년 시절, 성묘를 마치고 인근 친척 집에서 하룻밤을 잔 적이 있다. 저녁을 마치고 난 후 나는 아랫목에 자리를 잡고 일찌감치 잠자리에 들었다. 할아버지와 친척 할아버지는 잠자리에 들지 않고 그간의 안부와 조상님들의 산소 관리 문제에 대해서 조곤조곤 이야기기가 이어졌다. 나는 할아버지들이 나누는 이야기 소리를 자장가 삼아 귓전으로 어렴풋이 듣다가 잠이 들었다. 그때 그분들이 나눈 이야기 요지는 허물어진 조상님들의 묘소를 언제 어떻게 사초를 할 것이며, 사초에 드는 경비를 어떻게 마련할 것인지에 대한 근심 섞인 사연이었다. 나는 사초沙草가 무엇이고 왜 돈이 드는지도 몰랐다. 할아버지가 돌아가신 후 성묘를 다니면서 조상님들 묘소의 봉분이 흘러내리고 잡초로 뒤덮인 흙무덤을 보고서야 옛날 어른들이 나누던 이야기가 무슨 뜻인지를 알게 되었다.

할아버지는 이곳 선산이 있는 인근 마을에서 어린 시절을 지냈다. 아버지와 어머니의 요절로 졸지에 천애의 고아 신세가 되자 큰아들이었던 할아버지는 꼬막 같은 단칸 초가집에서 집안의 명맥을 이어가고자 날품팔이를 하며 근근이 혼자의 힘으로 살아내야 했다. 품팔이로 연명하던 할아버지는 장성하여 혼인은 하였으나 아내는 아들 둘을 남겨둔 채 저세상으로 훌쩍 떠나버리고 말았다. 막막했다. 눈앞의 가난을 벗어나고파 일자리를 찾아 어린 두 아들을 옆구리에 꿰차고 일본행을 했다. 할아버지는 해방이 되자 서둘러 귀향하여 일본에서 모은 돈으로 맨 먼저 선산 터를 마련하신 후 이곳저곳에 흩어져 있던 조상님들 묘소를 한 분 한 분 이곳으로 모셨다. 아마도 당신의 사후에 이곳 선산에 현조玄祖 이하 조상님들을 모두 모시고 난 후 임씨 집성촌을 마련하여 오순도순 살고자 했던 꿈을 가지고 계셨던 건 아니었을까. 어쩌면 할아버지에게는 조상 모시는 일이 당신의 종교이며, 조상님들이 계시는 선산은 당신의 성전聖殿이었는지도 모른다. "조상님 잘 모셔야 복 받고 산다"라는 말씀은 제삿날이나 성묘 때마다 들었던 할아버지의 교훈이었다. 내가 살아오는 동안 지금까지도 이 가르침은 귓속에서 생생하게 맴돌고 있는 옥조玉條다. 할아버지의 은덕을 입어 지금까지 잘 살아왔다. 할아버지가 생전에 염원하셨던 일을 내가 이루어 드리는 것이 자그마한 보답이 되지 않을까 하는 생각이 들었다.

선영의 제일 어른이신 현조玄祖 내외분의 묘소 앞에 엎드려 술 한 잔을 올리고 나자 이내 굴착기가 팔을 뻗고 손을 움켜쥐어 봉분의 흙을 긁어내기 시작했다. 인부들의 빠른 손놀림이 경사지고 비좁은 땅을 평탄하게 만들고 주변의 잡목을 쳐냈다. 우거진 잡목과 잡초에 묻혀 있던 자리가 넓고 훤해졌다. 멀리 흘러내리는 섬진강 물도 환히 보이고 옆 마을도 더욱 가까이 보인다. 햇살도 거리낌 없이 내리쪼이고 바람도 막힘없이 불어와 시원하다. 수십 년 동안 지하에서 잠만 자고 계시던 혼령들이 깜짝 놀라 밖으로 뛰어나와 혼낼 것만 같았다. 까마득히 먼 후손이 돌집을 새로 지어 주겠다고 고했으므로 화는 내시지 않고 흐뭇해하지 않으셨을까. 이심전심으로 이해해 주실 것으로 생각하니 안심이 되기도 하고 스스로 기특하기도 했다. 윗마을부터 아랫마을로 내려오면서 차례로 낡은 흙집을 헐어내고 돌집을 지었다. 8채의 산뜻하고 묵직한 돌집이 지어졌다. 드디어 현조할아버지 마을, 고조할아버지 마을, 증조할아버지 마을, 할아버지와 아버지 마을이 새로 만들어졌다. 마을과 마을 사이의 경사진 골목길에는 야자 매트를 깔아 현대식 신작로를 만들었다.

드디어 조상님들의 고향 마을이 완성되었다. 예전의 없어진 고향집 대신 내가 찾아와 어른들을 뵙고 안길 수 있는 진정한 내 마음의 고향, "평택 임씨 진사공파 간전 선영 마을"이 탄생했다. 이제부터는 자주 찾아와 꽃나무도 심고 사철나무도 심어서 항상 푸르고 안온한 마을을 예쁘게 가꾸고 싶다. 하늘나라에서나마 새로 단장한 고향 마을에서 할아버지와 아버지, 할머니들께서도 서로 오가며 오순도순 정겹고 행복한 동네를 이루었으면 좋겠다. 나의 몸과 얼을 만들어 주신 분들이 묻힌 땅, 할아버지의 성전, 아니 내 마음의 성전에서 해와 바람과 별과 함께 조상님들의 명복을 빈다.

서산에 기운 가을 햇살이 눈부시다. 새로 난 골목길을 밟으며 천천히 걸어 내려왔다. 할아버지의 환한 미소가 배웅하듯 내 등 뒤를 따라오고 있었다. 가슴이 박하 향처럼 화하다.

## 햇살 바라기

　12월, 겨울이 오는가 싶더니 비바람이 밤새 무섭게 휘몰아쳤다. 광포한 바람은 아침이 되자 흔적 없이 조용하다. 베란다에 서서 앞산을 올려다본다. 먼지 한 점 묻지 않은, 구김살 없는 햇살이 베란다 창문을 투과하여 내몸에 감긴다. 냄새도 없다. 모양도 보이지도 않는다. 그러나 분명 따스하다.
　고프고 아팠던, 얼음처럼 시린 가슴을 녹여 주던 먼 유년 시절의 겨울 햇살. 눈 덮인 깊은 산속 개울가에 초록과 황토로 얼룩처럼 칠해진 위장 천막이 일렬로 늘어서서 긴장의 겨울밤을 웅크린 채 지새우고 난 병사의 철모에 칼처럼 내리꽂히던 햇살. 죽느냐 사느냐, 경각인 목숨을 보전하기 위해 몸부림치던 이국땅 밀림 사이로 총알처럼 강하게 내리쪼이던 전장의 햇살. 늘 같으면서도 늘 달랐던 햇살이 한꺼번에 가슴으로 와르르 쏟아져 내린다. 삶은 그저 햇살 바라기일 뿐인가 싶다.

　내 고향 산마을엔 한국전쟁의 상흔이 컸다. 양식은 턱없이 부족했고 옷가지는 허름했으며 땔 나무도 부족했다. 아이들은 양지바른 담벼락에 옹기종기 모여들어 매운 겨울바람을 견디었다. 동네 어귀의 점방(구멍가게)의 바람벽, 옴팡진 공간으로 오글오글 병아리처럼 모여든 아이들은 손을 호호 불거나 비비면서 웅크리고 앉아 콧물을 훌쩍거리며 햇살을 쪼이곤 했다. 점방에서 스며 나오던 풀빵이나 과자 냄새는 달콤하고 고소하였다. 딱히 무슨 냄새였는지 알 수 없지만 굶주린 내장을 꼬르륵거리게 했던 것은 틀림없다. 동전 한 닢 없는 아이에게 그 고소한 냄새는 고문이고 형벌이었다.

　순한 병아리 같은 아이들도 누가 자기 앞의 햇살을 가리면 손찌검을 하고 골을 부리고 울어댔다. 햇살 한 움큼이 점심 한 끼만큼이나 소중했으니까. 꼬맹이들은 철학자 디오게네스를 알지 못했지만, 그 시절 이미 디오게네스가 되어 있었다.

　아침 등굣길, 아이들은 책보를 허리에 둘러차고 골목길로 나와 신작로를 채웠다. 까만 무명옷 소매는 거북이 등처럼 반짝반짝 빛이 났다. 신작로의 끝은 노고단, 아이들은 그 노고단 계곡을 훑어내린 바람을 가슴으로 고스란히 받아 안으며 학교를 향해 종종걸음을 쳤고, 아이들의 언 몸을 녹여 주는 것은 햇살뿐이었다.

　철골소심 한 분이 거실 한쪽을 지키고 있다. 꽃대 대여섯 촉이 한꺼번에 올라오더니 서너 송이가 터져 난향이 은근하고 그윽하다. 푸른 난잎도 햇살 바라기를 하고 있다. 잎새 뒤에 살포시 숨은 연둣빛 철골 소심도 고개를 외로 꼬며 햇살을 넘본다. 저들이라고 생각이 없을 리 없고 허기를 모를 리 없다. 분무기를 들고 물안개를 뿌린다.
　아프지도 말고, 고프지도 말고, 추워하지도 마라!

"AI 시대라 하더라도 '공든 탑이 무너지랴'라는 속담에만 의존할 것이 아니라 새로운 해석으로, 공을 들여 매사에 기본을 지키고 균형을 잘 유지하는 세상이 되기를 기원해 본다."

# 3부

## 친절의 온도

　예기치 않은 병원 신세를 지고 퇴원한 후로는 시내에 일 보러 갈 때 택시를 이용할 경우가 많아졌다. 직접 운전하다 보면 주차 문제, 교통법규 준수, 차선 변경에 따른 신경 쓰임, 끼어들기와 추월로 인한 정신적인 스트레스가 커서 운전대를 잡기가 꺼려졌다.
　지난 추석 전에 시내에 긴한 볼일이 있어서 집 앞 도로에서 택시를 탔다. 한참 동안 기다려도 오지 않던 택시가 다가와 무척 반가운 마음으로 차에 올랐다. "안녕하세요. 차 좀 타도 되겠습니까" 하고 택시 뒷좌석에 앉았다. 나는 택시를 탈 때는 항상 기사에게 탑승 신고를 하듯 간단한 인사를 하고 타는 편이다. 편한 분위기를 만들기 위해서다. 택시 탑승을 하다 보면 친절하게 응대해 주는 기사분도 있지만, 무뚝뚝하거나 퉁명스러운 말투로 친절하고는 담쌓은 듯 응대하는 기사분들도 가끔 경험한다. 우리는 예부터 처음 만나는 사람이나 모르는 사람하고 만날 때는 덕담을 담아 수인사를 하면서 부드럽고 자연스러운 분위기로 만남을 시작하는 좋은 관행이 있다. 택시를 탈 때면 안전운전을 부탁한다는 의미를 담아 수인사를 하고 타면 분위기가 한결 자연스러워지고 안정감이 들기도 한다.

"어디 가세요?" 물기 없는 말투로 기사가 물었다. 퉁명스럽다는 기분이 든다. "돈화문 앞에 좀 내려 주시면 됩니다." 나지막하게 목적지를 말해 주었다. "돈화문이 어디예요? 처음 듣는다는 식으로 답이 왔다. "돈화문 모르세요?" 약간 신경이 곤두섰다. 돈화문은 창덕궁 정문으로 서울 지역의 중요 지형지물로 알고 있는 터라, "운전하신 지는 얼마나 되셨어요?" 하고 물었더니 총알처럼 답변이 튀어나온다. 서울에서 15년 정도 운전을 했다고 한다. 자존심이 상했는지 나를 곱지 않게 보는 듯한 말투다. 자기는 서울에서 오래 운전을 했지만, 돈화문이라는 말은 처음 들어본다고 했다. 되레 내가 무식한 사람인 것처럼 느껴졌다. 나도 서울에 오래 사는 사람이었으므로 지기가 싫었다. 연속해서 질문을 이어 갔다. "운현궁 아세요?" 모른단다. "수운회관은 아세요?" 모른다고 뿔난 어조로 답변이 돌아왔다. 그 정도의 건물이나 고궁 등의 위치는 택시 운전사라면 기본적으로 알고 있을 것으로 생각했는데 모른다고 하니 답답했다. 무슨 심통인지 이번에는 반포 이수교 건널목에서 적색 신호등이 켜지자 기다렸다는 듯이 정차와 동시에 윈도를 내리고 건널목을 지나고 있는 행인을 불러 세우고는 다짜고짜 "아저씨, 돈화문 아세요?" 하고 묻는다. 젊은 행인은 고개를 갸우뚱하면서 의아한 표정으로 모른다고 답한다. 기사는 나를 향해 뒤돌아보면서 보란 듯이 당신 같은 사람 처음 본다는 식으로 씩씩거리는 표정으로 변한다. 운전 분위기가 험악해지기 시작했다. 내가 다시 힘을 빼고 물었다. "창덕궁은 아세요?" 창덕궁은 안다고 퉁명스럽게 대답한다. 창덕궁은 아는데 돈화문은 모른다고? '참자, 참자'를 되뇌며 묵언수행에 들었다.

 나는 이동의 편의를 제공받기 위한 소정의 서비스 요금을 내고 승차한 고객일 뿐, 공짜로 타거나 갑질도 하지 않았다. 자신의 직분을 망각한 택시 기사의 태도가 불쾌했다. 기사가 모르는 곳이라도 승차한 손님이 갈 곳을 주문하면 내비게이션에 바로 목적지를 입력해서 안내받으면 될 것을 그는 왜 고

친절의 온도

객에게 불편함을 줄까. 내 말에 가시가 끼어 있었을까? 내가 갑질을 했나? 아니면 기사분이 기분 안 좋은 일이 있어서 그랬을까? 이런저런 생각을 떠올리면서 목적지인 돈화문 앞에까지 왔다. "사장님, 저기가 창덕궁 돈화문입니다. 저를 내려주시고요, 오른쪽으로 가시면 바로 운현궁 쪽입니다. 안녕히 가세요." 하고 내렸다.

한참 오래전 서유럽 여행길에 영국 런던을 관광한 적이 있다. 영국은 선진국이고 신사의 나라라는 것을 알고 있는 터라 기대를 안고 런던 시내 관광을 했다. 버스에 올라탄 현지 가이더의 안내가 시작되었다. 안내 중에 런던의 택시 제도에 대한 설명을 들었다. 런던 시내를 운행하는 택시는 세계적인 명물로 '블랙 캡'이라는 이름으로 유명하다. 런던의 택시 기사는 '전문가 면허 시험 합격자'로서 각자가 독립채산의 사장으로 중산층 이상의 어엿한 전문직종에 속한다. 택시 운전면허를 따기 위해서는 범죄 기록 확인과 신체검사 등을 통과한 자에게 '청색의 책자'를 지급하고 일정 기간 스쿠터를 타고 다니면서 시내 구석구석의 지리를 익히도록 한 후 엄격한 시험에 합격하여야만 평생 직업으로 보장해 준다.

시험 과목 중 하나는 런던의 넬슨 제독 동상 근처에 있는 '차링 크로스 기차역'을 기준으로 하여 반경 10km 이내의 모든 길과 건물 이름을 외워야 하고 지도의 도움 없이도 업소명이나 골목 이름을 숙지하여 승객이 원하는 목적지까지 최단거리 최소거리로 안내할 수 있어야 한다. 또한 법규를 준수하며 승객에게 안전한 운전과 친절한 서비스를 제공하는 절차 등도 테스트의 대상이 된다. 승객 보호를 위하여 차량 자체에 큼직한 택시 면허 번호를 부착하도록 하고 운전기사는 별도의 초록색 택시 운전면허 배지badge를 달고 운행한다.

현대사회에서 택시는 그 사회를 반영하는 종합적인 사회 간접자본의 하나다. 택시를 운전하는 기사도 이젠 어엿한 서비스 직종으로 대접받는 시대가 되었다. 우리나라 택시 기사분들은 아직도 스스로 사회적 약자라고 생각하는 자격지심을 버리지 못하고 있는지도 모르겠다. '택시' 하면 고개를 절레절레 젓기 일쑤인 우리나라 서비스 현실을 생각하면 안타까운 생각이 든다. 택시비를 낸 만큼의 서비스를 받고 쾌적하게 여행할 수 있는 친절한 택시는 언제쯤 만날 수 있을까.

저녁 방송에서 "내년에 택시 기본요금이 천 원 오른다"는 뉴스를 들었다. 택시 기사의 친절 온도도 그만큼 오를까?

## 돈의 속마음

　내가 세상에 나와 처음 돈을 만져 본 것은 초등학교 들어갈 때쯤이다. 설날 아침, 할아버지나 친척 어른에게 세배하고 받은 10원이나 20원짜리 지폐 몇 장이지 싶다. 돈이 무엇인지도 모르고 그냥 내 손에 들어오는 지폐가 소중한 재산처럼 느껴졌던 기억이 있다. 커가면서 돈이 있어야 사탕, 과자, 풀빵을 사 먹을 수 있고, 돈을 많이 가진 사람이 부자라는 것도 어렴풋이 알게 되었다. 나중에 성인이 되어서는 사람이 살아가는 데 없어서는 안 될 소중한 것이 돈이라는 걸 실감하고, 일한 대가로 월급을 받아 허리를 졸라매듯 저축하면서 부자 되는 꿈을 꾸었다.

"돈에 침 뱉는 놈 없다"라는 말이 있다. 누구나 돈의 가치를 인정하며 돈을 경멸하거나 멀리하는 사람은 없다는 뜻이다. 우리 삶에서 차지하는 돈의 중요성을 부인할 수 없으며, 돈에 대한 인간의 욕망은 본능적인 것임을 암시한다. 모든 사람은 본능적으로 부를 갈망한다. 돈이 그 부의 중심에 있다. 때에 따라서 돈은 사람의 영혼을 풍요롭게 하기도 한다. 돈에 대한 욕망에는 끝이 없으므로 부자와 가난한 자를 가르는 돈의 양적 기준은 없다. 개인의 가치관에 따라 같은 양의 돈을 두고도 만족하는 사람이 있는가 하면, 턱없이 부족하다고 느끼는 사람도 있다. 디오게네스는 그의 조그만 통속에서도 아주 쾌활하게 살았으며, 알렉산더에겐 이 세상 전체가 한없이 적어 양에 차지 않았다. 돈에 대한 태도도 이와 다를 바 없다.

에밀 졸라의 소설 〈돈〉에서 주인공 사카르는 "돈이란 인생 그 자체요! 돈을 없애 보시오, 세상에는 더 이상 아무것도 없을 것이요, 아무것도"라고 외쳤다. 돈이 인간성 파괴와 부패의 원인이 되기도 하지만, 다른 한편으로는 희망을 주고 선행의 밑거름이 되기도 한다. 돈은 저주이며 축복이고, 모든 악과 선이 돈에서 비롯된다. 하지만 궁극적으로 돈은 내일의 인류를 성장시킬 퇴비가 될 것임을 말하고 있다. 현대 자본주의 사회에서 돈은 모든 가치의 기본이긴 하지만, 선과 악의 뿌리일 뿐 아니라 보상과 징벌의 형식이 된 지도 오래다.

19세기 독일의 사회학자이자 철학자인 게오르그 짐멜Georg Simmel도 《돈의 철학》에서 "돈은 어떻게든 무차별화되고 외면外面화되는 모든 것의 상징이고 원인이다. 그러면서도 돈은 개인의 가장 고유하고 내면적인 것을 지켜주는 수문장이기도 하다"라고 돈의 양면성을 지적하였다. 돈은 궁극적으로 현대인이 누리는 문화적, 정신적 토대가 되기도 한다. 돈을 이용해 가치 있는 삶을 영위해 나갈 수 있는 기회를 더 많이 얻을 수 있기 때문이다. 공자도 《논어》〈학이편〉에서 "빈이무첨 부이무교貧而無諂 富而無驕, 가난한 이는 아첨을 해야 하고 부자가 되면 교만하게 된다. 가난하면서도 도를 즐거워하고, 부유하면서도 예를 좋아하는 것이 가장 좋다"라고 말했다. 즉 가난하면서도 도를 알고 부유하면서도 예를 행하는 것이 최상의 가치라고 보았다. 돈의 양면적 속성을 인정한 것으로 보인다. 공자의 애제자 중 하나인 자공子貢은 중국 최초의 재벌이라고 불릴 만큼 돈이 많았으므로 공자가 싫어했을 것 같지만 그러지 않았다. 오히려 《논어》에서 "자공이 재산을 모으는 것은 사물의 이치를 잘 알기 때문이다"라고 추켜 주기도 했을 정도로 돈의 가치와 속성을 이해했다.

"돈을 빌려주면 종종 돈은 물론 친구까지 잃게 된다"라는 명언을 남긴 셰익스피어도 젊은 단역 배우 시절 생활이 어려웠다. 돈을 벌기 위해 극장을 경영하기도 하고 글을 쓰면서도 틈틈이 보리 등 각종 곡물을 싼값에 사들였다가 가격이 오를 때 되팔아 수익을 내어 번 돈으로 대부업을 하기도 했다.

돈은 욕망과 결탁하면 비극이지만, 그러지 않는다면 인간의 선한 욕구를 채워주기도 한다. 돈이 많다고 꼭 그만큼 인간이 행복해지는 것은 아니다. 돈과 행복은 정비례하지 않는다. 돈이 많아지면 만족을 잃어버리고 돈의 노예가 되어 오히려 불행해지는 경우도 많다. 우리가 인생을 살아가는 데 가장 갖고 싶은 게 뭐냐고 묻는다면 대부분 사람은 돈, 성공, 사랑, 행복, 같은 것을 말하지 않을까 생각한다. 그중에서도 가장 먼저 돈을 꼽을 것이다. 성공, 사랑, 행복 등은 피상적인 것으로서 돈의 가치가 내재해 있어야 이루어질 수 있는 조건들이기 때문이다. 돈은 언제나 우리가 부여하는 만큼만 의미가 있다. 돈을 벌고 쓰는 사람에 따라 돈은 악의 화신이기도 하고 선한 수단이기도 하다. 고전이나 명인들이 그것을 확인시켜 주고 있다.

우리나라에서 최초의 돈은 기원전 4,000년 말에 등장한 신석기시대의 '돌 돈'이다. 그 후로 보관과 운반이 편리한 조개껍질, 소금, 옷감, 농기구, 장신구 등을 물물교환의 수단으로 사용했다. 인류 문명의 발전에 따라 금, 청동, 철과 같은 금속

화폐를 만들어 돈으로 사용하다가 주조화폐(동전), 지폐, 수표, 카드로 발전해 왔다.

21세기에 들면서 예전에 손가락으로 침을 발라 세던 지폐는 보이지 않고, 스마트폰을 열어 손가락으로 눌러서 돈을 보내거나 입금을 확인하는 단계에 이르렀다. 돈(지폐)을 직접 만져 볼 기회는 크게 줄었다. 내 손에 잡히지 않는 돈을 스마트폰에서는 자유자재로 넣고 빼는 시대에 살고 있어도 '돈'이라는 단어는 여전히 힘이 있다.

돈에도 마음이 있다면 선한 마음을 가진 주인에게는 만족과 행복을 주려고 할 것이며, 악한 마음을 가진 주인에게는 실망과 불행을 주려고 할 것이다. 인간사에서 돈은 원수가 되기도 하고 수호천사가 되기도 한다. 돈의 속마음이 곧 돈을 가진 자의 마음이다. 돈 가진 사람이여! 돈을 욕되게 하지 말지어다.

## 공든 탑이 무너지랴

비가 내리고 난 며칠 후에 우면산에 올랐다. 전망대에 서 있던 소망탑(돌탑)이 무너져 있다. 지난 2, 3일 동안 연속해서 내린 강한 국지성 소나기로 이런 사달이 났는가 보다.

우면산 정상 조금 못 미친 지점에 전망대가 있다. 서울 시내와 남산을 비롯하여 북한산, 도봉산까지 조망할 수 있는 명소다. 전망대 한쪽에 돌탑 한 기가 서 있다. 돌탑이란 자고로 산이나 강, 시골 마을 등의 당산이나 신령스러운 곳에 돌멩이를 하나하나 정성스레 쌓아 올리며 대소사의 공덕을 빌던 샤머니즘 형태의 구조물이다. 우리나라의 돌탑은 시골 마을, 산 정상이나 계곡 등에 많이 산재해 있다. 오늘날과 같이 불교나

기독교 같은 종교가 성하지 않던 시기에 기복을 빌던 민간 신앙으로 자리 잡은 것으로 보인다. 우면산의 돌탑도 산을 오르는 사람들이 주변의 돌을 하나씩 들고 와 소원을 빌면서 나름대로 정성껏 쌓아 올려 만들어졌을 것이다.

우리나라 전역에 산재한 돌탑 중에서 손꼽을 만한 돌탑으로는 진안 마이산, 창원 팔용산, 팔공산 갓바위길의 돌탑, 영동군 괘방령 장원급제길 돌탑, 지리산 노고단, 속리산 밤티마을에 있는 돌탑들이 유명하다. 이들의 특징은 하나같이 견고하게 쌓아져 오래 보존되고 있고, 기도하고 소원을 빌게 하는 신비감과 경외심을 갖게 한다는 것이다. 공들여 정성스럽게 쌓은 탑은 쉽게 무너지지 않을 것이라는 믿음일 뿐만 아니라 어떤 일이든 정성을 다하면 염원이 이루어지고 성공할 것이라는 기원을 담았으리라.

탑의 기원은 원래 불교 창시자인 석가모니가 열반에 들자, 그의 유해를 화장하고 난 뼛가루인 사리를 봉안하기 위하여 만든 무덤 모양의 구조물이었다. 그 후 사리를 여러 곳에 분산하여 모시는 과정에서 사리탑이 만들어지고 부처님을 모시는 상징으로서 석탑이 곳곳에 세워지게 되었다. 돌탑은 그와 다르게 종교적인 의미를 떠나 순수한 민간 신앙의 한 형태로 돌멩이를 하나씩 주워다가 손으로 정성스레 쌓으며 각자의 소망이나 복을 빌었다.

　우면산 전망대의 돌탑은 '소망탑所望塔'이라는 이름을 갖고 있다. 밑변의 폭은 2m, 높이가 2m 정도 되는 원뿔형이다. 이것은 누군가의 주도로 이루어진 계획적이거나 종교적인 목적을 가진 축조물이 아니다. 산을 사랑하고 등산을 즐기는 인근 주민들이나 둘레꾼들이 오르내리면서 산길에 뒹굴고 있는 주먹만 한 돌멩이들을 주워다가 하나둘 쌓다 보니 이심전심으로 모아진, 정성스러운 손길들이 만들어낸 결과물이다. 옛날부터 내려오는 우리 속담에 "공든 탑이 무너지랴"라는 말이 있다. 매사에 공을 빌 듯이 정성을 다하면 모든 일이 순조롭게 이루어지고 별 탈이 없으리라는 바람을 담은 기원의 의미가 아니었을까.

　우면산 돌탑은 외견상으로는 튼튼하고 야무져 보였다. 왜 무너졌을까? 공이 부족해서일까? 현대적인 시각에서 보면 돌탑의 기초가 균형이 이루어지지 않았거나 정밀한 돌쌓기가 이루어지지 않아서 강한 비바람에 버티지 못하고 지반이나 몸체의 균형이 깨져서 무너졌을 것이다. 균형均衡이란 '어느 한쪽으로 기울거나 치우치지 아니하고 고른 상태'를 말한다. 현대의 모든 구조물이나 건축물(공작물)을 구축할 때는 반드시 균형을 유지하도록 사전 설계를 하는 것이 기본이다. 균형의 설계는 인공 구조물에만 적용되는 것은 아니다. 인간을 비롯한 모든 생물, 규모가 크거나 작거나를 불문하고 지상에 존재하는 모든 가공물은 반드시 균형을 유지해야 생존하거나 존속할 수 있다. 그중에서도 우리 인간들의 일상적인 삶을 지탱하고 유지하는 데도 필수 불가결한 요소가 바로 균형이다. 인간사와 관련한 정치, 사회, 문화, 과학, 경제 등등 모든 분야에서 균형이 유지되지 않으면 하루도 유지될 수 없다. 현재 우리 주변에서 일어나는 모든 재해나 정책에 대한 불만이나 민심의 분열 등도 균형의 문제에 귀착된다.

사람의 탄생과 성장에도 균형의 문제가 원천적으로 내재한다. 부모의 경제력에 따라 금수저나 흙수저로 가름하거나 지방에서 태어났느냐 도시에서 태어났느냐에 따라 삶의 질의 문제가 대두되는 등 불공정과 불평등, 형평성의 문제로까지 논란이 일고 있는 것이 현실이다. 돌탑이든 건축물이든 세상에 존재하는 모든 구조물뿐 아니라 사회 구조 등에서 나타나는 불균형을 해소하는 방법은 바로 균형의 문제다. 옛 선조들은 오랜 경험을 통해 "공든 탑이 무너지랴"라는 속담을 우리에게 전수해 주었다. 즉 정성을 기울여 이룩해 놓은 일은 그리 쉽게 무너지지 않는다는 뜻이리라.

큰일이나 작은 일을 불문하고 정성스러운 마음으로 수평과 수직을 유지하고 공극孔隙을 없애야 균형을 유지할 수 있고, 균형을 유지해야 기울어지거나 무너지는 것을 막을 수 있다. 우면산 돌탑도 균형을 유지하지 못한 탓으로 비바람의 충격을 견디지 못하고 무너졌을 것이다. 공을 들인다는 것은, 정성을 다하여 균형을 이루면 실패의 확률이 낮아진다는 믿음과 같다.

우리는 1994년과 1995년에 일어났던 한강 '성수대교 붕괴 사고'와 서초동 '삼풍백화점 대형 참사', 2022년에 있었던 광주광역시의 아파트 붕괴사고 등과 같은 비문명적인 사고를 목격했다. 사업 주체가 원칙과 규정을 지키지 않고 이익만을 앞세워 균형을 외면한 결과로 일어난 원시적인 사고였다.

지금은 인공지능 시대다. '공든 탑이 무너지랴'라는 속담의 의미는 여전히 유효하다. 공功을 들여 매사에 기본을 지키고 균형을 잘 유지하는 세상이 되기를 기원해 본다.

# 삼봉三封의 계절

 황당한 일을 당했다. 평소 세상 돌아가는 모습을 보면서 눈 감고, 입 닫고, 귀 막고 살자고 다짐하면서도 오늘은 나사가 풀렸는지 사달이 벌어지고 말았다.
 몇몇 문인들이 인문학 공부를 하는 모임을 만들어 이곳저곳 전전하면서 공부를 해오고 있다. 마침 내가 사는 아파트 단지 안의 주민 편의 시설 공간에 '주민 회의실'이 있는데, 주민에게 실비로 대여해 준다는 공지를 보고 이용하기로 했다. 두 번째 날이었다. 나는 모임 회원이 이곳을 찾아오는 데 될 수 있는 대로 편안한 출입과 분위기에 익숙하도록 신경을 썼다. 그날도 주민 지원 센터에서 열쇠를 받아 회의실 문을 열고 책상 정리 등 강의 진행을 위한 준비를 마친 뒤 회원들을 맞이하러 출입문 쪽으로 걸어 나갔다. 그때 마침 키가 건장하고 몸집이 큰 30대로 보이는 청년이 회의실 쪽 출입구로 들어와 왼쪽 벽에 나 있는 방문을 열고 있었다. 문패를 보니 '게스트 룸3'이라고 적혀 있었다. 아파트 단지 안에 무슨 게스트 룸이 있을까 하는 궁금증과 함께 호기심이 일었다. 방문을 열고 있는 젊은이게 다가가 "이게 무슨 용도로 사용하나요? 혹시 이 아파트 시공회사 직원이 근무하는 곳인가요?" 하고 가볍게 물었다. 사실 나는 이 아파트에 입주한 지 3년이 지났지만, 주민 편의 시설 중에 게스트 룸이 있는지를 몰랐다.

그 젊은이는 내가 묻는 말에 귀찮은 듯한 어조로 "여기에 입주하고 있는데요. 왜 그러세요?" 하고 못마땅한 듯 퉁명스럽게 대답했다. 왜 간섭하느냐는 투였다. 순간, 아차 내가 실수했구나 하는 생각이 번쩍 들었다. 아니나 다를까 "저리 비키세요" 하면서 아주 불쾌한 어조로 말하며 불순한 눈길로 나를 노려보았다. 그의 눈초리를 보고 곧 이상한 예감이 스쳤다. "아, 죄송합니다, 죄송합니다" 하고 두 번을 읊조리고 나서 빠른 걸음으로 출입문 밖으로 걸어 나왔다. 왠지 불길한 생각이 들었다. 주민 지원 센터 담당 직원에게 전화했다. 게스트 룸의 용도와 운영 방법에 관해 묻고 나서 조금 전의 상황을 설명해 주면서 내가 느꼈던 불편한 감정을 말해 주었다. 입주민이 모르는 외부인이 아파트 내부 시설에 들어와 머무르는 것 자체가 불안스러울 뿐 아니라 무례하게 대하는 것이 불쾌감을 준다고 말해 주었다. 요즘 세간에서 비일비재하게 일어나고 있는 사건 사고를 보면 남의 일이 아니고 우리 아파트에서도 일어날 수 있겠다는 생각이 들었다. 은근히 불안했다.

  요즘 세상 돌아가는 모습을 보면 무섭고 살벌하다. 국민을 잘 섬기겠다고 목청을 높이던 선량들의 태도가 돌변하여 온갖 험한 언설로 상대를 몰아붙이는가 하면 사사건건 부딪치면서 싸우기가 일쑤다. 그런 모습들이 실시간으로 언론에 생중계되다 보니 아이부터 어른에 이르기까지 서서히 물들어가는 것 같아 심히 우려스러웠다. 말로 인한 오염도가 심각한 지경이다. 어느 곳에서나 일어나는 포악한 언행이나 분풀이가 도를 넘어 불안하기도 하다. 지하철을 탔을 때, 젊은 여성들의 민망한 옷차림이나 젊은 남녀의 노골적인 애정행각 등 승객들은 안중에도 없는 듯한 행태들을 보면서 눈을 어디에 두어야 할지 고민되는 때가 많다. 왜 세상이 이렇게 변해가는지 모르겠다. 첨단 문명 시대이긴 하지만 거기에 걸맞은 질서가 만들어지지 못하고 개인주의가 팽배하다 보니 주변에 대한 배려심 없는 언행이 거침없이 세상을 뒤덮고 있다.

교실로 돌아와 수업을 진행하였다. 십여 분이 지나 교실 문이 흔들리는 소리가 나서 돌아보니 남녀 경찰관이 관리소 직원과 함께 나를 불러내었다. 무슨 일인가 하고 눈이 휘둥그레졌다. 사생활 침해를 받았다는 신고를 받고 조사차 나왔다고 했다. 심한 열기가 머리에서부터 가슴으로 홍수처럼 밀려왔다. 심장의 박동 소리가 내 귓속에서 요동쳤다. 나는 뇌졸중 기저질환이 있으므로 흥분하면 안 되었다. 가슴을 쓸어내리면서 진정을 한 후 조사하러 나온 경찰관에게 조금 전에 있었던 상황을 설명했다. 경찰관은 그 젊은이가 호주 국적을 가진 한국 사람이라는데, 일단 신고가 들어왔으니 조서를 꾸며야 한다면서 통로에 있는 책상 의자에 나를 앉히고 조서 용지를 내밀었다. 내가 설명했던 내용을 그대로 조서에 적으라고 했다. 온몸이 흥분상태라 글씨가 제대로 써지지 않았다. 개발새발 적어서 조서 용지를 메꾸고 인적 사항을 적은 후 서명을 해 주었다. 기막힌 일을 경험한 순간이었다. 궁금한 것을 물어보는 게 무슨 사생활 침해가 된다는 것인지 도대체 이해할 수 없었다. 이런 일이 벌건 대낮, 21세기 한국 땅에서 일어나고 있는 현실을 어떻게 이해해야 할지 답답할 뿐이었다.

공자께서는 일흔 살이 되면 "마음속으로 하고 싶은 대로 해도 법도에서 벗어나지 않는다"라고 일찍이 지적한 바 있다. 내가 한 그때의 행동이 과연 잘못된 처사였는지 곰곰이 생각해 보았다. 나이 든 사람이 지적하는 말에 대해서 '꼰대'라고 치부하는 시대에 사는 내가 꼰대짓을 한 것은 아니었을까. 우리나라는 수백 년간 유교의 가르침을 일상의 행동 기준이나 덕목으로 삼아 사회적 질서를 유지해 오지 않았는가. 외래문화의 급격한 유입과 고도의 첨단 문명의 시대를 맞이하면서 덕목으로 지니고 살았던 기존의 가치관이나 질서 의식이 무너져 내리고 있는 세태가 안타깝다. 21세기를 사는 우리는 아무리 과학기술 문명이 급격하게 밀려든다 해도 우리 민족 고유의 가치관이나 질서는 잘 다듬어 가면서 서서히 시대 흐름과 조화롭게 접목해 나갔으면 좋겠다.

나는 그때의 일로 공자님의 가르침인 '종심소욕 불유구從心所欲 不踰矩'의 의미를 새삼 음미해 보았다. 이를 계기로 눈 감고, 귀 닫고, 말도 될 수 있으면 삼가는 삼봉三封의 자세로 살아가야겠다고 마음먹었다.

## 슬픈 꿈

 늦은 가을 오후, 지리산 깊은 계곡에 있는 의신 마을에 왔다. 화개장터에서 차로 20여 Km를 오르다 보면 나타나는 지리산 천왕봉 아래 있는 오래된 화전 마을이다. 빨치산들의 은거지 중 한 곳이라는 것을 알고 있었으나 직접 와 본 것은 처음이었다. 내가 의신마을을 찾아온 것은 1940년대 수년간 지리산 빨치산으로 활동하다 이곳에서 멀지 않은 빗점골에서 죽은 '이현상'이라는 지리산 빨치산 지도자를 만나보기 위해서였다. 마을 끝 무렵에 '지리산 역사관'이라는 안내 표지가 보였다. 역사관 앞에 차를 세웠다.

 70여 년 전의 지리산 빨치산의 행적을 더듬어 볼 기회가 될 것 같아 기대감을 안고 전시실에 들어섰다. 전시실은 이곳이 화전민 마을이었음을 상기시켜 주는 화전민의 생활상, 농기구 등이 전시되어 있어 당시 화전민의 고달팠던 생활상을 엿볼 수 있었다. 다음 전시실에 지리산 빨치산의 활동과 토벌 작전 관련 설명문이 게시되어 있고 지리산 빨치산 남부군 사령관이었던 '이현상'에 대한 활동 이력과 죽음에 이르는 과정이 사진과 함께 전시되어 있었다. 잔잔한 흥분이 가슴속에 물결처럼 일었다. 전도된 이념으로 허망한 꿈을 이루고자 했던 항일 독립운동가, 사회주의 혁명가였던 그의 슬픈 이야기를 게시판에서 읽었다.

1990년 빨치산 출신 '이태'가 쓴 《남부군》을 원작으로 한 영화가 상영되고부터 지리산 빨치산과 이현상(1905~1953)의 실체가 알려졌다. 이현상은 충남 금산군 군북면 중농의 집안에서 6남매의 4형제 중 막내로 태어났다. 서울 명문 학교에 진학하였으나 사회주의에 심취하여 사회주의 혁명가와 항일 독립운동가로 변신하여 일제 하에서 감옥생활을 거쳐, 지리산에서 남부군 빨치산으로 활동하다가 1953년 9월 18일 이곳 의신마을 주변에서 생을 마감한 비운의 사나이다. 그는 해방정국에서 박헌영 등과 함께 남로당을 조직하고 조국을 사회주의 혁명을 통하여 공산주의 국가로 만들고자 하는 강한 열망을 가지고 있었다. 제주 4·3사건과 여순 10·19사건을 기화로 사회주의 혁명을 이루려는 꿈을 가지고 지리산으로 숨어들어 빨치산이 되었다. 빨치산 남부군 사령관으로 토벌군과 대치하면서 수많은 무고한 양민을 학살당하게 하고 순진무구한 젊은이들을 사지로 내몬 장본인으로 많은 죄업을 쌓았다. 이현상, 그는 북한 김일성에게 배척을 당하고 남한으로부터는 저주받은 비운의 빨치산 지도자였다. 나는 그에게 묻고 싶었다. 부모와 자식을 버리고 지리산에 들어와 빨치산 활동을 한 것은 누구를 위한, 무엇을 위한 꿈이고 투쟁이었는지를. 내 아버지는 여순 10·19 사건의 희생자다. 내 아버지의 푸른 꿈을 앗아간 간접적인 가해자이기도 한 그에게 저주의 독화살을 퍼붓고 싶었지만, 인간적인 연민이 가슴 한쪽에 웅크리고 있었다.

《남부군》 저자 이태는 회고록에서 "말단 대원이던 나로서는 그와 대화할 기회는 없었지만, 진회색 인조털을 입힌 반코트를 입고 눈보라 치는 산마루에 서서 첩첩 연봉을 바라보고 있던 이현상의 어딘가 우수에 잠긴 듯하던 옆모습은 지금도 선명한 인상을 남기고 있다"라고 인간 이현상의 인상을 적어 놓았다. 이룰 수 없는 꿈을 꾸며 지리산을 누볐던 슬픈 사나이. 그가 최후를 맞이했던 빗점골에 맴돌고 있을 쓸쓸한 영혼에 대해 합장으로 명복을 빌었다.

'이룰 수 없는 꿈은 슬프다'고 외쳐대던 〈잊혀진 계절〉의 노랫말을 되뇌며 되돌아 내려왔다. 늦가을 저녁 햇살이 지리산 연봉을 붉게 적시고 있었다.

## 산길에서 만난 노인

 서울에서 살다가 조용하고 공기 좋은 곳을 찾아 1년 전 백운 밸리로 이사를 왔다. 아파트 단지의 주변은 나지막한 산으로 병풍처럼 연봉으로 이어져 있었다. 단지 왼쪽으로는 바라산(427.5m), 앞쪽에는 백운산(567m), 오른쪽으로는 모락산(385m)이 자리 잡고 있다. 백운 밸리는 백운산에서 흘러내린 계곡이 많다고 해서 붙여진 이름인 것 같았다.
 가을의 막바지 어느 날, 새벽녘에 집을 나섰다. 산을 좋아하면서도 이사 온 지가 1년이 다 되어 가는 지금까지 주변에 있는 산을 한 번도 오르지 않았다. 오늘은 단지 앞쪽으로 빤히 바라다보이는 백운산을 오르는 길을 알아보려고 간편한 복장으로 나왔다. 추석을 앞둔 무렵이라 그런지 가을 기운이 몸에 스며들어 여름내 된더위에 시달렸던 몸이 한결 상큼했다. 처음 찾아가는 길이라 백운산 정상 쪽으로 난 산길을 눈대중으로 잡고 좁은 산길을 찾아들었다. 여름 폭우 때 물이 흘러내렸던 흔적으로 보이는 잔자갈들이 개울을 채우고 있었다. 물줄기에 할퀸 자국이 아직 아물지 않은 채 선명하게 남아 있었다. 길 위에는 어느새 낙엽이 내려앉기도 하고 알밤을 머금고 벌어져 있는 밤송이와 떨어진 알밤이 여기저기에 보이기도 했다. 알밤을 만나니 반가운 마음이 앞선다. 서울에 살 때, 손자와 함께 우면산에 올라 야생 밤을 사냥해서 귀엽고 탱글탱글한 알밤을 삶아 먹었던 기억이 떠올랐다.

내가 오르는 산길은 처음 걸어보는 길이어서 아직 방향감이 없다. 일단 위쪽으로 올라가 보아야만 방향이나 지세를 파악할 수 있으므로 위쪽으로만 걸어 올라갔다. 인적도 없는 한적하고 고요한 산길이다. 고개를 숙이고 한참을 쉬엄쉬엄 오르고 있는데, 위쪽에서 인기척이 느껴졌다. 순간 긴장감과 더불어 호기심이 일었다. 고개를 들어보니 허리가 구부정한 노인네가 혼자 걸어 내려오고 있었다. 반갑기도 하고 한편으로는 의아스럽기도 했다. 그 노인은 허름한 하얀 와이셔츠 상의를 입었고, 바지는 까만 등산복 차림이었다. 신발은 하얀 운동화를 신었고, 등에는 조그마한 등산용 배낭을 메었는데 도톰했다. 이분은 이른 새벽 시간에 벌써 산길을 내려오는 것으로 보아 올라간 시간은 한참 되었으리라. 바로 앞에 마주쳤을 때, 이른 아침에 어디를 다녀오시느냐고 물었다. '하늘 쉼터 공원'에 다녀온다고 했다. 처음 들어보는 생소한 이름이었다. 이 주변에 공원이 있다는 말은 들어본 적이 없었으므로 의아스러웠지만, 조심해서 잘 내려가시라는 인사를 하고는 서로 헤어졌다. 많은 궁금증이 일었다. 오늘은 초행이었으므로 6부 능선까지만 올라갔다가 되돌아 내려왔다.

며칠 후 이른 아침, 산길을 다시 올랐다. 며칠 전 만났던 그 노인을 또 만났다. 반가웠다. 이번에는 그분의 사연을 자세하게 들어야겠다고 마음먹고 정중하게 인사를 드렸다. 어디에 살고 있으며 왜 새벽마다 오시는지, 어떤 교통수단을 이용해서 오는지 등등이 궁금했다. 수인사를 나누고 나서 궁금한 사항을 이것저것 두서없이 물어보았다.

노인의 올해 나이는 84세이고 2년 전에 부인이 먼저 하늘나라로 떠나서 지자체에서 운영하는 '하늘 쉼터 공원'에 잔디 장지를 분양받아 잔디장으로 모시게 되었다. 하늘 쉼터 공원은 지자체에서 운영하는 안장 시설로 이 길 너머에 있다. 이곳 쉼터 공원은 봉안당을 비롯하여 수목장, 잔디장 등으로 조성된 묘원이다. 노인이 현재 사는 곳은 경기도 부천시인데 매일 새벽, 버스와 전철을 갈아타고 지하철 4호선 인덕원역까지 와서 이곳 백운 밸리로 오는 마을버스를 타고 온다. 오는 데만 거의 2시간 정도 걸린다. 비가 오거나 눈이 내려 쌓이는 등 기상이 좋지 않을 때는 쉬는 때도 있지만, 택시를 타고서라도 매일 다닌다. 부인 묘소에 가서는 참배하고 잔디에 물을 주거나 잡초를 뽑는다. 배낭에 물을 항상 갖고 다니면서 주변의 묘소에도 물을 주고 잡초를 뽑아주어서 부인 묘소와 주변 묘소 잔디는 항상 싱싱하게 잘 자란다고 한다. 참 대단한 분을 만났다. 진정한 추모와 참배의 전형이 아닌가 생각이 되었다. 현대판 시묘살이를 하는 사랑꾼이었다.

프랑스의 철학자 샤를 페팽은 《삶은 어제가 있어 빛난다》에서 과거를 단순히 흘러간 시간이 아닌, 현재에도 영향을 미치며 살아있는 존재라고 말했다. 그는 "과거를 외면하는 것은 나 자신을 외면하는 것과 같다"고 했다. 인간은 누구나 자신이 겪은 세월과 같이 살아가기 마련이므로 과거는 가버리거나 사라지지 않는다. 과거 속에서 사는 사람은 옛날에 붙잡혀 과거를 곱씹으며 그 안에 갇혀서 살아간다. 비루한 삶을 살았던 사람은 고통스러운 기억이나 상처에 갇혀 괴로운 날을 보내는 경우도 있다. 하지만 과거와 더불어 사는 사람은 지혜롭다. 그는 과거와 잘 지내면서도 적절한 거리를 두는 법을 아는 사람이다. 이 노인은 바로 과거 속에서 사는 사람 같았다.

2년 전에 사별한 아내를 만남으로써 생전에 같이 누렸던 삶을 이야기하는 짧은 시간이지만 긴 만남을 갖고 있었다. 그들이 같이 살았던 과거의 시절은 그렇게 넉넉하거나 여유로운 삶이 아니었을 것이다. 60, 70년대의 궁핍한 세월을 지나 부천에 자그마한 빌라 한 채를 마련하고 아들 둘을 낳아 키우며 열심히 미래를 희망으로 삼고 일상을 지키며 분투했을 것이다. 그러다가 아내가 병을 얻어 먼저 세상을 하직하고 남편 혼자 외로운 홀아비가 되었을 테니 홀로 일상을 버티기가 여간 힘들지 않았을 것이다. 그는 현재보다 아내와 같이했던 과거를 현재 삼아 고독과 그리움을 견뎌내기 위해 매일 힘든 참배 길을 나서는지도 모를 일이다. 사랑이 얼마나 깊었으면, 이미 육과 혼이 떠나가 흙으로 돌아간 아내를 잊지 못하고 평탄하지도 않은 산길을 홀로 매일 참배하러 다닐 수 있다는 말인가. 순애보가 따로 없다. 한 시절의 그리움을 찾아 산길을 올라 잔디 묘소 앞에 무릎을 꿇고 두런두런 한숨 내뱉으며 아내의 명복을 빌고 산길을 내려오는 노인을 상상해 본다. 그의 뒷모습이 얼마나 아름다운가. 그리움의 눈물을 마음속으로 흘리며 느릿느릿, 볏짚처럼 삭은 뒷등에 실밥 터진 배낭을 메고 터벅터벅 산길을 걸어가는 노인, 그는 과거를 불러와 현재를 사는 철학자였다.

　그날 이후 세 번쯤 그 노인을 산길에서 만났다. 겨울에 접어들면서는 감기 등 건강상 이유로 산에 오르지 못했다. 기온이 영하 10도를 오르내리고 바람도 매서운 날씨가 연속되었다. 엄동설한을 잘 지내는지 노인의 안부가 궁금했다. 새봄이 오면 그 노인과 함께 할머니의 잔디 묘소를 참배한 후, 따뜻한 국밥 한 그릇 대접해 드리면서 마음을 나누고 싶었다.

## 부도난 약속

 옅은 회색 향이 담배 연기처럼 하늘하늘 피어오르고 있다. 초가을 기운이 감도는 이른 저녁, 촛불도 가녀린 몸짓으로 너울거린다. 가늘게 피어오르는 향 뒤쪽으로 병풍에 기대어 앉아 계시는 사진 속 얼굴이 우리 가족을 바라다보고 있다. 일년 만에 다시 뵙는 얼굴이다. 빨간 관복을 입고, 손에는 해금을 들고 연주하는 모습이다.
 장인어른이 돌아가신 지 꼭 10년이 되었다. 장모님 돌아가신 지는 어언 40년이 넘었다. 기억을 끄집어내 두 분 생전의 모습을 그려본다. 눈에서 멀어지면 마음도 멀어진다는 말처럼 시간과 공간이 다른 세상을 살아오면서 고인의 얼굴이 멀어진 지 오래다. 매년 돌아오는 기일에만 잠깐 향과 촛불을 피우며 생전의 모습을 기억으로 떠올리고 빛바랜 사진 앞에 서나마 안부를 묻는다. 생전의 아버님과 어머님은 우리 가족에게는 큰 의지처였으며 비빌 언덕이 되어 주었다.

　우리는 70년대 중반쯤 결혼하고도 3년여의 세월 동안 거처도 없이 유랑생활을 하면서 아이 둘을 낳았다. 나는 춘천에서, 아내는 양평에서 각각 서로의 생활을 하고 있었으므로 아이들을 건사하고 양육할 여건이 되지 못했다. 아버님 어머님 두 분이 아이들의 양육을 맡아 주었다. 아내는 주말에나 겨우 서울에 올라와서 아기 얼굴 보고 내려가고, 나는 한 달에 한 번 정도 아이 얼굴을 볼 수 있었으니 지금 생각하면 참혹한 시간으로 기억될 뿐이다. 우리 부부는 유랑생활을 끝내고 서울에 올라와 아이와 함께 둥지를 틀게 되었다. 장인 장모님은 그때부터 우리와 함께 생활하면서 아이 둘을 돌봐 주셨으니 우리는 큰 은혜를 입은 셈이다. 아이들이 초등학교 들어가기 전, 장모님이 갑자기 돌아가시고 홀로 되신 장인을 우리가 모시고 살았다.

　장인 장모님은 슬하에 딸만 셋을 두셨다. 그중 둘째가 아내다. 장인은 국악인으로 인간문화재 1호인 '종묘제례악' 연주자였으며 해금을 비롯한 거문고, 가야금, 대금, 피리 등 악기를 모두 다루었다. 재물에 욕심이 없고 아무 걱정도 없는 듯, 항상 허허 웃으며 여유 낙낙한 생활을 즐기셨다. 평소에 술을 좋아했으며 '영산회상' 같은 정통 가곡에도 일가견을 가지고 있어서 가끔 가곡 발표회를 열면서 후학 양성에도 힘을 쏟았다. 어느 날 저녁, 술을 얼큰하게 들고 오신 장인어른은 나를 조용히 불러 앞에 앉히고는 심각한 표정으로 말씀을 끄집어내셨다. "내가 죽으면 누가 내 제사를 지내주지. 자네가 지내 줄 수 있는가"라면서 단도직입적으로 물었다. 나는 바로 "제가 모셔드리겠습니다. 걱정하지 마시고 편하게 지내세요"라고 말씀드렸다. 아버님은 당신의 아들을 두지 못한 것을 염두에 두고 사후를 걱정하고 계셨던 것이다. 두 분 슬하에 아들을 두지 못한 것에 대한 회한이 얼마나 컸을까. 나는 그때 두말없이 약속했다. 내가 제사를 모셔드리겠다고. 나는 부모가 없는 처지에 장인 장모님이 의지처가 되어 주고 아이들을 돌봐 주신 것에 대해 평소에 감사한 마음을 가지고 있었으므로 보답 차원에서라도 당연한 일로 받아들였다. 먼저 돌아가신 어머님의 제사를 지낸 것도 40여 년 되었고, 아버님이 돌아가신 후부터는 두 분의 제사를 우리 부부가 모셔 왔다.

연초에 달력을 정리하던 아내가 신중한 눈빛으로 내게 이야기를 꺼냈다.

"여보, 이제 시부모님 제사를 우리가 모시게 되었으니 우리 아버지 어머니 기제사는 올해까지만 모시도록 합시다. 우리 부모님도 제사를 오랫동안 지내 준 당신의 정성을 고맙게 생각하고 이해해 주실 거예요." 깜짝 놀랐다.

"당신 지금 무슨 말 하는 거야? 나는 아버님과 약속했으므로 그렇게 할 순 없어. 앞으로 '승윤'이에게도 물려 줘야지. 왜 그런 말을 해."

단호하게 내 뜻을 말했다. 아내는 제발 그렇게 하자고 끈질기게 나를 설득하기 시작했다. 그러면서 올해 기일에는 언니 동생 가족들이 전부 참석하도록 하여 마지막 제사를 모시자는 것이었다. 그 말을 들으니 여러 생각이 들었다. 아들 하나 없이 딸만 셋을 두었던 아버님을 생각하니 왠지 외롭고 쓸쓸했을 생전의 모습이 떠올랐다. 옛 어른들은 자기 제사와 조상님들 제사를 잘 이어갈 수 있도록 아들을 반드시 낳아야 하고 직계 아들이 없으면 형제간 중에서 아들을 양자로 들이는 풍습을 만들어낼 정도로 봉제사를 중요하게 여겼다. 생전의 아버님도 많은 생각을 했었던 게 분명했다. 나는 아버님과 어머님 제사를 절대 그만둘 수 없다고, 약식으로라도 모시자고 아내를 설득했으나 막무가내로 우겨대니 싸울 수도 없어 모른 척하고 지냈다. 약속을 어기고 아내의 말을 따를 것인지, 내

뜻을 관철하여 약속을 지켜내야 할 것인지에 대한 갈등이 마음속에서 한참 동안 이어졌다. 간곡하고 끈질기게 사정하는 아내의 말을 따르기로 했다.

"아버님 어머님, 오늘 특별히 고하고자 하는 말씀이 있습니다. 세월이 변하고 세상 풍속이 변하였으므로 집에서 모시던 기제사는 오늘까지만 모시고 내년부터는 아버지, 어머니 혼백이 계시는 '예원 추모관'을 방문하여 변함없는 마음으로 추모 기도를 올리려고 합니다. 넓으신 마음으로 받아주시어 허락하여 주시옵소서."

축문을 읽어 내려가다가 가슴 깊은 곳에서 무언가 북받쳐 올랐다. 분명히 아버님과 약속했는데, 이렇게 약속을 깨야 한다니. 만약 아버님에게 아들이 있었다면 이럴 수 있을까? 마음은 아팠지만, 현실을 받아들이는 수밖에 없었다.

"안녕하세요, 예원추모관입니다. 고인분의 관리비가 2019년 5월 만기가 되어 안내해 드립니다. 향후 봉안 기한 연장 때 5년 30만 원, 10년 60만 원입니다. 아래 계좌로 입금 바랍니다."

아버님 어머님의 혼백을 모신 추모관에서 관리비를 내라는 안내 문자가 왔다. 관리비라도 빨리 내고 용서를 빌기로 했다. 향연 사이로 아버님 얼굴이 어른거렸다.

## 카페에서 온 문자

"8월 24일 목요일 내일 하루, 이 문자를 직원에게 보여주시는 분들에 한해서 전 품목 20% 할인!! 브런치 3종 세트(음료 포함) 구매 시, 2시까지 20% 할인된 17,600원으로 즐겨보세요!"

언젠가 한 번 가본 적 있는 S 카페에서 문자를 받았다. 어제가 절기로 처서이긴 했지만, 아직 여름이 마음을 내려놓지 않고 따가운 열을 발산하며 몽니를 부리는 중이다. 안사람이 한 달여간 병원 신세를 지고 퇴원하여 집에서 요양하고 있다. 어느 정도 기운을 회복한 터라 기분 전환을 위해 교외 지역으로 바람을 쐬어 주어야겠다고 생각하던 중이었는데, 용케도 알아차리고 낚싯밥을 던진 게 아닌가 하는 의구심이 들 정도로 딱 맞아떨어졌다. 집사람에게 문자를 보여주면서 의향을 물어보았다. 기다렸다는 듯이 반색했다. 낚싯밥에 딱 걸린 기분이다.

아내를 차에 조심스럽게 태우고 낚시터를 찾아 달렸다. 경부고속도로와 용서고속도로를 거쳐서 30분쯤 걸려 도착했다. 시골 마을 길옆 도로와 연해 있는 2m 정도 높이의 넓은 대지 위에 현대식으로 새로 지은 듯한 스틸하우스 구조다. 카페 내부로 들어섰다. 커피 향과 빵에서 나는 특유의 고소한 냄새가 코와 침샘을 자극한다. 오른쪽에는 커피류 주문을 받는 계산대가 있고, 왼쪽 공간에는 3m 정도 길이 직사각형의 긴 매대에 수십 가지의 빵들이 진열되어 있었다. 실내는 간접조명으로 아늑한 카페 분위기를 한껏 느낄 수 있었다. 집사람이 커피와 브런치 등을 주문하는 동안, 자리를 잡기 위해 2층으로 올라갔다. 전망이 좋은 소파에는 이미 젊은 여자 손님들로 만석이었다. 좌우 창가에 배치된 입식 탁자에도 빈자리가 몇 좌석만 남아 있었다. 내 취향에 맞는 자리를 고를 여유도 없었다. 비어 있는 입식 탁자 두 자리를 맡았다.

다시 1층 매장으로 내려와 빵 진열대에 눈길을 주고 한 바퀴 돌았다. 빵 종류가 하도 많아 선뜻 고르기가 쉽지 않았다. 영어인지, 프랑스 말인지 도대체 내 짧은 외국어 실력으로는 알지도 못하겠고 발음도 꼬여서 제대로 읽을 수도 없었다. 진열된 빵 이름을 하나하나 읽어 보면서 유럽의 어느 도시나 유명 관광지에 와 있는 듯한 착각에 빠져들었다. 무식이 탄로 날까 봐 직원에게 물어보지도 못하고 눈치껏 골라야 했다.

 국적도 알 수 없는 외국어투성이다. 우리말로 된 빵 이름이 사이사이에 보이면 그렇게 반가울 수가 없었다. 진열대에 깔린 빵 종류를 스마트폰에 메모를 해보았다. 벨기에 퍼지 브라우니, 피칸타르트, 퀸아망, 카눌레, 크룽지, 프로스팅시나몬, 몽블랑, 베이글 앤 크림치즈 세트, 크루아상, 크랜베리 코코넛, 브리오슈무확이나까, 올리브 치아바타, 무화과 피낭시에, 백설기찜케익, 카스테라, 마들렌, 말차마들렌 등 20여 가지이고 우리말로 된 빵은 명란바게트, 마늘바게트, 대파빵, 우유식빵, 쌀소금 빵, 추억의 연탄 빵, 번개탄 빵, 맘모스 빵, 상투과자 등 10여 가지나 되었다. 브런치로는 양송이수프 브런치 세트, 카프라제 앤 브런치 세트, 잠봉뵈르 앤 브런치 세트 등의 품목들이 가격과 함께 안내판에 적혀 있었다. 아내와 상의하여 무식이 탄로 나지 않을 만큼 눈치작전으로 가장 익숙한 카페라테와 양송이 수프 브런치 세트를 주문하고 2층으로 올라와 맡아놓은 자리에 앉았다. 11시까지 와야 할인해 준다고 했으니 먼저 자리를 잡고 앉아있는 사람들은 아침도 먹지 않고 왔으리라. 우리도 아점하기로 하고 왔으니까.

　도회지나 지방 어느 곳에 가 보아도 그럴듯한 꼬부랑 이름의 카페가 우후죽순처럼 생겨나고 있다. 자가용 시대에 걸맞게 주차 시설을 갖추지 않으면 카페든 음식점이든 간에 경쟁력이 떨어져 운영하기가 힘들고, 분위기가 고급스럽고 화려하지 않으면 손님이 찾아가지도 않는 시대가 되었다. 사람은 변화하기 쉽지 않지만, 문화나 유행은 숨 가쁜 속도로 변화하고 있어서 따라가기가 버겁다. 분초 시대를 살아가야 하는 세상, 자동차와 스마트폰, 인공지능 챗GPT가 등장해 일상을 바꾸어 가고 있다. 일상생활에 필요한 정보, 교통, 통신은 이제 모두 스마트폰으로 해결할 수 있다. 잠시라도 한눈을 팔면 어느새 뒤로 밀려나 있다. 수시로 업그레이드하면서 변화의 흐름을 따라가지 못하면 늙은이 소리를 듣거나 소외되기에 십상이다. 웬만한 식당이나 카페에 가면 키오스크로 주문해야 하고, 주유소에 가면 셀프로 주유해야 한다. 여행하려면 열차, 버스, 항공편은 당연히 예매앱을 사용해야 하는 시대가 되었다. 음식, 식자재, 도서류, 각종 생활용품도 배달 앱(플랫폼)에서 언제 어디서나 주문하면 하루 안에 문 앞까지 배달해 주니 편하고 빨라서 좋기는 하다. 다양한 콘텐츠의 포화 속에서 많은 것을 보고 듣고 느끼기 위해 시간은 더 많이 필요해졌다.

시대의 변화를 따라가는 일이 여간 어렵고 성가신 게 아니지만, 새로운 문화에 관심을 두고 활용하면 편하고 시간을 절약할 수 있어서 분초分秒 사회에 잘 적응할 수 있다는 자긍심을 갖게 되기도 한다. 이젠 커피 한 잔 마시는 것도 시내보다는 교외 지역에 조용하고 주차장이 넓게 갖추어진 분위기 있는 카페를 선호하는 시대로 변해가는 것을 실감할 수 있었다. 현대판 키클롭스가 안 되려면 변화를 좇아 새로운 문물이나 지식을 습득하고 따라가야 한다. 그래야 시대 흐름에 발맞추어 일상을 살아낼 수 있을 것이다.

밀레니얼 소비 경향과 YOLO 족이 늘어나는 시대다. 나심비(나에게 심리적인 만족감을 주는 비용)를 추구하는 젊은 중장년이 이끄는 시대에 물리적인 나이를 떠나 세상 흐름을 적당히 수용하고 순응하는 것도 긍정적인 삶의 방식이리라 생각하며 커피잔을 홀짝홀짝 비우는 하루였다.

## 어떤 고백

"여보세요, 아저씨세요?"

전화기에서 병색이 느껴지는 여자의 쉰 목소리가 흘러나왔다. 2021년 8월 20일 초저녁. 30년 전의 하숙집 아줌마였다. 나하고는 좋지 않은 과거의 인연으로 내 머릿속에서 지워버린 지 오래인 사람이라 별로 반갑지도 놀랍지도 않았다. 어정쩡하게 수인사를 건네고 나서 집안 안부와 건강 상황 등에 대하여 주고받기는 했지만, 말을 이어가기엔 썩 내키진 않았다. 10년 전에 통화한 이후 처음 받는 전화여서 더욱더 의아스러웠다. 왜 뜬금없이 전화했을까?

1989년, 근무지가 서울에서 대전 지역으로 옮겨 갔다. 한시

적이 아니라 정부 시책에 따른 것이어서 장기간 머물 수 있는 안정적인 숙소를 마련해야 했다. 그때 생각으로는 기왕에 지방에 내려왔으니 시골의 전원 풍경을 느껴보고 싶었다. 주말을 택해서 하숙집을 물색하러 다녔다. 내가 원하는 집을 구하기가 쉽지 않았다. 며칠 만에 마음에 드는 집을 찾았다. 대전에서 논산 가는 지방도 인근에 있는 2층 양옥 주택이었다. 집 뒤로는 산자락이 둘러싸고 주변에는 논과 밭이 연이어 있었다. 주택의 외형상이나 주변 환경이 일단 맘에 들었다. 주인을 만나 이만저만 사정을 얘기했더니 선뜻 하숙을 응낙했다. 그 집은 마을에서도 농지를 많이 소유한 부농에 속했다. 주변에 논과 밭을 많이 가지고 있었고 전담 인부도 고용하고 있었다. 집 바로 옆에는 200여 평의 공간에 사슴을 10마리나 길렀다. 식구로는 나와 동년배인 듯한 남편과 아주머니, 중고생의 아들 셋이 있었다. 집은 2층 양옥에 넓은 마당이 있었으므로 승용차를 주차하기도 편리했다. 나는 2층 방 하나를 쓰기로 했다. 계단을 오르내리는 것 외에는 불편한 점은 없었다.

입주한 지 2년 정도 지난 어느 겨울밤, 저녁 식사를 마치자 집주인 부부가 평소보다 진중한 표정으로 할 얘기가 있으니 안방으로 들어가자고 했다. 무슨 일인가 싶어 그들을 따라 들어갔다. 이런저런 이야기 끝에 본론을 끄집어냈다. 마당 옆에 붙어 있는 빈 땅에다 한우 전문 식당을 지으려고 하는데 자금이 부족하니 돈을 좀 융통해 주기를 청했다. 융통해 주면 인근에 자기 소유로 되어 있는 집터와 밭으로 쓰던 땅이 있으니 그것을 대신 넘겨주겠다고 했다. 지목상 대지가 97평, 전이 837평이었다. 나는 여윳돈이 없다고 난색을 표명하긴 했지만, 딱 잘라서 거부하기도 쉽지 않았다. 주말에 서울 집에 가서 아내와 상의해 보겠노라는 말을 하고 밖으로 나왔다.

집사람과 상의한 결과 주인집 내외가 믿을 만하고 더구나 음식점을 한다고 하니 도와주어야 하지 않겠느냐고 했다. 마침 집을 마련하기 위해 모아둔 돈이 좀 있었으므로 그것을 변통해 주기로 하고 집주인이 제시하는 조건(토지 약 천 평/ 1억 원)을 받아들이기로 했다. 그렇게 해서 1991년 3월 2일 계약금으로 1,700만 원, 중도금으로 1,500만 원, 모두 3,200만 원을 입금해 주었다. 집주인을 믿었으므로 부동산 거래 관행을 생략하고 이루어진 순진한 거래였다. 거래 약정에는 중도금까지 지급이 완료되면 토지의 소유권 증명서인 토지대장, 등기권리증을 넘겨주기로 하고 이후 잔금을 청산키로 했으나 예기치 않은 문제가 발생했다. 집주인 측에서 당초에 약정했던 대로 토지 문서를 넘겨주지 않고 차일피일 미루기만 했다. 알고 보니 그 토지 소유자는 이미 다른 사람 명의로 변경되어 있었다. 그때부터 7년여간 수십 차례에 걸쳐 지급한 돈을 반환해 달라고 요구했음에도 이런저런 핑계를 돌려대며 회피하기만 했다. 퇴직하여 서울에 올라온 후에도 여러 차례 전화하고 내용증명을 두 번이나 보냈는데도 전혀 응답이 없었다. 그렇게 믿었던 사람에게 사기를 당했다고 생각하니 울화가 치밀었지만, 꾹 눌러 참았다. 내 딴엔 좋은 일 한다고 도움을 주었는데, 믿은 사람에게 발등을 찍히는 꼴이 되어 마음에 깊은 상처를 입었다. 하지만 나와 아내는 정신건강을 위해서라도 마음을 비우기로 하고 그분들의 올바른 처분만을 기다리기로 했다. 지금까지 잊어먹고 수행하듯 살아온 시간이 30년이다.

당시에 우리는 서울 반포아파트에 살았는데, 재건축 계획을 추진하고 있었다. 하지만 우리 집 형편상 재건축 때까지 버티고 살 여력이 없을 뿐 아니라 좀 더 넓은 집으로 이사해야 했으므로 아파트를 팔고 방배동 단독 주택으로 옮겼고 3년쯤 지나 다시 인근 지역으로 이사를 했다. 우리가 살던 동네를 대기업에서 통째로 매입하여 고층 아파트를 짓는 재개발을 하면서 보상금을 받았다. 그 후 몇 번의 이사를 한 끝에 지금에 이르고 있다. 이사할 때마다 돈이 부족했다. 사기를 당한 돈이 생각났다. 이미 내 손을 떠난 지 오래된 돈인데도.

올해가 30년이다. 지금까지 잊어먹고 수행하듯 마음을 다스리고 살아왔는데, 아주머니의 전화를 받고 보니 그때의 상황이 주마등처럼 스쳐 지나갔다. 그러면서 가슴이 뛰고 우울해지기 시작했다. 법적으로 해결하는 방법도 생각해 보았으나, 당시에는 공직 신분이었으므로 법적 절차를 밟는 것도 그리 쉬운 일만은 아니었다. 채권에 대한 소멸시효를 따져보니 2001년 3월이 10년이 되는 해였다. 혹시라도 몰라 채권에 대한 법적 대항력을 확보하는 조치로 피해 금액을 반환해 달라는 내용증명을 두 번씩이나 보냈다. 전혀 반응이 없었다. 양심이 언젠가는 깨어나리라는 일말의 기대를 가슴 한쪽에 담았다. 그 후 기억에서 아예 지우고 살았다.

나에게 심적 고통과 물적 손실을 안겨준 그 사람들은 내가 떠나온 후 불행한 삶의 연속이었다고 한다. 남편은 음주 운전으로 사람을 치어 감옥생활을 했고, 식당 사업은 파탄이 났다. 부부는 이혼하여 헤어지고 난 후, 아주머니는 뇌경색을 앓고 나서 파킨슨병까지 얻어 거동이 불편한 상태였다. 그 후 여러 곳을 전전하다 지금은 계룡시의 한 요양원에 살고 있다고 했다. 내가 위로해야 할 처지가 되었다. 아주머니는 울먹이며 기어드는 목소리로 인사말을 남기고 전화를 끊었다.

"아저씨 죄송해요. 제가 아저씨께 죄를 지어서 이렇게 된 것 같아요."

## 인연의 끝

　가을이 되면 낙엽 이파리처럼 뇌리에서 팔랑거리며 내려앉는 기억이 있다. 우리 집 반지하에서 12년여를 같이 살았던 이북 출신의 할머니였다. 헤어진 지가 5년이 훌쩍 넘었지 싶다. 할머니 연세가 88세쯤에 처음 만났다. 우리가 이사 들어간 집의 반지하에 살고 계셨던 할머니는 당시만 해도 팔십이 넘은 나이인데도 쌩쌩하고 건강했다. 키가 크고 교양이 있어 보였다. 교회를 열심히 다녔으며 권사라는 직분도 맡으셨다고 했다. 지하에서 살면서도 구김살 하나 없고 긍정적인 생각으로 기도하는 삶을 살아가는 분이었다.
　나는 1997년 반포의 22평형 5층짜리 낡은 아파트에서 아이들 초등학교부터 고등학교까지 15년여를 살았다. 아이들(아들 하나, 딸 하나)이 커서 대학 갈 무렵이 되니 집이 좁기도 하고 교통 상황도 좋지 않아 좀 더 넓은 집으로 이사를 해야 할 형편이 되었다. 물색하던 중 안사람이 찜한 곳이 내방역 인근의 조그만 단독 이층집이었다. 안 사람은 서울 태생이지만 어렸을 적부터 집다운 집에서 살아 본 적이 없었다. 아버님이 가지고 있던 상당한 면적의 토지를 사기당하는 바람에 어린 시절부터 남의집살이한 터라 단독에서 살아보는 것이 소원이었다. 돈이 여유가 있던 건 아니었지만 은행 빚을 안고 빠듯한 자금으로 단독 이층집을 사기로 했다. 손바닥만 한 마당이 있고, 반지하에 3가구가 세 들어 있었으므로 2층을 전세 내고 우리가 1층을 쓰면 그럭저럭 자금 수급이 될 것 같았다. 다행히 1층은 방이 3개인 데다 조그만 거실까지 있었으니 그런대로 우리 네 식구 살기에는 충분하진 않았지만 살 만했다.

반지하에는 할머니와 40대 중반의 독신 아들이 같이 살았고, 초등생 아들 둘을 가진 젊은 부부와 독신 50대 남자 한 분 등 3가구 일곱 분이 벽을 칸막이 삼아 다닥다닥 붙어살고 있었다. 지하로 출입하는 쪽문이 별도로 나 있었으므로 서로 얼굴을 마주 보는 일은 별로 없었다. 그 당시만 해도 우리 집뿐만 아니라 주변의 여러 집에는 반지하에 세 들어 사는 영세

한 분들이 많았다. 그분들은 월세나 전세 계약을 하고 사는 어려운 분들이었으므로 집주인의 눈치를 많이 보고 살았다. 집주인들이 갑질을 하는 사례가 많았으므로 그러했을 것이다. 우리가 입주하고 나서 인사를 하러 내려갔을 때 혹시라도 새 주인이 전세금이나 월세를 올리지 않을까 하는 걱정스러운 눈길로 우리의 눈치를 살피는 것을 느낄 수 있었다.

우리도 아이들 어렸을 적에 반지하에 세를 살아 본 경험이 있으므로 그분들의 심정을 이해할 수 있었다. 할머니 말을 들어보니 지난번 주인은 자기들에게 호의적이 아니어서 서운함을 갖고 있었다. 그분들의 생활은 열악하기 그지없었다. 지하의 비좁고 햇볕도 잘 들지 않는 공간에서 북적거리며 산다는 것이 그렇게 쉬운 일이 아닐 텐데도 참고 견디는 생활을 하고 있어서 마음이 무척 아팠다. 될 수 있는 대로 간섭하지 않고 애로가 될 만한 일은 미리 해결해 주는 것이 그분들을 도와주는 것으로 생각했다. 나는 같이 사는 동안 그분들이 불편하지 않도록 최대한 배려하고 문제가 생기면 즉시 해결해 주면서 4년간을 사이좋게 같이 살았다.

2000년부터 우리 지역에 아파트를 지어서 분양하겠다는 건설업체가 들어와 집집이 돌아다니면서 집을 매각하라는 종용과 더불어 매매 협의가 진행되면서 우리는 다시 이전해야 했다. 지하에 사는 분들은 걱정이 태산이었다. 집을 매매하게 되면 그분들도 다른 데로 이사를 하기 위해 집을 구해야 하므로 큰 걱정거리였다. 우리가 집을 보러 다닌다고 하니 자기들도 같이 가게 해 달라고 부탁했다. 살던 곳에서 멀지 않은 방배역 인근 지역에 그때 살던 집 규모 정도의 2층 단독 주택을 샀다. 새집에도 반지하 살림집이 있었으나 한 가구만 살 수 있는 구조였다. 다 모시고 왔으면 좋을 텐데, 할머니만 모시고 이사를 왔다. 무척 아쉽지만 다른 방법이 없었다. 다른 두 가족은 어쩔 수 없이 뿔뿔이 헤어지게 되었다.

할머니의 고향은 이북 평양이었다. 1·4 후퇴 시에 내려와 부산에 정착했다. 아들 둘하고 남편이 같이 내려왔다. 사업을 하여 돈도 상당히 모았으나 그것도 한때의 호사였다. 사업에 실패하고 난 후 남편은 병을 얻어 젊은 나이에 세상을 하직했다. 두 아들을 데리고 서울에 왔으나 세상은 녹록지 않았다. 이 일 저 일을 마구잡이로 전전하면서 아들 공부를 시키는 데 진력했다. 작은아들은 다행히 공부를 잘해서 대학을 나와 박사까지 되어 국책연구기관에 연구원으로 재직하고 있었다. 큰아들은 어딘지 모르게 능력이 모자라는 것 같았다. 고정된 일자리가 없이 결혼도 하지 않은 채 할머니와 같이 살고 있었다. 그래도 할머니를 잘 모시는 효자였다. 할머니와 아들은 어려운 환경에서 지내면서도 전혀 내색하지 않고 모든 일에 긍정적이면서도 남 탓을 하지 않았다. 일요일이면 어김없이 교회에 다녀오고 집에서는 항상 성경을 읽었다. 낮에는 항시 혼자만 집에 계셔서 그런지 무척 외로워 보였다. 보일러 수리나 전기 이상이 있을 때 지하방에 내려가면 나와 이야기하기를 좋아하셨다. 구십 평생 살아온 이야기나 집안 이야기 등, 줄줄이 풀어내는 이야기는 끝이 없이 이어졌다. 일어나려고 해도 일어날 수 없었다. 할머니를 보면 내 어머니가 떠올랐다. 지금 할머니의 연세가 꼭 내 어머니와 같은 나이였으므로 어머니를 대한 듯한 착각을 하면서 이야기를 주고받았고 정이 들었다. 할머니는 나와 우리 가족을 위해서 항상 기도해 주신다고 했다. 참 고마운 할머니였다. 그 덕에 우리 가족이 아무 탈 없이 잘 지내고 있다고 믿었다.

2009년 봄, 할머니는 거동이 불편해지셨다. 집에서 지내기가 불편하게 되었으므로 우리와 함께 사신 지 12년 만에 요양병원으로 가게 되었다. 정신은 맑고 말씀도 잘하셨는데, 거동이 불편하니 주변의 보살핌이 필요했다. 아들은 여전히 지하방에서 혼자 살았다. 나는 요양병원으로 한 달에 두 번 정도 문병을 다녔다. 할머니는 그때까지는 의식이 뚜렷하고 기억력도 좋았으므로 당신이 입원해 있는 방에서 자기가 가장 건강하고 힘이 있다고 자랑하면서 뽐내기도 했지만, 시간이 지 날수록 기력이 점점 쇠해지는 것을 느꼈다. 할머니가 요양병 원으로 들어가고 나니 집이 휑하고 공허한 느낌을 주었다. 지 하방이었지만 남쪽으로 난 창이 마당 쪽이고 대문 방향이었 으므로 집에 드나드는 기척을 잘 느낄 수 있어서 우리 가족이 집을 비워도 집을 보아 주는 분이 있다는 생각을 하면서 살 았다. 막상 할머니가 안 계시니 은근히 불안감이 생겼다. 집에 들어오면 뭔가 허전한 느낌이 들기도 했다.

2011년 10월 우면산에 쏟아진 폭우로 방배동 지역이 물바 다가 되었다. 산에서 밀고 내려온 흙탕물이 우리 집도 덮쳤다. 도로를 타고 흘러든 물이 걷잡을 수 없이 집 마당으로 들어와 급기야 지하방을 덮쳤다. 속수무책으로 막을 방도가 없었다. 할머니가 거처하던 방이 금세 물로 가득 찼다. 마침 할머니가 병원에 계셔서 망정이지 인명까지 앗아갈 뻔한 사건이었다. 천만다행이었다. 할머니가 평생 지녀온 살림살이나 옷장이 삼 분지 이 정도가 침수되고 뻘흙에 갇혀 버리고 말았다. 비가 그 치고 이곳저곳에서 자원봉사자들이 찾아와 방에 쌓인 뻘흙을 걷어 내주었으나 할머니의 살림살이와 옷가지 등은 그대로 남겨 둘 수밖에 없었다. 정말 처참한 광경이 연출되었다. 주 인 없는 옷장이 온통 뻘흙에 갇혔다. 구십 평생 지켜왔던 장이 묻혀버렸으니 할머니에게 뭐라고 말씀드려야 할지 막막했다. 가슴에서 묵직한 통증이 목을 타고 올라왔다. 눈물이 삐쩍 새어 나왔다. 허탈에 빠진 아들을 볼 면목이 없었다. 아들이 내게 말했다. 할머니한테는 말하지 않고 중요한 것만 챙기고 버려야 하겠다고. 울컥 목이 메었다. 할머니의 평생이 담겼을 장롱을 그대로 버린다고 말씀드렸을 때 할머니의 상심을 염려해서였을 것이다. 내가 할머니 문병을 하러 가서도 산사태 이야기와 장롱 이야기는 말씀드리지 않았다. 마음이 가시 찔린 듯 쓰라렸다. 모든 방송에서 연일 야단법석을 부렸으니 모를 리 없을 텐데 아무 말씀이 없었다. 전혀 몰랐는지, 알고도 모른 척하셨는지는 모르겠다.

  2013년 우리 집을 재건축했다. 혼자 지내던 아들에게 우리 집을 새로 짓게 되었다는 사실을 말해 주었다. 우리 집이었지만, 내가 주인이었지만 막상 집을 짓게 되었다고 말하려니 마음이 여간 불편하지 않았다. 15년을 같은 지붕 아래에서 살아왔는데, 더구나 할머니가 입원해 계시는데 그런 말을 하게 되니 미안하기도 하고 가슴이 켕겼다. 할머니는 불편한 몸으로 더는 집으로 들어올 수 없는 상황인데 아들 혼자 어딘가로 옮겨 가야 할 것을 생각하니 마치 내가 쫓아내는 것 같고 죄스러운 생각으로 며칠간 편한 잠을 자지 못했다. 그 아들이 좀 더 잘돼서 경제적으로 좋아졌으면 좋겠다는 바람을 마음속으로만 기원했다.

집이 완성되고 난 후 몇 번 더 할머니 병원을 찾아갔다. 마지막으로 찾아간 날은 케이크 한 상자와 금일봉을 전달해 드리면서 마음으로 하직 인사를 하고 돌아왔다. 내 어머니 모시듯 오랫동안 찾아뵙고도 정을 드리고 싶었지만, 당신의 아들이 두 분이나 있고 나도 나의 생활이 있었으므로 아쉽고 안타까운 마음은 가득했지만, 이쯤 해서 놓아드리는 것이 도리라고 생각했다. 하지만 마음은 항상 할머니의 편안한 노후를 기원했다. 어느덧 5년이 흘렀다. 가을이 되면 엄마 생각나듯 할머니의 자상하고 인자하신 모습이 떠오른다. 그녀가 살아온 핍진한 삶의 여울들이 뇌리를 스치는 가을이다.

지금도 그 요양병원에 계실지, 아니면 하늘나라로 가셨을지는 알 수 없다. 요양병원에 갈 적의 연세가 93세였으니 아마도 100세가 가까운 연세가 되었음 직하니 하늘나라에 계시지 않을까. 좋은 곳에서 행복하셨으면 좋겠다.

어느 날부터 우리 집 우편함에는 케이티 통신에서 지하 할머니(김영옥) 앞으로 전화 요금 미납 통지서와 납부 독촉문서가 꽂히더니 요즘에는 할머니와 아들에게 온 신용정보 회사의 낯선 우편물이 주인 없는 우편함에 꽂힌 것을 보았다.

"나도 눈 오는 날의 한 폭의 수묵화 속으로 걸어 들어가 까만 점 하나로 찍히고 싶다."

# 4부

# 눈 오는 날의 수묵화

늦은 아침, 눈을 비비고 일어나 소파에 앉아 창밖을 내다본다. 목화송이 같은 하얀 눈이 사분사분 수줍은 듯 내리고 있다. 계묘년(2023년) 마지막 날의 하루 전날, 목화송이 같은 설편雪片이 하늘로부터 내려와 온천지를 하얗게 덧칠해 버렸다. 한적한 아침 시간에 고요하고, 포근하고, 푸짐하고, 얌전하게 내리는 하얀 눈이 쇠리쇠리하다. 한 달 전쯤에도 눈이 내리긴 했어도 성질 사납게 휘몰아쳐서 정을 주지 못했던 터라 오늘 내리는 눈은 한결 정겹고 반갑다. 하늘에서 내리는 눈도 내리는 날의 기분에 따라 예쁘고 순진한 눈, 요란스럽고 정이 붙지 않는 눈, 폭설로 내려 길을 빙판으로 만드는 눈 등 여러 가지 속성을 가지고 내린다. 마치 형제로 태어난 어린애들도 각각 개성이 다르듯 눈도 그와 같아 보인다. 하릴없는 일상이지만 쫓기듯 지냈던 요 며칠 동안의 번잡스럽던 머릿속이 말끔하게 정화되는 느낌이다.

거실에 켜 놓은 TV에서는 약속이나 한 듯, 베토벤의 9번 교향곡(합창)이 연주되고 있다. 프란츠 벨저-뫼스트 & 로열 콘세르트헤바우 오케스트라의 연주다. 오랜만에 듣는 연주인 데다가 한 해가 저물어가는 날, 눈이 내리는 아침에 들으니 더없이 귀하고 성스럽다. 천사들의 합창과 베토벤 교향곡의 콜라보레이션이다. 알레그로 모데라토의 속도로 눈은 내리고, 오케스트라는 하얀 눈의 춤사위를 부추기듯 사이좋게 연주를 즐기고 있다.

황홀한 순간을 눈으로만 볼 수 없어 천상의 합창 교향곡으로 들어가 직접 느껴보기로 했다. 눈이 내리는 백운호수 생태탐방길로 싸목싸목 발을 내디뎠다. 합창의 여운을 끊을 수 없어 스마트폰을 꺼내 합창 교향곡 음원을 찾아 헤드폰을 귀에 장착했다. 소복소복 쌓이는 하얀 눈을 밟으니 뽀드득뽀드득, 아프다는 소리인지 기분이 좋다는 소리인지 알 수는 없지만, 부드럽고 포근한 느낌이 발바닥에서부터 귓속으로까지 전달된다. 연주곡과 눈송이들의 노랫소리와 눈 밟는 소리가 다시 합창으로 변하여 연주를 이어가고 있다.

　합창 교향곡을 작곡한 베토벤의 삶과 예술에 대하여 상기해 보았다. 56세의 생을 살았던 그는 아홉 개의 교향곡과 서른두 개의 피아노 소나타, 열 개의 바이올린 소나타를 세상에 남겼다. 하이든과 모차르트와 더불어 3대 고전파 음악의 거장으로 불후의 명곡을 남긴 불세출의 음악가였다. 유년 시절에는 궁정 합창단원이던 할아버지와 궁정 악사였던 아버지의 후광으로 음악가의 길로 들어섰다. 베토벤을 음악가로 키우기 위한 아버지의 엄격한 스파르타식 교육이 그를 피아니스트로 성장하게 하였다. 그가 26세에 청력을 잃게 되었음에도 많은 불후의 명곡을 남겼던 것도 아버지의 교육이 있었기에 가능했으리라.

　눈은 폭폭 내리고, 나는 베토벤과 합창 교향곡을 생각하며 사박사박 내리는 하얀 눈 속을 걷고 있다. 송이송이 품에 안기듯 내리는 눈을 맞으며 뛰는 호흡으로 백운호수길에 들어섰다. 호수 이름까지도 '백운白雲'이라니 금상첨화가 아닐 수 없다. 호수를 둘러싸고 있는 길게 뻗은 바라산 줄기와 능선 자락에도 하얀 눈송이들이 내려앉아 음과 양의 조화를 이루며 한 폭의 수묵화를 그려내고 있다. 나 혼자 보기 아까울 정도로 환상적이다. 대자연 속에 수묵화를 그리고 있는 이는 누구인가. 가슴속에서부터 진정한 감사와 존경심이 솟구쳐 오른다. 하얀 눈과 하얀 길과, 하얀 호수와 하얀 산줄기가 하얀 풍경을 그리고 있다. 산 계곡을 따라 흘러내린 맑은 물소리, 뽀드득뽀드득 눈 밟히는 소리, 이 모든 영상을 연출해 내는 한 폭의 수묵화, 그 속에 울려 퍼지는 웅장한 합창곡, 말로 표현할 수 없는 환상적인 풍경 속을 걷고 있자니 천국의 문을 들어선 것 같은 착각에 사로잡혀 헤어날 수가 없다. 깊은 감동이 샘물처럼 솟아나는 시간이다. 만약 베토벤이 내가 만끽하고 있는 이 순간을 맞이했다면 어떠한 곡을 구상하고 오선지에 그려 나갔을까. 아마도 천상의 합창교향곡보다 더 높고 깊고 아름다운 선율을 수채화 그리듯 그려내지 않았을까 하는 생각이 머릿속을 채운다.

내가 세상에 나와 첫눈을 접한 것은 아마 네댓 살 적에 동지 무렵이나 설날 무렵이었지 싶다. 하늘에서 사뿐사뿐 내리던 하얀 눈이 그렇게 신기하고 예쁠 수 없었다. 하얀 면사포를 입은 천사처럼 생각되었고, 하늘은 천국일 것이라는 막연한 생각을 하기도 했었다. 잠을 자고 나면 초가지붕과 마당과 골목길에 얌전하게 쌓여 있던 순백의 눈. 그 시절의 눈은 마치 설국의 동화처럼 나의 뇌리에 저장된 채 순정처럼 가슴에 품고 지금껏 살아왔다. 삶의 긴 여정에서 눈은 나를 괴롭히는 괴

물이기도 했고, 걸림돌이 되기도 하면서 그때그때 처한 환경에 따라 눈에 관한 생각도 수시로 변화했다. 어느 때는 포근하기도 했고, 어떤 때는 치워야 할 귀찮은 존재로 느껴지기도 했으니, 마음의 변덕을 가늠하기 어려웠다. 이제는 자유로운 시절을 맞이하고 보니 한적한 아침에 소복소복 내리는 눈을 보노라면 다시 유년 시절의 철없던 생각에 빠져들기도 한다.

오늘이 그 철없던 시절로 되돌아온 듯한 감개무량한 날이다. 솜이나 설탕처럼 하얗게 내려 쌓이는 눈 속에 70여 성상의 희로애락이 고스란히 덮이는 풍경으로 살아나는 오늘이 마치 축복의 선물처럼 느껴진다. 백석의 시구 "나타샤를 사랑은 하고/ 눈은 푹푹 날리고/ 나는 혼자 쓸쓸히 앉어 소주를 마신다"라는 백석의 시구가 떠오르는 날이기도 하다. 눈 속을 거니는 걸음걸음마다 하얀 물감으로 채색되어진다.

바람이 분다. 함박눈은 하얀 면사포를 쓴 신부처럼 드디어 호수와 능선을 휩쓸어 직선으로 내리던 눈발이 대각선으로 흩날리며 교향곡의 말미를 '환희의 송가'로 마무리하려는 듯 웅장한 장면을 연출한다. 나도 눈 오는 날의 한 폭의 수묵화 속으로 걸어 들어가 까만 점 하나로 찍히고 싶다.

## 자운영 꽃밭에 누워

 내 기억의 언덕엔 5월이 있다. 아련한 내 유년의 자운영 꽃밭이 거기에 있다. 봄의 길목을 지나 초록의 잎새 바람이 오월을 밀어 올리고, 봄은 그렇게 여름의 언덕을 오른다. 계절의 오고 감이 곧 잔주름 늘어가는 삶인 듯하다.
 나의 유년 시절에는 봄이 오면 으레 꽃샘추위를 시작으로 산수유, 벚꽃, 매화 등이 꽃잎을 벌기 시작해서야 어깨를 펴고 봄이 왔다고 느끼곤 했다. 나의 봄맞이는 나숭개(냉이) 캐기 시작으로 씀바귀, 해쑥, 돌나물, 보리뱅이, 돌미나리를 캐러 밭고랑과 논두렁을 돌아다녔다. 봄이 자라고 햇살이 따사해지는 5월이 되면 돼지우리에 넣어 줄 먹이를 구하기 위해 낫과

꼴망태를 둘러메고 밭이나 논둑을 찾아다니며 꼴을 채웠다. 가끔 삼거리에서 하동 쪽으로 가는 신작로 가에 있던 우리 논에서 질펀하게 자라고 있는 자운영을 가슴 졸이며 꼴망태에 베어 넣기도 했다. 할아버지가 아시면 혼날 일이었다. 할아버지는 자운영을 일부러 재배하여 무성해지면 그대로 갈아엎어서 모내기할 논의 거름으로 사용하였다. 자운영은 논을 기름지게 하는 퇴비 역할을 했으므로 조금이라도 자운영을 베는 것을 좋아하지 않으셨다.

  자운영은 남부지방의 농촌에서 벼를 베고 난 후 씨를 뿌려 놓으면 겨울을 지나고 나서 봄기운을 받아 무성하게 자란다. 5월이 되어 먼 산에 아지랑이가 어리고, 종달새 소리 들릴 때쯤이면 꽃을 피워서 온 들판을 붉게 물들였다. 자운영꽃 향기는 들판의 벌과 나비를 불러 모아 자운영꽃 축제를 벌이기도 한다. 자운영 줄기와 잎은 연해서 보릿고개를 넘기던 시절, 나물을 무치고 국을 끓여 먹던 구황작물이기도 했다. 자운영꽃은 홍자색 또는 흰색으로 피어 카펫처럼 깔려 논바닥을 채색했다. 꽃을 피울 무렵이면 보리타작이 시작되고, 이어서 쟁기로 논을 갈아엎어 모내기를 준비하는데, 자운영은 이때 그 밑거름으로 논바닥에 묻혀서 지력을 높이고 벼를 풍성하게 자라게 하는 유익한 유기농비료가 되었다. 자운영은 녹비작물인 셈이다.

나에게 있어 봄은 그저 오고 가고 다시 오는 계절의 변화일 뿐 별다른 감정을 느끼지 못하고 지냈다. 꽃이 피면 피는가 보다 하고, 꽃샘바람이 불면 당연히 받아들이고 그렇게 봄을 보내고 여름을 맞았다. 춘궁기의 봄은 그렇게 오고 갔을 뿐 지금처럼 봄에 대한 찬사라든가 꽃구경하러 간다든가 하는 사설은 사치에 불과했다. 겨울 날씨가 풀리고 봄기운이 돌아나고, 밭고랑에 파릇파릇 나물들이 입술을 내밀기 시작하면, 나는 대소쿠리와 칼을 준비해 냉이나 쑥부쟁이를 캐러 논둑이나 밭으로 갔다. 손톱에는 나물즙과 흙이 범벅되어 새까맣게 변했다. 50년대를 고향 산하에서 살고, 개발의 흙먼지가 날리던 서울의 전찻길과 아스팔트 도로를 오가며 살아오면서도 뇌리를 떠나지 않고 있는 허름하고 쓸쓸했던 그리움 한 가닥, 자운영 꽃밭에 드러누워서 떠올리던 생각들과 석양의 노을 지던 풍경이다.

5월의 하늘은 맑고 푸르렀다. 나는 꼴 베러 나왔다가 가끔 자운영 논에 와 무성하게 자란 자운영을 베어서 꼴망태를 가득 채우고 나서 꽃이 만발한 자운영 위에 벌러덩 드러누워 한참 동안 파란 봄 하늘을 바라보면서 여러 생각에 젖어 들었다. 물론 할아버지를 떠올리며 가슴이 콩닥콩닥하는 불안감을 감수해야 했다. 발아래 양탄자처럼 폭신한 느낌의 자운영을 밟으며 포근한 봄의 심장 속으로 몸을 뉘었다. 진보라의 꽃을 단 자운영 꽃밭은 꽃이불처럼 향기롭고 폭신폭신한 침대와 다름없었다. 가히 봄의 정령처럼 아름다웠고 다정스러운 어머니 품속 같았다.

  주변의 논에는 누렇게 익은 보리가 가득 펼쳐져 있고, 하늘에는 하얀 구름이 뭉게뭉게 피어올라 새털구름이 되었다가 엄마의 얼굴로 변하고 아버지의 모습이 되면서 느릿느릿 흘러갔다. 내 등허리에 눌린 보송보송한 꽃잎들은 아픈 속내도 없이 몸을 옆으로 비스듬히 누우면서 불그스레 천진한 미소로 애교를 부렸다. 외로웠을까. 얼마나 고독했으면 침입자에게 몸이 눌리면서도 부드럽고 편하게 받아드릴 수 있었을까. 바람이 슬쩍 뺨을 스치고 지나가면 자운영 몸에서 스렁스렁 숨소리가 들려오는 듯했다. 오랫동안 외로웠다고, 보고 싶었다고 속삭이는 것 같았다. 하늘과 구름처럼 나와 자운영도 한 몸이 되었다. 한없이 포근하고 정다운 시간이었다.

  늦은 5월의 칼칼한 햇살 사이로 종달새가 불러주는 노랫소리도 축가처럼 아름답게 들렸다. 파란 하늘에는 목화솜 같은 새털구름이 평화로운 풍경화를 그리고 있었다. 나는 자운영

꽃밭을 침대 삼아 바람을 베개로, 구름을 이불처럼 덮고 누워 하늘을 지긋이 올려다보았다.

소소막막蕭蕭寞寞, 고독과 외로움이 온몸에 스며들었다. '나는 누구인가, 날개 같은 내 아버지와 어머니는 어디에 있는가?' 소년은 하늘을 쳐다보고 깊은 생각에 든다. '나는 왜 엄마, 아빠가 없을까. 저 기적을 뿌리며 달리는 기차를 타면 어디로 갈까. 저 기차를 따라가면 집 나간 엄마를 만날 수 있을까. 나의 앞날은 어떻게 될까?' 해결되지 않을 원초적인 질문들이 귓부리를 적시며 머릿속에 스며들었다. 덜 익은 생각과 오지 않은 미래에 대한 막연한 걱정들이 빈 하늘의 구름처럼 나타났다가 스러지고, 생각과 물음들이 꼬리를 물고 이어져 구름처럼 피어올랐다가 바람처럼 날아가 버리기도 했다.

어린 가슴에 누룽지처럼 눌어붙은 외로움과 막연한 그리움 같은 것이 울컥 치오르기도 하고 파란 하늘에 떠 있는 구름으로 어머니의 얼굴을 만들어 보기도 했다. 지리산 연봉으로 저녁노을이 붉게 물들어 가는 시간이 되어서야 어둑해진 신작로를 따라 집으로 돌아왔다. 그 시절의 의문과 생각들은 나의 푸르렀던 시간 내내 머릿속에서 맴돌다가 풀리지 않은 숙제처럼 이슥한 황혼 녘까지 따라다니고 있다. 영원한 노스텔지어로…. 풋감처럼 여리던 시절, 포근한 침대가 되어 주었던 자운영 꽃밭은 외로움이 붉게 깔린 내 유년의 바우고개 언덕이었다.

  5월이 오면 떠오르는 아슴아슴한 먼 기억, 침대같이 편안했던 자운영 꽃밭은 잊지 못할 포근하고 정겨운 엄마의 품속으로 남아있다. 봄날이 오면 자운영 꽃향기 따라 고향에 가 본다. 평화롭던 내 유년 시절의 자운영 꽃밭은 눈에 들지 않고, 하얀 비닐 무더기들만 이글루처럼 들판에 즐비하다. 내 기억 속의 자운영 꽃밭은 이젠 시간 속에 묻힌 전설 속 이야기다.

## 잊혀진 계절

　나는 유년 시절에 양 날개가 부러져 날지 못하는 참새처럼 둥지 속에 웅크리고만 살아왔다. 내가 2살, 형이 5살, 누나가 7살 때부터 고아 아닌 고아가 되어 할아버지 둥지에 탁난託卵으로 자랐다.
　'꿈은 이루어진다'라고 외쳐대던 때가 있었다. 2002년 월드컵 축구 경기가 있던 날은 온 나라가 들썩였다. 이때부터 꿈에 대한 열기가 젊은이들 가슴에 씨앗처럼 뿌려지고 희망의 단어가 되어 유행처럼 번져나갔다. 나는 이때까지 꿈이라는 말을 들어본 적도 없었고 꿈을 가져 본 적도 없었다. 그 흔하디흔한 꿈의 실체를 알지 못하고 하루하루 주어진 일상을 보냈다. 나에게는 꿈꿀 수 있는 마음의 공간도 현실의 여유도 없었다. 아버지와 어머니의 부재에 대한 의구심을 저버리지 못하고, 내 의지와 상관없이 할아버지의 품 안에서 눈치껏 살아내는 것만이 최선의 삶이었다. 그렇다고 할아버지로부터 얽매임을 당했다던가 홀대를 받았다는 얘기는 아니다. 아버지와 어머니와 함께해야 했을 한 세대(30년)를 할아버지의 둥지에서 언감생심 꿈이라는 단어도 되뇌지 못하고 살아왔던 칠십 평생이 슬프고 억울할 뿐이다.

나의 아버지는 여순 10·19사건의 희생자다. 내 나이 두 살 무렵에 여순사건이 일어났고 한 달 남짓 되던 때 아버지는 국군 토벌대 총구의 표적이 되어 연기처럼 하늘나라로 날아올랐다. 아버지는 1940년에 대구사범학교를 나와 경남 창녕에서 교사로 봉직하다가 1945년 해방과 더불어 고향인 전남 구례로 전근을 오게 되었다. 1948년에는 지리산 자락에 있는 산동면 중동초등학교 교장 선생님으로 봉직하다가 여순사건 때 토벌군의 총부리에 무고하게 희생되었다. 내가 성년이 될 때까지는 아버지의 억울한 죽음에 대해서 발설하거나 얘기해 주는 사람이 없었다. 우리 형제를 길러준 할아버지마저도 아버지의 희생에 대해 말해 준 적이 없었다. 성인이 되어 물정 파악이 될 즈음해서 아버지 죽음의 원인을 알기 위해 조정래의 《태백산맥》, 이병주의 《지리산》, 빨치산 출신 작가인 이태가 쓴 《남부군》 등을 두루 읽었다. 이들 작품을 통해 여순사건이 어렴풋이나마 해방정국의 정치적 혼란 가운데에서 발발한 이데올로기 투쟁이 빚어낸 불행한 사건이었음을 알게 되었다. 아버지 어머니 없이 살아온 세월이 70년이 훌쩍 넘었다. 아니 정확히 75년이다. 가슴이 찢어지는 슬픔과 시루떡처럼 켜켜이 쌓인 분노를 가슴속에 담아두고 살아온 세월이다. 할아버지는 음력 11월 19일이 되면, 자정 무렵 안방에 제사상을 차리고 하얀 두루마기를 단정하게 차려입은 후 촛불과 향을 피웠다. 할아버지는 안개처럼 피어오르는 향연을 묵묵히 바라보시기만 하다가 우리 형제들에게 절을 하도록 자리를 비켜 주었다. 어린 나이에 무슨 일인지도 모른 채 시키는 대로 절을 하고 음복을 마치면 자정이 지나서야 잠자리에 곤히 빠져들곤 했다. 그 제사의 주인은 아버지였다.

왜 우리 형제에겐 아버지와 어머니가 옆에 없을까? 철들기 전까지 이유를 알지 못한 채 어린 시절을 보냈다. 아버지와 어머니의 부재에 대한 이유를 말해 준 사람이 주변에 아무도 없었다. 모든 가족이 쉬쉬하며 발설을 꺼렸다. 왜 그랬을까? 커가면서 마을의 친척 어른들로부터 우리 아버지가 억울하게 세상을 떠났음을 암시하는 이야기와 더불어 우리 형제들을 불쌍하게 여긴다는 것을 어렴풋이 느끼기 시작했다. 아버지가 세상을 떠나고 나자, 어머니마저 우리를 버리고 마을을 떠났다는 것도 알게 되었다. 초등학교 들어가서부터는 생활통지표의 보호자란에 '조실부모'라고 표기되기 시작하여, 이는 중·고등학생이 되어서도 단골 메뉴로 자리를 잡았다.

1980년대 초에 널리 유행했던 가요가 나를 울리던 때가 있었다. 이 노래가 나오고 나서부터는 노래방에 가면 나의 단골노래가 되다시피 했다. 가사와 멜로디가 꿈을 이루지 못한 심경을 슬프게 뽑아내는 샤우팅이 내 가슴을 할퀴며 슬픔을 자아내게 했다. 〈잊혀진 계절〉이라는 가요다. "언제나 돌아오는 계절은/ 나에게 꿈을 주지만/ 이룰 수 없는 꿈은 슬퍼요"라는 대목에 이르면 나도 모르게 눈시울을 적시곤 했다. 한마디 변명도 못 하고 총부리에서 뿜어져 나온 두 발의 총탄에 이슬처럼 하늘로 사라져간 아버지의 죽음이 떠오르면서 울컥, 분노인지 서러움인지 알 수 없는 감정이 북받쳤다. 언제나 돌아오는 계절(음력 11월)이 되면 아버지의 안타까운 죽음이 못내 슬프고 외롭고 쓸쓸하기만 했다.

나는 지금껏 꿈이라는 단어를 망각한 채 이냥 저냥 살아왔다. 나에게는 꿈이라는 말이 생소하기도 했고 사치스러운 단어였다. 내가 유년에서 청년으로 성장하는 동안, 한창 꿈을 꾸고 꿈을 키우면서 자라야 할 시기인 나의 30년은 잊힌 계절이었다. 아버지와 어머니 둥지에서 자라 스스로 날개를 펴고 날아야 할 계절은 없었다. 둥지를 떠나 공중으로 나는 연습도 못 했고 스스로 날개를 펴고 날아가는 것이 무서웠다. 요즘처럼 흔하디흔한 꿈이라는 말을 생각할 수도 없었고 꿈을 꿀 수 있는 공간은 더더욱 없었다. 아버지가 이루고 싶었던 꿈은 무엇이었을까? 목이 잘린 채 날아가 버린 아버지의 꿈은 어디에서 잠자고 있을까? 움도 틔우지 못하고 사라져 버린 나의 꿈은? 마음에 녹이 스는 것처럼 내 꿈자리에는 아픔만 쌓였다.

2021년 6월 29일, '여수·순천 10·19사건 진상규명 및 희생자 명예회복에 관한 특별법'이 제정되었다. 무고하고 몽매하게 숨진 희생자들의 명예를 회복시켜 준다고 했다. 국가가 저지른 인권유린과 만행에 대한 진정한 반성은 담긴 것인가? 이미 수명 연한을 다한 아버지의 초록빛 꿈, 꾸어 보지도 못한 나의 슬픈 꿈도 보상해 주려나.

나는 아직도 잊혀진 계절을 살고 있는데….

## 벌초

　5월 어느 날 청계천 주변 공구상가에서 예초기 한 대를 사다 베란다에 모셔 놓았다. 예초기를 한 번도 사용해 본 적은 없지만, 올해부터는 선산 벌초를 직접 해야겠다고 마음먹었다. 재작년까지만 해도 할아버지와 할머니 산소가 고양 벽제 시립 묘지에 안장되어 있었다. 추석이 다가오면 성묘를 겸해서 우리 형제들이 직접 낫으로 벌초를 해왔다. 고향 선산에 모셔져 있는 윗대 조상님들 산소는 동네 친척에게 부탁하여 벌초를 했다.
　할아버지와 할머니는 고향에서 농사를 지으며 사시다가 노쇠하여 거동이 불편해지자 60년대 초 작은아버지가 서울로 모셔 왔다. 그 후 다시는 고향 땅을 밟아보지 못한 채 세상을 뜨셨다. 벽제시립묘지에 모시게 된 것이 어느덧 40여 년의 세월이 넘었다. 몸이 괜찮아지면 고향으로 내려가겠노라고 항상 말씀하셨지만, 고향을 그리워만 하시다가 세상을 뜨셨다.

극심한 가뭄이 이어지다가 7월이 되자 이제는 장마기에 접어들어 장맛비가 내릴 것이라는 일기예보가 연이어 보도되고 있었다. 벌초 시기를 정하기가 쉽지 않았다. 장맛비가 내리고 나서 소강상태에 접어든 것 같아 벌초 날을 정하고 집안의 친척 동생과 함께 예초기를 차에 싣고 고향으로 출발했다. 순천에 근무하는 아들과 선산에서 합류하였다.

산소로 오르는 길은 예상했던 대로 무성한 풀로 가로막혀 있어 먼저 길을 내는 작업을 해야 했다. 예초기를 꺼내 연료를 채우고, 몸통과 칼날을 조립한 후 시동을 걸었다. "웽" 하면서 돌아가는 엔진소리와 더불어 칼날을 풀에 대는 순간 파랗게 무성하던 목숨이 잘리어 나갔다. 처음 해보는 작업이라 순탄하지가 않았다. 풀 밑에 칼날을 수평으로 대면서 칼날의 회전속도를 약하게도 하고 강하게도 하면서 작업을 해야 하는데 수평이 잡히지 않으면 생땅을 후벼파게 되고 자갈이 튀어 오르기도 해서 여간 위험스럽지 않았다. 조상님들 묘의 봉분이 열두 기나 되니까 오전 작업은 족히 될 것 같다. 어느덧 팔이

얼얼해 오기 시작했고 온몸이 땀으로 흠뻑 젖었다. 하지만 내 손으로 조상님들의 머리를 깎아드린다고 생각하니 가슴이 뿌듯했다.

나는 초등학교 때부터 할아버지를 따라 성묘를 다니기 시작했다. 설을 쇠고 나면 설과 보름 사이에 할아버지는 항상 우리 형제를 데리고 성묫길에 나섰다. 교통이 발달하지 못할 때여서 자갈 깔린 신작로와 산길을 오르내리며, 친척들 집에서 한 이틀 유숙도 하면서 산속 오지의 옛 선조들 산소를 찾아다녔다. 할아버지는 조상 모시는 일을 제일 우선으로 생각하셨다. 제사도 정성껏 모셨으며 선산 관리도 열심히 하셨다. 어린 나는 성묘나 벌초가 무슨 의미인지도 모른 채 그저 따라만 다녔고, 으레 그렇게 해야 하는 것으로만 알았다. 내가 중학교 졸업 때까지 할아버지와 같이 사는 동안 할아버지는 성묘하고 제사 모시는 일에 대하여 이렇다 저렇다 말씀하신 적은 없었다. 지금 와 생각하니 당신이 몸으로 직접 보여 주신 것일 뿐이었다. 나는 그때 할아버지가 하셨던 일들을 당연한 것처럼 실행하고 있다. 내가 때 이른 벌초를 하려고 마음먹은 것은 첫째는 할아버지의 은혜를 갚는다는 효도의 마음이고, 둘째는 내 아들에게도 할아버지가 나에게 했던 방식으로 몸소 보여 주기 위함이었다.

가난한 집안에 태어난 할아버지는 부모마저 일찍 여의시고 친척 집을 전전하며 호구하다가 곤궁을 탈피하고자 아들 둘을 데리고 일본으로 건너가셨다. 갖은 고생을 무릅쓰고 아들 교육에만 전념해 어엿하게 키우셨다. 해방 후 귀향하여 새집도 짓고 농토도 마련하였다. 중농 정도의 농사를 지으며 근검하고 사리에 밝은 생활을 해오셨다. 그러다가 교직에 몸담고 있던 큰아들을 여순반란사건 때 잃었다. 따라서 나도 아버지를 잃었다. 잃었다는 말을 나는 혐오한다. 그 어마어마한 사건을 단 세 자로밖에 서술하지 못하는 우리의 언어는 얼마나 가난하고 초라한가. 이후 우리의 가정은 파괴되었다고 해도 과언이 아닐 것이다. 절망과 비애와…. 그러나 나는 그때 겨우 두 살이었고 그에 대해 아무것도 알 수 없었다. 할아버지께서 나를 키워 주셨다. 그런 할아버지 덕분에 오늘 내가 있지만 나는 할아버지 생존 시에 한 번도 효도다운 효도를 하지 못했다. 할아버지는 노환으로 서울로 올라와 투병하다가 내가 군대 들어가 훈련받는 중에 돌아가셨으므로 임종도 하지 못한 불효를 저질렀다. 할아버지에게서 물려받은 조상 모시는 일만이라도 잘하는 것이 할아버지 은혜에 대한 보답이요 자그마한 효도라고 생각했다.

하나뿐인 아들을 데리고 할아버지의 산소, 그리고 조상님들 묘소를 성묘했다. 아들이 하나 있어 대를 이을 수 있으니 다행이다. 도시에서 태어나고 자란 아이들은 유년기부터 바쁘다. 학교에 들어가기 전에는 유치원 다니고, 초등학교 들어가면 이런저런 학원에 다니는 등등으로 바쁘게 보내다가 중학교, 고등학교, 대학에 가면 더욱 바빠진다. 그러니 성묘 데리고 다니는 것은 엄두도 못 냈다. 아들이 이제 장성해서 자기 앞을 가릴 정도 되었고 결혼해 일가를 이루었으니, 할아버지로부터 물려받은 조상 모시는 일을 전수해 주어야겠다고 생각했다. 핵가족화가 급속히 진행되어 온 요즘 세태는 조상 모시는 일에는 관심이 없어 전통적인 제례 문화도 많이 변질하였다. 기독교가 급속히 전파되어 제사를 지내는 집도 많지 않다. 동서고금 위대한 문명을 이룬 나라들은 다 자기 조상에 대한 자부심을 느끼고 사후에도 크게 숭배하였던 것 같다. 고루한 생각인지 모르지만 나는 우리 할아버지와 조상님들이 물려주신 정신을 대대손손 전승되기를 바라고 있다.

온몸이 땀에 젖고 눈을 뜰 수 없을 정도로 줄줄 흘러내린다. 구름이 잔뜩 끼고 습도가 높은 날씨다. 생각대로라면 잘할 것 같은데 몸과 기계 작동은 마음대로 되지 않고 오류가 자주 발생한다. 조용히 누워 계시는 조상님들에게 예초기를 들이대어 소란스럽게 해드려 죄송스럽다. 하지만 옛날과 많이 달라진 세태를 잘 이해해 주리라 믿고 결례를 무릅쓴다. 쉬어 가면서 차근차근 벌초 작업이 잘 진행되고 있다. 몇 번의 오류를 경험하고 이제는 예초기 사용이 숙달되어 작업 속도가 조금 빨라졌다. 모든 일이 시작은 어렵지만, 시행착오를 통하여 발전해 가는 것이다.

잘 해낼 수 있을까 하고 우려하면서 시작한 벌초는 이제 마무리되었다. 아들은 땀을 뻘뻘 흘리면서 베어진 풀들을 갈고리로 긁어모으는 작업을 했다. 난생처음 해보는 일이고 손에 익지 않아 잘 될 리 없었다. 하지만 아버지가 땀 흘리는 모습을 보고 불평 없이 잘 거들어 주니 고맙고 대견스러웠다. 아들은 아버지의 일하는 모습을 보고 무슨 생각을 했을까.

작업이 끝날 무렵 하늘이 캄캄해지더니 빗방울이 하나둘 이마를 스쳤다. 소나기 한줄기 푸짐하게 뿌렸으면 좋겠다.

## 삼거리의 추억

　내 고향집은 구례읍에서 화엄사로 올라가는 길 어귀 냉천리라는 마을 입구에 있었다. 길을 따라 계속 내려가다 보면 광주에서 부산으로 가는 국도와 만나는 삼거리가 있다. 이름도 없는 무명의 삼거리였지만 당시에는 요긴한 길목이었다. 그곳에 양철지붕인지 기와지붕인지 기억이 확실하지 않지만, 주막을 겸하여 요즘의 버스 정류장 역할을 하는 낡은 집이 한 채 있었다.
　장날이 되면 이 마을 저 마을 사람들이 오일장을 보러 가기 위해서 반드시 거쳐 가야 하는 길목이었다. 친척이라든가 친구라든가 이리저리 얽힌 인연들이 오다가다 만나서 농주 한 잔씩 걸치며 그간의 안부와 세상 돌아가는 이야기들을 뱉어 내는 곳이기도 했다. 광주나 부산 쪽으로 장거리 여행을 가려는 사람들이 버스를 타려고 기다리기도 했다. 당시 광주에서 부산으로 가는 버스의 간이 정류장이었다. 지금은 철판 위에 '화엄사 – 하동'이란 이정표만 무심하게 서 있을 뿐이다.

 내겐 이곳이 여름철 수박이나 참외 서리를 할 때 침투 요원들이 야간에 모여서 은밀하게 모의하고 작전 명령을 하달받는 집결지였다는 기억이 더 선명하다. 여름 방학이 되면 우리 동네 조무래기들은 고무줄이 늘어나 배꼽 밑을 흘러내릴 듯 말 듯한 사리마다(반바지의 일본말)를 입고, 너무 닳아 신었는지 벗었는지 모를 정도로 헐떡거리는 까만 고무신(여수 고무신)을 신고 너나없이 삼거리로 모여들었다. 삼거리 바로 뒤쪽으로 흐르는 서시냇물에서 멱을 감기 위해서다. 서시내는 노고단 밑에 있는 천은사 계곡으로부터 구례 읍내 옆구리를 끼고 흘러 내려온 개천인데 하동 쪽으로 흘러가다가 곡성 쪽에서 흘러 내려오는 섬진강과 합류하여 남해로 흐른다. 섬진강과 서시내가 만나는 지점을 꼭지로 하여 삼각주가 발달하여 형성된 땅이 있는데 당시에는 '양쟁이'라고 불리는 마을이 있었다. 퇴적지라서 땅이 기름지고 모래질이어서 수박과 참외 같은 작물이 잘 되었다. 양정 마을은 몇 채의 집이 있었고 수박,

참외, 오이, 땅콩 등을 주로 경작하였다.

한여름 밤이 깊어지면 우리 또래 조무래기들은 수박이나 참외 서리를 했다. 동네의 유능한 형들의 지휘를 받아 간단한 훈련과 예행연습을 거친 뒤 두 명 내지 세 명 정도의 침투조를 편성하여 양쟁이 마을의 수박밭과 참외밭으로 은밀히 침투하였다.

당시에는 지금처럼 수박이나 참외가 흔치 않았다. 게다가 보릿고개를 막 넘기고 난 여름철이었으니 배는 오죽 고팠겠는가. 봄엔 밀 서리와 보리 서리로 배를 채웠고, 가을엔 콩서리로 허기를 채우는 것이 당시 흔한 풍경이었다. 요즘 잣대로 보면 범죄 행위일 텐데도 우리는 죄의식도 없이 스릴을 느끼면서 그런 짓을 했다. 지금 생각하면 웃음이 난다.

어느 여름날 P형으로부터 밤 8시경에 삼거리로 나오라는 밀령을 받았다. P형은 우리 집 담을 경계로 바로 뒷집에 사는 선배로 당시 중학교 1학년이었고, 나는 초등학교 5학년이었다. p형은 짓궂기로 소문나 있었고 똘마니들을 거느리고 다니면서 대장 노릇을 했다. 나는 저녁 식사를 하는 둥 마는 둥 잔뜩 긴장한 상태로 삼거리로 나갔다. P형을 비롯하여 동네 친구 둘이 더 나와 있었다. 나는 이번 작전에 처음 참여하는 초임자인데 다른 친구들은 몇 번씩 실전 경험이 있다고 하며 으스댔다. 달빛도 없이 별빛만 초롱초롱한 무더운 여름밤, 사위는 고요하고 어둠만 짙게 내려앉은 삼거리에 모인 우리는 P형의 작전 지시를 받아 서시내를 건넜다. 당시 삼거리 주변의 물길은 여울목으로 수심이 그렇게 깊지 않아서 팬티 바람으로 건널 수 있었다. 여울목은 물이 흐르는 소리가 다른 지역보다 요란하므로 우리가 텀벙텀벙 건너도 소리가 크게 들리지 않아 도하 작전의 최적지였다. 나중에 군에 가서 도하 훈련을 받을 때 그때가 생각나기도 했다.

 P형이 낮에 정찰하여 둔 수박밭을 향하여 앞장서고 우리는 형의 뒤를 따라 조심조심, 한 발 한 발 내디뎠다. 칠흑같이 어두운 밤, 남의 수박을 훔치러 가는 길에 콩닥콩닥 가슴 뛰는 소리가 내 숨소리보다 더 크게 들렸다. 수박밭은 꽤 멀었다. 밭두렁 풀잎 스치는 소리에도 머리털이 곤두섰고, 인기척에 놀라 달아나는 꿩이나 새들 때문에 기절할 것 같은 순간들이 이어졌다. 야간 정숙 보행을 하여 가만가만 P형이 인도하는 대로 목적지에 도착하면 미리 정해진 임무에 따라 작전이 개시되어야 한다. 맡은 임무는 망을 보는 조와 수박을 직접 따는 돌격조로 편성이 되는데 나는 초보자이고 대범하지 못한 성격이므로 망을 보는 임무가 맡겨졌다. 그 당시에는 우리 동네 아이들이 야간에 서리하는 경우가 많았으므로 수박이나

참외를 경작하는 주인들이 밤에는 잠복하듯이 밭을 지키곤 했다. 그러므로 망보는 내 임무가 결코 가벼운 것이 아니었다. 망을 보는 사이 침투조는 밭이랑 사이를 조심스럽게 기어들어 가 크기가 적당한 수박을 따서 퇴각하면 성공하는 것이다.

나는 간이 콩알만 해진 채 엎드려서 주위를 살피고 있었다. 그때 느닷없이 밭 끄트머리에서 "누구냐! 어느 놈들이야!" 하는 어른의 목소리가 들려오는 것이 아닌가. '큰일 났다'라고 생각하는 순간 정신이 하나도 없었다. 혼비백산하여 후닥닥 신발을 벗어들고 냇가 쪽으로 있는 힘을 다해 내달렸다. 같이 갔던 일행을 챙길 겨를도 없이 나 혼자만 죽기 아니면 살기로 뛰었다. 침투조는 나와 반대 방향으로 튀었는지 행방을 알 수 없었다. 참 의리 없는 행동이었다. 나는 냇물을 건너 삼거리 주막집 뒷길을 조심조심 걸어 나와 혼자 집으로 왔다. 같이 갔던 일행이 걱정되고 의리 없이 혼자 도망쳐온 내 행동이 못마땅하고 비겁한 생각이 들어 밤새 잠을 제대로 이루지 못했다.

이튿날 아침 일찍 P형 집 담장을 넘겨다보았다. 흙마루에 형의 신발이 놓여 있었다. 그 신발이 어찌나 반갑던지. 난생처음 해본 수박 서리는 결국 수박 한 조각 못 먹어본 채 실패로 끝났다. 그게 내 인생의 처음이자 마지막 서리였다. 세월이 흐른

뒤, 내 친구는 그 후에도 여러 번 수박 서리, 참외 서리를 반복하여 서리 숙련자가 되었으며 나중에는 더 발전하여 겨울에 이웃 동네 닭서리까지 했다는 무용담을 자랑삼아 말했다.

　삼거리 주막집은 이제 없어졌고 냇가의 여울목도 하천 정비 공사로 흔적 없이 사라졌지만 내 추억은 아직 가슴에 냇물처럼 흐르고 있다. 아름답고 아스라한 내 고향의 여름밤 풍경으로 나는 일쑤 젖어 든다.

## 제례단상 祭禮斷想

　나는 일찍이 조실부모한 탓으로 할아버지의 보살핌을 받아 유년 시절을 보냈다. 그때만 해도 조상 제사는 아주 정중하고 정성을 다하여 많은 제물을 제상에 올리는 것이 제대로 된 효도라고 생각했다. 제사가 있는 날이면 자정까지 잠자리에 들지 못하고 새벽 첫닭이 울 즈음 할아버지가 주재하는 제사에 참례한 뒤 음복을 하고 나서야 뺑뺑한 배를 움켜쥐고 잠들 수 있었다.
　우리의 제례는 유교의 가르침에 따라 지켜져 온 조상 숭배 의식이다. 1950, 1960년대만 해도 집안 제사가 있는 달이면 제수 준비를 위한 장보기를 비롯하여 제사상을 차리기 위한 제물 준비에 온 정성을 쏟았다. 제례는 조상신이 직접 찾아와 음식을 드시는 것을 전제로 하루 중 가장 조용한 시간인 자정 무렵에 제사를 모셨다. 하지만 21세기 지금은 실질적으로 유교식 제사에서 벗어나 있다. 조상신이 실제로 방문하여 음식을 드신다고 생각하지 않는다. 현실적으로 지켜질 수 없는 조건이 많아 어느 집안에서나 갈등의 요인이 되고 있다.

조상은 나를 이 세상에 있게 한 존재의 뿌리이므로 "나를 세상에 태어나게 해 주셔서 감사합니다"라는 보은의 의미를 담고 있는 것이 제사다. 따라서 조상을 위한 진정한 제사는 아름답고 신성한 의식이다. 제례는 우리를 있게 한 조상님의 음덕에 감사하고, 조상들의 정신을 계승 발전시키겠다는 다짐과 함께 가족의 화합과 단합의 기회로 삼는 데 의미를 두어야 한다. 나는 우리 집안의 장손이 아니어서 제사를 주재하지 않았지만, 올해부터는 제사를 직접 챙겨야 할 상황이 되었다. 평소에 빠지지 않고 참례하는 편이어서 제수를 장만하고 진설하는 과정과 절차에 허례허식이 많아 간소화가 필요하다는 생각을 늘 해왔다.

어제는 할아버지 추모일이었다. 오전에 목욕하고 난 후 집 근처에 있는 케이크 점에 갔다. 진열대에 마침 내가 생각했던 케이크가 눈에 들어왔다. 커피색의 티라미수로 표면을 입힌 직사각형의 시루떡을 닮은 케이크였다. 바로 구매했다. 저녁 8시경, 교자상을 펴고 초와 향을 준비하여 제사상을 꾸렸다. 제기함에서 케이크를 올려놓을 제기를 내오고 향과 초를 준비하였다. 제례용 술로 와인 한 병을 꺼내 놓았다. 지방紙榜 대신 할아버지와 할머니가 같이 찍은, 평소에 내 서재 벽에 걸려있던 흑백 영정 사진을 제상 앞에 모시었다. 정갈하게 작성한 추도문도 향로 앞에 준비해 두었다. 거실 창에 암묵 커튼을 치고 제상을 차렸다. 할아버지 할머니 영정을 모신 앞쪽에 케이크를 진설한 후, 상 가장자리에는 사과 세 알, 배 세 알, 귤 세 알을 제기에 올리고 향과 함께 촛불을 켰다. 술잔 두 개에 와인을 따르고 할아버지와 할머니 앞에 올렸다. 참례자 모두가 재배하고 나서 무릎을 꿇고 앉아 추도문을 읽었다. 할아버지 할머니가 오셔서, 내가 차린 초현대식 제수를 드시면서 잘 알아듣도록 추도문을 큰 소리로 또박또박 읽었다. 그리고 생전 할아버지의 모습을 떠올리며 묵언의 교감을 나누었다. 하늘나라에 계시는 할아버지께서는 이미 세상이 변하고 있는 모습을 보고 계셨을 것이므로 손자의 추모 의식을 기특하게 생각하셨을 것이다. 앞으로 제사라는 말도 추모일이나 추모식으로 바꿔 부를 생각이다.

제례는 사랑과 공경심으로 정성을 다하면 되는 것이지 음식의 배치나 가짓수, 절차 등이 무슨 의미가 있을까. 제례의식은 시대의 정신에 맞게 미래지향적이고 지속 가능한 제례 문화로 개선하는 것이 시대적 요구가 아닌가 생각한다. 우리의 미래 세대들은 결혼도 필수가 아닌 선택이라고 생각하거나 결혼을 해서도 2세를 출생하지 않으려고 하는 사회 풍조가 만연한 상황에서 언제까지 일면식도 없는 눈에 보이지 않는 조상에 대하여 관습대로의 제례를 강요할 수 있겠는가. 지금의 제례 의식을 자식이나 손자 대에까지 전수해 줄 자신이 없다.

한국청소년정책연구원이 2024년 2월 14일 발표한 〈2023 청소년 가치관 조사 연구 보고서〉를 보면, 결혼을 반드시 해야 한다는 응답이 29.5%로, 11년 전의 73.2%에 비하면 절반 이하로 급감했다. 결혼과 출산에 대한 청소년의 인식이 급격히 변한 것에 충격을 금할 수 없다. 결혼하지 않으니 출산율이 줄고, 나아가서는 인구 감소로 이어져 생산력과 병역 인구 감소 등 국가 존립까지도 위협할 수 있는 심각한 문제점으로 대두되고 있는 현실에서는 더욱 그러하다.

다행히도 유교전통 문화를 보존해 온 성균관 의례 정립위원회 위원장이 2022년 9월과 2023년 11월, 명절 〈차례상 표준안〉 및 〈전통제례 보존 및 현대화 권고안〉을 발표하였다. 조상의 사망일에 지내는 기제와 무덤 앞에서 지내는 묘제를 지낼 때 진설하는 제수를 간소화해도 무방하다는 내용이다. 주자가례 어디에도 '홍동백서'나 '조율시이' 같은 말이 없는데도, 제례 절차 때문에 가족 간 불화가 생긴다면 차라리 안 지내는 게 낫다는 주장이었다. "잘못 알려진 예법들로 유교의 본질이 퇴색되는 것이 안타깝다"라며 잘못된 관행을 지적했다. 차례상에 마카롱이나 햄버거를 올려도 된다고 하면서 차례상과 제사상을 간소화해야 한다고 했다. 제사 시간도 현실에 맞게 늦은 저녁 시간이 아니라 초저녁인 오후 6시에서 8시로 당겨서 지내도 좋다고 했다. 현실에 맞는 획기적이고도 무척 공감이 가는 개선안이었다.

21세기를 사는 현실에서 K팝이라든가 K푸드 등 한류가 세계적으로 확산하여 가는 마당에 허식적이고 현실에 맞지 않은 제례 문화가 개선되지 않고서는 젊은 세대에게 조상숭배 문화와 전통을 지켜가기를 기대하는 것은 어렵지 않을까. 우리의 고유한 제례 문화를 자연스럽게 이어 나가도록 하는 의식의 변화와 개선이 필요한 시점이다.

## 그리움의 쉼터

깊은 밤, 눈을 지그시 감았다. 매년 12월이 되고 크리스마스 무렵이 오면 유년 시절의 기억이 살아난다. 기억 여행을 출발한다. 기억은 나의 손을 잡고 고향집이 있는 골목길 이곳저곳을 걷기 시작한다. 어린 시절 아장아장 발걸음을 시작으로 초등학교 들어가서부터 밤낮으로 오가던 골목길을 불러내 걷는다. 요즘의 발걸음은 옛날 걸음걸이가 아니다. 내 발걸음은 이젠 조심조심 징검다리 건너듯 하는 시르죽은 걸음이다. 나의 고향은 마치 전설 속에서나 존재했던 마을처럼 호기심으로 되살아났다. 오래전 그 골목길에 박힌 내 발자국의 흔적이 어딘가에 지문처럼 박혀 있을지 모른다. 흙길이었던 골목길은 지금은 콘크리트로 변했으니 내 발자국은 아마도 포장 속에 가만히 숨 쉬고 있을 것이다. 시간은 사라지고 풍경만 고요 속에서 잠들어 강물처럼 끝없이 흐르고 난 뒤 흔적은 고요를 머금고 남아 있으리라. 간간이 닭 우는 소리가 들리고 외등만 고요한 자태로 골목길을 비춰 주고 있다.

 마을 중간으로 흐르던 실개천이 콘크리트로 복개되어 있다. 흐르는 물소리도 콘크리트 덮개에 막혀 소리가 들리지 않으니, 골목은 더욱 고요하다. 희미한 집마다 서 있는 등가죽 터진 감나무들도 나이가 들어 가지를 흔들 힘이 없어 보인다. 시간이 너무 오래 발효되어 냄새마저도 코 밖으로 맴돌 뿐, 두엄 냄새, 소죽 냄새, 닭똥 냄새, 돼지우리에서 꿀꿀거리던 돼지 똥 냄새들이 상처 입은 기억의 시간 사이로 배어 나온다. 여순사건으로 지리산 빨치산이 되어 죽어간 무고한 혼백들은, 그리고 그들의 총부리에 영문 모르고 사라져 간 그 많은 원혼은 지금은 어느 허공에 떠돌고 있을까. 풀리지 않은 한을 머금은 한숨 소리가 고요한 골목길 담벼락 사이사이에 웅크리고 앉아 까만 눈망울을 깜박거리고 있는 듯하다. 머무를 집도, 맞아 줄 가족도, 기억을 간직해 줄 후손도 없는 외로운 혼백들의 고향, 울음을 토해낼 곳 하나 없는 어두운 골목길은 낯선 고요로 가득하다. 먼 기억 속에 남아 있는 그때의 모든

그리움의 쉼터

풍경도 낯설어진 지 오래, 가슴 밑바닥에서 녹물처럼 차오르는 울음 섞인 심장의 박동이 가빠 온다.

대나무는 마디가 있어도 시간에는 마디가 없다. 쥐 이빨에 갉아 먹힌 슬픈 시간은 이제 어디에서 무엇으로 살아가고 있을까. 통절痛切에 찌든 못다 한 이야기들이 개울물 속에 섞여 흐르며 속울음을 토해내듯 고요의 시간이 덩달아 흐른다. 흐르고 싶지 않은 시간, 멈춰 있고 싶은 흐름은 고요히 시간 속에 흐르고 있을 뿐 말이 없다. 머물고 싶어도 머물 수 없어 윗물에 밀려 흘러가야만 하는 시냇물의 숙명처럼 말없이 시간 속에 묻혀 흐르는 전설의 시간 속을 나는 걷고 있다. 아직은 역사책의 한 귀퉁이에도 자리 잡지 못하고 덜 마른 잉크 글씨처럼, 타국에서 관광하러 온 이방인의 느낌처럼, 생소한 전설의 흔적으로만 흙먼지가 되어 들판과 마을 지붕 위에 떠돌고 있을 한 맺힌 전설은 누가 기억해 줄 것인가. 아직 내 아들, 손자에게도 설명해 준 적 없다. 알아먹을 수 없는 까마득한 옛이야기처럼 받아들일 것이므로.

거룩하고 성스러운 밤 이야기가 아니다. '거룩한 밤 고요한 밤'에서 '거룩함'이 빠진 슬픈 고요의 밤 이야기이다. 영하의 침묵이 깔린 골목길에 들어섰다. 젖배 곯던 움펑눈에는 보인다, 나무토막에 새겨진 할아버지의 대문 명패가. 텅 빈 폐가의 늘어진 빨랫줄에 걸린 달그림자의 쓸쓸함이. 마음은 매미 똥처럼 잠잠해졌지만, 할아버지의 문패가 달렸던 곳엔 못 자국마저 세월의 먼지에 메꾸어져 버렸고 낯선 문패가 달빛에 희미하다. 태어나서 자라고 살아온 곳, 마음속 깊이 간직한 그립고 정든 곳을 우리는 고향이라는 이름으로 기억 속에 담고 살아간다. 고향이란 말은 누구에게나 다정함과 그리움과 안타까움이라는 정감을 주는 말이면서도 정작 '이것이 고향이다'라고 정의를 내리기는 어려운 단어가 되었다. 과거가 있는 곳이며, 깊게 정이 든 곳이며, 일정한 형태로 내게 형성된 하나의 세계다. 고향은 공간이며, 시간이며, 마음이라는 세 요소가 불가분의 관계로 굳어진 복합된 심상이다.

  살았던 장소, 오래 살았던 긴 시간, 잊히지 않는 정은 분리될 수 없다. 따라서 고향은 구체적으로 어느 고을이나 어떤 지점을 제시할 수 있으면서 감정을 표현하는 데에는 각인각색으로 모습을 달리할 수 있다. 고향은 생각만으로도 왠지 든든하고 의지가 되는, 마치 어머니 품속처럼 그윽한 안식처이며, 마음에 생명을 불어넣어 주는 마음의 쉼터이다. 풍요로운 고향의 숨결을, 알싸한 고향의 향기를, 그리고 그 속에서 더욱 사람답게 살아가기를 원하는 영혼 한 줌과 포근한 염원을 골목길에 뿌려보고 싶다. 나는 진정한 고향은 없다고 생각하며, 서정적이고 원초적인 정과 색깔이 없는 무늬만의 그리움을 막연하게 가슴속에 담고 살아왔다.

어머니와 처음이자 마지막 이별의 장소인 동네 당산나무가 보고 싶어졌다. 당산나무 골목길로 들어섰다. 당산 할머니는 아직 그대로 서 계신다. 할머니의 몸체도 옛날 모습은 아니다. 등가죽이 터져 있고 가지들도 힘없이 가늘게 늘어져 있다. 조용히 할머니의 몸체를 안아 본다. 부드럽던 살갗이 꺼칠꺼칠하다. 당산 할머니가 엄마의 안부를 묻는다. 나는 '모른다'고 대답했다. 이곳에 그대로 오래오래 서 계시라고 속삭였다. 그리움의 쉼터로 남아 달라고 부탁드렸다. 나에게 그리움이란 어머니였고, 당산 할머니의 품속은 내 그리움의 쉼터였다.

눈 내리는 12월의 고요한 밤, 상상 속에서라도 고향 마을 옛 길을 걷고 싶었다. 호호 불어가며 아침 세수를 했던 집 앞의 도랑가, 골목을 오른쪽으로 돌아가면 우직하게 서 있던 당산 할머니, 가을이면 까맣게 익어 떨어져 간식거리가 되어 주던 팽나무 열매 등이 뇌리에 스치는 밤을 붙잡아 두고 싶었다.

눈을 가만히 떴다. 아침이슬 같은 그리움이 송알송알 맺혀 있다. 황홀과 감개무량한 기억 속의 시간여행을 고요 속으로 돌려보냈다.

## 취향 臭響
– 냄새 교향곡

 까치설날 학교에서 돌아오는 길, 마을 어귀에 들어서면 고소하고 정답고 달콤한 냄새가 봄바람처럼 콧속을 파고들어 혼미하게 만든다. 설날 일주일 전부터 집집이 인절미를 비롯하여 차례에 올릴 음식을 지지고 볶는 냄새들이 담을 넘어와 배가 출출한 아이들의 코를 간질인다. 꼬맹이들은 코를 벌름거리며 기대와 설렘을 안고 각자의 집으로 달려갔다. 오랜 시간이 흘렀어도 내 콧속 어딘가에 잠자고 있는 냄새, 설날이 다 가오면 그 냄새들은 몸 털고 일어나 코를 후비고 세상으로 나온다. 설 냄새! 내 후각의 원천은 유년의 설 냄새다.

냄새는 인간을 비롯한 모든 동물에게는 떼려야 뗄 수 없는 밀접한 관계를 맺고 있다. 인간의 오감 중 가장 예민한 감각은 후각이라고 한다. 사람이 맡을 수 있는 냄새의 종류는 2천 개에서 4천 개라고 하니 세상에는 엄청난 냄새가 태어나고 우리와 함께 살아간다고 하겠다. 우리가 생활하는 공간에서 맡을 수 있는 냄새는 주로 주방, 냉장고, 쓰레기통, 신발장, 배수구, 음식물 쓰레기, 화장실 등에서 생기거나 배어 있는 냄새들과 공존하고 있다. 그리고 사람 자체에서 스스로 생산해 내는 냄새는 땀 냄새, 발냄새, 입냄새 등이다. 주거 시설에서 발생하는 냄새는 시궁창 냄새, 축사 냄새, 벽의 곰팡내 등 다양하다. 이런 냄새들은 인간의 생활이 고급화하고 사치화하면서 냄새를 거부하고 퇴치하려는 꾸준한 연구와 생활 방편을 강구 하는 냄새들이다. 한편 아름답고 향기로운 냄새를 만들어 후각의 호사를 누리려는 냄새도 많다. 장미, 아카시아, 라일락 꽃향기는 인간들이 손쉽게 얻을 수 있는 아름다운 자연산 향기다. 마트에 가면 많은 종류의 방향제, 향신료, 마늘 향, 오이 향 등의 인공적인 향기 제품이 헤아릴 수 없이 많다.

내일이 설날이다. 강원도 평창에서는 2018 동계올림픽 행사로 경기장마다 응원의 함성이 TV 중계를 타고 온 나라가 들썩이고 있다. 고속도로는 설날을 맞이하여 귀성하는 차들로

장사진을 이루고 있다. 연어의 회귀처럼 태어났던 곳의 냄새를 찾아가는 것이다. 설 냄새를 맡아보기 위하여 저마다 각자의 고향을 찾아가고 있다. 내가 태어나서 맨 처음 맡았던 냄새는 무슨 냄새였을까. 엄마의 냄새가 아닐는지. 그것은 가장 원초적 본능의 하나인 생존 본능이지 싶다. 하지만 두 번째 냄새는 젖을 떼고 난 후 먹기 시작한 고향의 음식과 냄새가 아닐까. 그중에서도 제사나 설, 추석 등 명절에 먹었던 고소하고 달달하고 비릿한 음식 냄새였다. 나의 후각은 아직도 어린 시절 설날이면 먹었던 고소하고, 달콤하던 음식과 비리던 생선 등의 고유한 냄새를 기억하고 있다.

 기억나는 설음식은 인절미(콩떡, 쑥떡), 떡국, 편, 육전, 육적, 어적, 어전, 육탕, 삼색나물, 닭고기, 생선, 두부, 고기탕 등이다. 이러한 음식들은 일주일 전부터 장을 보고 재료를 준비하여 만들기 시작하면 설 전날 거의 완성이 된다. 먹을 것이 궁하던 시절이라 어린애들은 할머니나 엄마들이 둘러앉아 음식 만드는 것을 구경하면서 맛보기로 한 볼때기씩 떼어주는 것을 얻어먹는 것이 그렇게 행복할 수가 없었다. 설날 차례 음식으로 만든 것이므로 함부로 먹을 수는 없고 설날 아침 조상님들을 위한 차례상에 먼저 올리고 차례가 파한 후라야 먹을 수 있었으므로 먹고 싶어도 꾹 참고 잠을 자야 했다. 그 냄새를 맡기만 하고 잠을 청하지만 순순히 잠이 올 리가 없었다. 각종 음식의 고유한 냄새들이 만들어내는 복합적인 냄새는 요즘에 말하는 융합의 원조가 아니었을까.

나는 설이나 추석 등 명절에 만들어 먹던 각가지 음식들의 냄새가 서로 섞여서 나는 냄새는 음악에서의 '오케스트라'라고 생각한다. 오케스트라는 바이올린, 비올라, 첼로 같은 현악기와 플루트, 오보에, 클라리넷 같은 목관악기, 트롬본, 트럼펫, 호른 같은 금관악기, 팀파니나 드럼 같은 타악기들이 각각의 몸에서 나오는 고유의 소리가 서로 섞여서 조화를 이루어 만들어낸 아름다운 소리로 울려 퍼지는 것이다.

음악을 소리의 예술이라고 한다면 우리 고유의 음식들이 각각의 냄새를 뿜어내 조화를 이루어 낸 융합된 냄새를 나는 냄새의 예술, 맛의 예술이라고 칭하고 싶다. 솥뚜껑에 기름을 두르고 전을 부치는 냄새, 찰떡 찧을 때 쌀이 으깨지면서 나는 울음소리 같은 떡 냄새, 화롯불에 석쇠를 올리고 구워 내는 짭조름한 조기 냄새, 콩가루를 둘러쓴 고소하던 인절미 냄새 등 각각의 냄새는 허공으로 날아올라 이 냄새와 저 냄새가 짝지어 만들어 낸 냄새는 오묘한 종합예술이다.

설날 차례를 모시고 조상님들의 혼백과 마주 앉아 먹는 여러 가지 음식들의 냄새를 후각으로 음미하며 즐기는 가족들의 화기애애한 모습을 연출하는 것은 우리만의 고유한 정서이자 정신이다. 이것은 음식 냄새들의 오묘한 조화로 이루어낸 예술이라 말할 수 있지 않을까. 먹으면서 음미하는 냄새, 그 냄새들이 어우러져 만들어내는 환상적인 한 편의 오케스트라를 감상하는 일은 얼마나 멋진가. 조상님들께 세배를 올리고 온 가족이 한 상에 둘러앉아 떡국 냄새를 맡고 삼색나물에서 흘러나오는 고소한 냄새들을 흡취하는 일, 이것 또한 얼마나 즐거운가.

설 이튿날 한가한 오전, 클래식 전문 TV에서 내가 좋아하는 라흐마니노프의 '피아노 협주곡 2번'이 연주되고 있다. 우연히 듣는 협주곡이 창을 통해 번지는 햇살을 받아 먼 고향의 설날 풍경을 떠올리게 한다. 3장 전곡을 잘 감상하였다. 수십 명으로 구성된 악단의 주자들은 서로 다른 저마다의 악기를 열정적으로 연주하고 있었다. 피아노를 위시한 악기들의 음색이 조화를 이루어 19세기 러시아 음악의 서구적인 풍부한 선율과 애수가 담긴 서정성 있는 선율로 아름다운 협주곡을 만들어냈다. 마치 설날에 만들어 낸 음식들의 냄새 향연 같았다. 연주단의 악기들이 배치된 모습을 유심히 보았다. 지휘자와 피아노를 중심으로 왼쪽 뒤편으로는 제1 바이올린, 그 뒤로 제2 바이올린이 배치되고 지휘자 우측으로 첼로, 그 뒤로 비올라, 첼로와 이중 베이스가 자리 잡았다. 가운데쯤에 오보에, 왼쪽 옆에 플루트, 그 뒤로는 클라리넷, 바순, 호른, 트럼펫, 트롬본, 팀파니 등이 조화롭게 배치되어 연주되고 있었다.

이는 설날의 음식을 진설하는 차례상과 닮았다. 설날 차례상에는 맨 앞에 향로가 놓이고 양옆에는 향초를 피우고 앞줄에는 각종 과일을 조율시이, 홍동백서 순서로 올린다. 둘째 줄에는 좌포우혜, 셋째 줄에 생선 두부 고기 탕 등이, 넷째 줄에 시접 잔반 떡국 등을 올린다. 맨 위로는 조상님들 신위를 모신다. 이렇게 진설된 음식들은 각각의 냄새들을 뿜어내서 조화를 이루어 고소하고 아름다운 냄새 협주곡을 만들어낸다. 이러한 냄새들이 조상과 후손을 이어주고 후각으로 텔레파시를 교감하도록 하는 것이 아닌가. 이러한 세시 풍속에 녹아있는 음식 냄새가 오래도록 콧속에 깊숙이 저장되어 고향이 그립거나 조상의 은덕을 생각할 때면 한 편의 냄새 협주곡으로 변신하여 서정이 풍부한 음악으로 들렸으면 좋겠다.

평창의 함성이 전국에 울려 퍼지고 있다. 평창의 경기장에도 우리 고유의 매콤한 냄새 알갱이들이 설경 위로도 쏟아져 내리기를 기원한다. 설날 아침, 차례상의 음식들이 만들어내는 협주곡 같은 냄새를 음미하며 조상께 세배를 올리고 음복해 본다.

## 쥬라이

무덥기가 그지없는 여름이다. 장마와 가뭄이 번갈아 가면서 세상을 흔들어대는 듯하다. 자연의 장난은 아무도 말릴 수 없다. 집중폭우가 요란을 떠는가 싶었는데 가히 기록적인 폭염이 극성을 부리는 7월이다. 《바깥은 여름》이라는 소설책을 들고 삼매에 빠져 보기로 했다. 소설집에는 〈노찬성과 에반〉이라는 이야기가 있다. 노찬성은 고속도로 휴게소 근처 마을에서 사는 노쇠한 할머니와 새소리와 바람 소리, 자동차 배기가스를 먹고 자라는 초등학생이다. 찬성이가 아버지를 여의고 한 달쯤 지나서 고속도로 휴게소에 버려진 유기견을 만난다. 유기견 이름을 '에반'이라 지어주고 친구나 동생처럼 아끼고 돕는다. 에반은 나이가 들어 몸이 건강한 상태는 아니었으므로 할머니는 에반을 집에 데려오지 못하게 하지만 할머니의 반대에도 불구하고 보살핀다. 찬성과 에반은 서로의 외로움을 나누며 정을 주고받으며 지내다가 노쇠한 에반을 안락하게 임종할 수 있도록 도와주고자 하였으나 돈이 없어 결국 이뤄 주지 못한다는 내용이다. 동병상련을 느꼈다.

　쥬라이는 고향에서 친구처럼 지내던 강아지다. 어느 해 여름 7월에 삼촌이 친구 집에서 분양받아 와 우리 집에서 키우게 되었는데, 이름을 영어로 7월을 의미하는 '쥬라이'로 불렀다. 쥬라이는 내가 태어나서 처음 만난 강아지였다. 어린 강아지였으므로 털이 보송보송하고 귀여웠다. 어릴 때부터 같이 지냈으므로 나를 잘 따랐다. 그 당시의 강아지는 요즘 같은 애완견의 대접을 받은 것이 아니고 집을 지키는 임무를 담당했으며 주로 목줄을 매거나 풀어놓고 키우는 경우가 많았다. 거의 한두 집 건너서 집집이 한 마리씩 키웠던 것으로 기억한다. 우리 쥬라이는 진돗개 종류는 아니었으나 귀가 쫑긋하고 허리가 잘록 들어가 몸이 늘씬하였다. 까만 눈동자는 빛이 났고 회색 털에 윤기가 흘렀다. 영리할 뿐 아니라 귀여운 짓을 많이 해서 식구들 모두로부터 사랑을 받았던 것으로 기억한다. 나는 학교에 다녀오면 쥬라이를 먼저 데리고 놀았다. 심부름 갈 때, 논에 물을 대로 가거나 밭에 김매러 갈 때도 항상 옆에 데리고 다녔다. 한동안 쥬라이하고 즐겁게 지냈다.

해가 가고 쥬라이도 자라면서 우리는 더욱 막역한 친구가 되어갔다. 내가 학교에서 집에 돌아오거나 심부름을 갔다가 집 근방에 나타나면 어디서 보았는지 쏜살같이 달려와 꼬리를 살래살래 흔들어대며 머리를 내 가랑이 사이로 들이박고 혀로 온몸을 핥아대기에 바빴다. 말 못 하는 강아지였지만 그의 애교 떠는 모습을 보면 사랑스럽지 않을 수 없었다. 쥬라이는 나뿐만 아니라 누나나 형 등 식구 모두에게 애교를 부려 모두 좋아하였다. 쥬라이하고 입을 맞추거나 부둥켜안고 나뒹굴기도 하는 놀이는 예사였고 큰길에 나가 달리기 경주를 하거나 개울에 들어가 물장구를 쳐서 쥬라이 몸의 털을 젖도록 내 마음대로 가지고 놀기 일쑤였다. 그렇게 2년 정도 즐겁고 재미있는 시간을 보냈다. 정이 들 대로 들었다.

초등학교 3학년 무렵, 어느 여름날 나에게는 청천벽력 같은 사건이 일어났다. 학교가 끝나고 집에 왔는데 반겨 주어야 할 쥬라이가 보이지 않는 것이었다. 예감이 이상했다. 이곳저곳 쥬라이가 있을 만한 곳이나 갈 만한 곳을 찾고 뒤졌으나 찾을 수 없었다. 형제들 모두 나처럼 쥬라이 행방에 대해 궁금해하며 동네 이곳저곳을 찾아 헤메었으나 허사였다.

해거름이 되자 일을 나갔던 할아버지와 할머니가 돌아오셨다. 다짜고짜 쥬라이가 안 보인다고 행방을 아는지 물어보았다. 할아버지는 우리들의 침통한 기분은 아는 체도 하지 않고 조그만 소리로 간단하게 "팔았다"라고 대꾸했다. 어안이 벙벙하고 하늘이 무너지는 것 같은 슬픔이 밀려와 온몸을 덮었다. 쥬라이의 순진무구하던 눈망울이 반짝반짝 떠올랐다. 눈물이 핑 돌았다. 난생처음 온몸으로 정을 주고받았던 쥬라이와 이별하고 말았다. 그날 밤에 잠을 이루지 못하고 쥬라이를 생각하느라 몸을 뒤척이며 날을 새고 말았다. 처음 맛보는 슬픈 이별이었다. 어디로 팔려 갔을까. 동네 이곳저곳을 수소문해 보았으나 흔적을 찾을 수 없었다. 요 며칠 사이 동네에 낯선 사람들이 돌아다니는 걸 보았다는 친구가 있었으나 딱히 단서는 잡히지 않았다. 쥬라이가 없어진 뒤로는 한동안 밥도 제대로 먹지 못했다. 쥬라이 얼굴만 선히 떠올랐다. 멍하니 하늘을 쳐다보며 떠다니는 구름으로 쥬라이 모습을 그리고 지우기를 반복하면서 생각했다. 그럴 때면 쥬라이가 고개를 갸우뚱거리면서 꼬리를 살래살래 흔들고 곧 뛰어올 것만 같았다.

할아버지와 할머니는 우리에겐 어렵고 무서운 권력 같은 존재였으므로 감히 따지지도 못하고 절대 응석을 부리지도 못했다. 할아버지가 무심하고 원망스럽기만 했다. 그날 이후로 말 한마디 투정도 못 하고 쥬라이와 쌓았던 정을 가슴속에 묻고 일생을 살아야 했다. 그때 받은 마음의 상처는 아직 풀리지 않은 채 묵직한 돌덩어리처럼 가슴 한쪽을 짓누르고 있었다. 내가 세상에 태어나 아버지, 어머니도 없는 상황에서 첫정을 주고받았던 쥬라이와의 다정했던 유년 시절은 살아오는 동안 나의 뇌리를 떠나지 않고 기억의 저편에 아직도 숨어 있다. 그 기억은 앙가슴에 똬리를 틀고 앉은 가시 같은 아픔으로 남아있다. 그때 그 이후로 여하한 경우라도 개에게 정을 주지 않고 눈길을 돌려버린다. 요즘에는 집마다 반려견을 기르는 시대가 되어 길가에서 흔하게 귀여운 반려견들과 마주치지만 외면하고 지나가기 일쑤다. 개에게 정을 주거나 친해지기를 의도적으로 피한다.

 7월이 되면 나의 첫사랑 쥬라이가 문득문득 떠오르고 보고 싶어진다. 어린 시절 나의 친구가 되어준 쥬라이의 입매, 수염, 콧방울, 눈썹 하나하나가 떠오른다. 이별의 인사도 제대로 나누지 못하고 헤어진 쥬라이를 생각하면 눈가에 이슬이 맺히고 방울 되어 흘러내리기도 한다. 지켜주지 못한 양심이 마음속에서 가시같이 찔러대기도 한다.

 김애란의 단편소설 〈노찬성과 에반〉을 읽으며 내가 노찬성인 것 같은 착각을 하면서 가슴을 적셨다.

## 내 마음 흐르는 곳

 새해 들어서자마자 중국 우한武漢으로부터 이름도 생소하고 소리도 냄새도 없는 수상한 소식이 바람결에 들려오는 듯하더니 남의 일이 아닌, 바로 내 일처럼 눈앞에 검은 장막을 드리우기 시작했다. 입 막고 코 가리고, 옆 사람과 멀리 떨어지고, 기침도 밖으로 새지 않도록 조용히. 그야말로 '아가리 닥치고 배 깔고 엎드려 생각하기'만 해야 하는 철학자가 되어가고 있었다. 봄은 속절없이 저 혼자 시간의 등에 업혀 흘러가고 있는데, 4개월째 집콕 방콕의 검은 일상을 살아야 하니 답답하기만 했다. 오랫동안 마음에 담아 두었던 곳으로 훌쩍 떠나기로 했다.

5월 26일 전라선 KTX에 몸을 실었다. 08시 40분 용산발 구례구행 열차 8호실, 순방향 좌석에 앉았다. 창밖에는 안개가 자욱하다. 스르르 미끄러져 가는 철길 옆 화단에는 이름을 알 수 없는 노란 꽃 무더기가 소복하다. 새벽이슬이 아직 묻어있는 꽃잎이 신선하게 보인다. 객실 안에는 저마다 하얀, 까만 마스크로 입과 코를 덮은 승객들이 좌석을 거의 채웠다.

오늘 여행은 내 마음 흐르는 곳, 구례구역에서부터 압록(곡성) 구간에 이르는 섬진강 변 길을 걷는 일정이다. 순천이나 여수 쪽으로 여행할 때면 압록에서 구례교 사이를 흐르는 섬진강 풍광이 그렇게 아름다울 수 없었다. 그곳을 지날 때면 일부러 왼쪽 창 쪽으로 눈길을 주곤 했다. 강바닥을 드러낸 채로 그 위를 감돌아 흐르는 물결의 부드러운 자태가 만들어내는 풍경을 감상하면서 꼭 한 번 그 강변을 걸어보리라는 다짐을 마음에 담고 지내온 지 오래다. 강은 대부분 물이 차서 흐르므로 강바닥을 내보이지 않는 경우가 대부분인데 이곳을 흐르는 강물은 바닥에서 솟아난 돌기를 스치며 외돌아 감싸듯 여울을 만들며 흐른다. 계절에 따라 풍경도 변한다. 봄에는 자잘한 물결 위로 윤슬이 빛난다. 여름에는 바닥 돌기 사이에 야생한 수양버들이나 풀잎들이 물속에 비추어 푸르름으로 무성하다. 가을에는 차가운 물 위로 잎을 떨구어낸 나무나 풀잎

내 마음 흐르는 곳

의 쓸쓸한 모습을 연출한다. 겨울에는 하얀 눈이 가볍게 내려앉거나 얇은 얼음이 깔리는 모습은 마치 겨울 산수화를 보는 것처럼 신비하고도 성스러운 풍경을 보여 준다. 아마도 겸재 정선이 이곳을 지나갔다면 필경 묵을 갈아 일필휘지로 산수화 한 폭을 그리지 않았을까.

구례구역에 내렸다. 11시 40분이다. 구례교를 건넜다. 다리를 건너자 왼쪽으로 섬진강 길 초입에 있는 조그만 식당에서 추어탕으로 점심 요기를 했다. 마음의 문과 눈을 크게 열고 안단테 칸타빌레의 속도로 강변의 길을 따라 발길을 옮겼다. 섬진강 맑은 바람과 햇살을 큰 호흡으로 한 입 들이키고 내쉬었다. 독서는 머리로 하는 여행이고, 여행은 몸으로 하는 독서라고 했던가. 오랜 집콕으로 지친 심신을 이제는 몸으로 독서를 해보는 것이다. 좋아하는 책 한 권을 열고 독서를 시작하는 기분이 든다. 막상 용기를 내서 오긴 했지만, 사실은 2년 전 당했던 뇌경색 후유증이 아직 가시지 않은 상태인데 걸을 수 있을까 하는 염려도 있었다. 하지만 내 체력을 측정해 보는 기회로 삼기로 했다. 섬진강의 맑은 물결이 늦은 봄 햇살에 반짝거리며 흐르고 있다. 나를 향해 손을 흔드는 것 같았다. 맑은 충만함이 가슴속에 녹차 향처럼 그윽하게 고이기 시작했다. 눈앞에 한 폭의 산수화가 길게 병풍처럼 그려지고 있었다. 내가 걷기 시작하자 강도 나를 따라붙는다. 어느 시인의 시 한 구절도 따라나선다.

산을 만나면 산을 사랑하고
강을 만나면 강을 사랑하지
(중략)
그러다가 하늘의 큰 나루터에 이르면
작은 나룻배의 주인이 된
내 어린 날의 바람을 만나기도 하지.
— 곽재구, 〈그 길 위에서〉 부분

그림과 시가 한 몸으로 동행이 되어 주었다. 가슴으로 꼭 안아보고 싶은 풍경이 장식이나 치장 하나 없이 벌거벗은 채로 길게 드러누워 있다. 한 폭의 수채화다. 맑고 시원스레 흐르는 강물은 마치 쌩얼 같은 강바닥을 애무하듯 스치고 있다. 몸 위로 불거져 나온 돌부리들이 마치 수석처럼 뾰족 삐죽 솟아올라 강물을 움켜쥐었다가는 다시 흘려보내기를 반복하고 있다. 강바닥 사이사이에 널찍하게 퍼져 있는 수석 같은 돌기들은 강 위쪽으로 한참 이어져 있다. 햇볕에 반사되어 희끗희끗 빛난다. 육체미를 뽐내는 여자 선수의 모습 같기도 하다. 건강

미와 관능미 넘치는 온전한 날것의 자연풍경이 내 눈을 자꾸 끌어들인다. 인기척이라곤 전혀 없는 한적한 길, 고요가 내려앉은 밭이랑에는 하얀색, 자주색 감자꽃이 요정처럼 활짝 피어있다. 가끔 승용차 몇 대가 지나갈 뿐, 아무도 엿보지 않고 간섭도 강요도 받지 않은 오직 나만의 전유물이 된다. 자유와 충만이 가득한, 세상에서 가장 평화로운 수채화이면서 산수화다.

아, 저건 뭐지? 가던 길을 멈추게 하는 풍경 하나. 강물에 반쯤 잠긴 너럭바위에 옹기종기 모여 있는 물체. 가만히 응시해 보니 자라들이다. 서너 마리의 자라들이 돌 위에 올라앉아 일광욕을 즐기고 있는 것이 아닌가. 전혀 예상치 못한 발견이었다. 잔잔한 흥분이 일었다. 내 손주가 같이 보았다면 "야! 거북이다. 할아버지 거북이가 저기 있어요" 하고 더 옆으로 가보자고 보챘을 텐데, 혼자 보기 아까운 광경이 눈앞에 벌어지고 있었다. 서울 대공원의 돌고래쇼를 보는 것보다 더 흥미롭고 귀한 광경이었다. 한동안 자라들의 모습을 바라다보았다. 바닷가에서 강수욕을 즐기는 한 가족의 행복한 순간을 보는 듯했다. 아뿔싸! 잠깐 훔쳐보았을 뿐인데, 자라들은 인기척을 느껴서 부끄러웠는지 이내 물속으로 들어가 버린다. 아마도 예민한 촉각을 가졌는가 보다. 그들은 난생처음 사람의 발걸음 소리를 듣고 놀랐을지도 모른다. 자기들만의 보금자리에서 알몸뚱이를 외간 인간에게 들켜 부끄러워하는지도 모르겠다. 잠깐의 행운이 아쉬웠다. 다시 또 나타나기를 기대하면서 강물에서 눈을 떼지 않고 천천히 계속 걸었다. 후렴처럼 조금 후에 또 다른 자라 가족이 나타났다. 이번에도 어미로 보이는, 덩치가 큰 자라를 중심으로 너덧 마리의 자라들이 빙 둘러앉아 있다. 무슨 이야기들을 나누고 있었을까. 다복하고 정겨운 가족의 모습이었다. 섬진강에 흐르는 물속에 자라가 서식하고 있다는 것이 참 신기했다. 자라들이 인기척에 놀라 다시 물속으로 들어가 버릴까 봐 걸음을 멈추고 한참 동안 응시했다. 걷는 즐거움과 행운을 얻은 기분을 가슴속에 챙겨 넣고 느릿느릿 조용한 발걸음을 이어 걸었다. 걷지 않았으면 볼 수 없었을 귀한 행운이었다.

  자라 가족들의 다정하고 행복한 광경을 보면서 가족에 대하여 생각해 보았다. 가족이란 무엇인가. 나는 지금껏 가족을 잘 지켜 내고 잘 품어왔는가. 나는 가족의 행복을 위하여 무엇을 하고 살아왔는가. 원초적인 질문들이 꼬리를 물고 일어선다. 자신이 없다. 눈앞에 보이는 현실의 방패막이만 했을 뿐 진정으로 포근하게 안아본 적이 별로 없는 것 같다. 덧없는 세월만 흘려보내고 말았다는 자책을 감출 수 없었다. 강바람이 슬쩍 내 옷깃을 스치고 지나간다. '알았으면 앞으로 잘하면 되지'라며 바람의 훈계 소리가 들리는 듯하다. 지금까지 걸어왔던 길과 세월을 되돌아 생각하니 문득 가족에게 미안한 생각이 든다.

한 시간쯤 걸으니 독자 마을 입구에 정자가 나타났다. 정자 마룻바닥에 누웠다. "찌르륵 찌직, 짹짹, 째잭." 싱싱한 소리들이 산자락에서 들려온다. 산새들의 노래가 고단함을 어루만져주는 듯하다. 이마와 등허리는 어느새 촉촉이 젖었다. 하지만 즐거움을 맛보는 순간순간이 피로감을 날려 보낸다. "길을 아는 것과 그 길을 걷는 것은 다르다"라는 영화 〈매트릭스〉의 대사를 떠올리며 긍정의 마인드로 고개가 끄덕여진다.

길에서 만나는 강물과 풀들은 나에게 소리 없는 말을 걸어왔다.

"너는 무얼 하려고 이렇게 햇볕 내리쪼이는 강변을 혼자 걷는 거니? 심심하지도 무료하지도 않니? 네 체력으로 이 길을 끝까지 걸을 수 있어? 너는 이상한 취미를 가진 사람이구나."

"그래, 나는 원래 혼자 걷기를 좋아해. 이곳은 내가 옛날부터 좋아해서 꼭 한번 걸어보고 싶었어. 그래서 전혀 심심하지 않아. 무척 재미있고 행복해. 진즉 오고 싶었지만, 코로나19 때문에 한참 기다리다가 왔어. 내 체력도 점검해 볼 참이야.

자라들이 일광욕하는 것도 보았는걸. 내가 오늘 걷지 않았으면 어떻게 그 귀한 장면을 볼 수 있겠어? 고마웠어. 섬진강아."

구례군과 곡성군이 강변으로 접경하고 있는 탑선 마을에서 걸음을 멈추었다. 섬진강 길옆으로 민초들의 삶이 숨 쉬던 독자, 다무락(유곡), 논곡, 은곡, 본황 마을 등 천연이 고스란히 담긴 고담한 이름들도 만났다. 바람과 비와 눈을 맞아가며 이끼처럼 그 속에서 나고 자라서 자연으로 돌아갔을 선조들의 숨소리가 들리는 듯했다. 내 몸속에 고스란히 담긴 섬진강 길 15, 3km, 4시간 30분의 동행. 자신감 한 움큼이 호기롭게 마음 한구석에 자리를 잡는다. 난 아직 잘 걸을 수 있어!

내 마음이 흐르는 곳, 버킷리스트의 한 줄을 지웠다.

"자연의 뭇 생명은 그들이 처한 환경과 질서 속에서 저마다의 삶을 이어가고자 하는 성스러운 지혜를 가지고 있었다. 바람이 사람과 함께 숨 쉬며 느리게 느리게 살아가는 공존의 본향이었다."

# 5부

# 손주의 미소

베트남의 다낭 공항에 새벽 00시경 도착했다. 5시간 날아왔다. 2019년 1월 3일. 이번 여행은 올해 3월이면 초등학교 2학년이 되는 손주를 주빈으로 하는 입학 기념 여행이다. 손주가 6살 적부터 나중에 초등학교에 입학하면 할아버지가 비행기 태워서 외국 여행을 시켜주겠노라고 약속했었다.

이튿날, 호텔에서 아침 식사를 하고 맨 처음 마사지샵으로 안내받았다. 가이드 말에 의하면 비행기를 타고 늦은 시간에 내려서 피곤할 테니 몸의 긴장을 풀고 관광을 시작하는 것이 좋을 것 같아 마사지 체험을 일정으로 잡았다고 했다. 중국이나 태국 등 동남아권 나라에 가면 여행 중간이나 귀국 비행기를 타는 전날 마사지하는 것이 통상적인데 여기서는 먼저 하고 일정을 시작한다고 한다. 어느 면에서는 일리가 있다고 생각했다. 마사지하는 집으로 갔다. 50여 명을 동시에 수용할 정도의 3층 건물이었다. 전신 마사지 받을 생각을 하니 은근히 기대되었으나 한편으로는 손주 걱정이 앞섰다. 통상적으로 어린이는 마사지 대상이 되지 않았다. 서준이에게 물어보았다.

"서준아, 마사지는 어른들만 하는 곳인데 어떻게 하지? 두 시간 정도 혼자 기다려 줄 수 있어?"

서준이는 구체적으로 어떻게 하는 거냐고 묻는다. 마사지에 대해 자세하게 설명해 주었다.

"할아버지도 옆에서 같이 하는 거죠?"

그런다고 대답했다.

"할아버지 저도 해보고 싶어요."

그러면서 꼭 할아버지 옆에서 하도록 해달라는 주문이다. 서준이는 호기심이 강해서 무엇이든지 직접 해보기를 좋아하는 성미다. 당돌하기도 하고 기특하기도 했지만, 다행한 일이었다. 가이드에게 부탁하여 같이 하기로 했다. 2층의 마사지 방을 배정받았다. 각방에는 젊은 마사지사들이 배치되어 준비하고 있었다.

손자를 데리고 올라갔더니 아가씨들이 어린애 손님을 처음 보았는지 서로들 마주 보며 킥킥거리며 웃어댄다. 라커룸에서 마사지 복으로 갈아입고 나란히 침대에 걸터앉았다. 미지근한 물이 담긴 대야에 발을 담그고 족욕을 한 다음 침대에 누웠다. 내 옆에 서준이도 나와 같이 손님 대접을 받는 것을 보니 흐뭇했다. 손주의 얼굴을 훔쳐보았다. 불그레 상기된 얼굴은 호기심 반, 의아심 반, 유아 특유의 부끄러움 등이 복합적으로 얼굴에 그려져 있었다. 서준이는 지금 무슨 생각을 하고 있을까, 궁금하기도 했다.

마사지가 시작되고 중반쯤 지났을 무렵 옆 침대에 누워있는 서준이를 돌아다보았다. 눈 위에는 수건을 덮어썼으므로 잠이 들었는지 알 수 없지만, 새근새근 조용한 숨소리가 새어 나오고 있었다. 조금 있다가는 코 고는 소리로 변했다. 마사지사 아가씨들이 킥킥대는 소리가 들렸다. 눈을 돌려보니 서준이가 마사지 수건이 덮인 상태로 곤히 잠들어 있었다. 아주 편안한 자세다. 옆 침대의 아가씨들이 서로 눈신호를 주고받으면서 키득거리며 재미있어했다. 나도 어이없어 웃음이 나왔다. 어린놈이 생후 처음 비행기 타고 밤늦게 도착했으니 얼마나 피곤했을까. 비행기를 다섯 시간 넘게 타고 기후도, 풍경도 낯선 남의 나라에 왔으니 얼마나 생소하고 불안했을까. 그런데도 불평 한마디 없이 따라나서는 서준이가 기특하고 귀여웠다. 마사지를 받으며 아무 생각 없이 잠자고 있는 서준이가 한없이 부럽기도 하면서 한편 흐뭇했다.

　서준이가 내 옆의 침대에서 코를 골면서 마사지를 받는 모습을 보면서 나의 유년 시절의 기억이 떠올랐다. 나는 아버지와 어머니가 없는 3살부터 유년 시절을 할아버지와 할머니 밑에서 살았다. 1948년에 있었던 여순사건의 소용돌이 속에서 아버지는 무참하게 희생자가 되었고, 어머니마저 내 곁을 떠나버리고 말았다. 이후 나는 고아 아닌 고아로 할아버지 밑에서 자라게 되었다. 내가 서준이 나이보다 조금 어렸을 6살쯤에 할아버지는 내 손을 잡고 기차 여행을 한 적이 있었다. 순천에서 삼랑진까지 가는 기차였다. 할아버지는 집을 나간 어머니가 혹시라도 친정인 경남 창녕에 가 있거나 없더라도 행방을 알아낼 수 있을까 하는 기대를 하고 찾아 나섰던 것이다. 어린 손자에게 어머니를 찾아 주려는 심사였으리라. 엄마는 그곳에 없었다. 그 이후에도 엄마는 우리 눈앞에 나타나지 않았다. 할아버지를 따라 태어나 처음으로 여행을 해보았다. 아직도 그때의 기억이 생생하게 뇌리에 살아있다.

　70년 전의 그 손자는 지금은 할아버지가 되어 그의 어린 손주를 데리고 머나먼 나라 베트남 다낭이라는 곳에 여행을 왔다. 참 감개무량하고 자랑스럽고 한량없이 기뻤다. 나의 유년 시절에 할아버지를 따라갔던 기차 여행은 엄마를 찾기 위한 희망과 기대에 찬 여행이었다면, 이번 서준이와 비행기를 타고 온 외국 여행은 손자가 태어나서 처음 할아버지와 함께 좋은 추억을 만들기 위한 아름답고 유쾌한 여행이다.

눈을 지그시 감고 옆 침대에서 새근거리는 손자를 보면서 낯선 여행지이지만 같은 공간에서 맨몸으로 조손이 나란히 누워 마사지를 즐기는 시간이 더없이 흐뭇했다. 서준이가 나중에 커서, 태어나 처음으로 할아버지와 낯선 나라에 여행하면서 마사지 받았던 기억을 예쁜 추억으로 간직해 주었으면 좋겠다.

마사지를 마쳤다. 뽀시시한 손주의 얼굴이 한결 부드러워 보였다. 너석은 무슨 생각을 했을까.

"서준아 기분 좋았어?"

천진스러운 미소만 배시시 입가에 번졌다.

## 청산도에서

완도항에서 50여 분 물길을 건너 오후 2시경 청산도항에 내렸다. 9월의 푸른 햇살이 파도에 반사되어 더욱더 눈부시다. 산도 푸르고, 물도, 하늘도, 바람마저도 푸를 것 같은 청산도에 왔다.

섬을 순환하는 투어버스와 섬 안내 해설사가 기다리고 있었다. 맨 먼저 안내된 곳은 선착장에서 그리 멀지 않은, 영화 '서편제' 촬영지였던 당리 고갯마루였다. 유봉이의 장구와 송화의 애절한 가락으로 깊은 한을 토해내며 오르던 그 길이다. 오르막길을 따라가면 〈봄의 왈츠〉, 〈여인의 향기〉를 촬영했던 세트장이 있다. 길 양옆으로 이어진 경사진 밭에는 연분홍과 하얀색의 코스모스가 뒤섞여 눈에 가득했다. 파란 하늘을 배경으로 무리 지어 피어있는 코스모스꽃 무리가 언덕 아래로 펼쳐져 있는 남해안의 푸른 바다와 어울려 아름다운 한 폭의 풍경화를 그려내고 있었다.

고인돌 유적지와 '청산진 성'을 거쳐 옛 '돌담 마을(상서)'을 찾아갔다. 청산도의 상서마을 돌담은 제주도나 육지 농촌 마을의 옛 돌담과는 사뭇 달랐다. 제주도의 돌담은 화산석으로 집 둘레에 나지막하게 듬성듬성 쌓아 바람이 잘 통하도록 하였으나 이곳의 돌담은 골목을 연하여 집의 처마 끝까지 촘촘히 돌을 쌓아 올려 길에서 집안을 들여다볼 수 없었다. 이 마을은 임진왜란과 병자호란을 피하여 숨어 들어온 피난민들이 정착하면서 만들어진 마을이다. 외적의 침입과 바닷바람을 막아 집의 평온함을 유지하고자 했던 옛 조상들의 지혜가 엿보였다.

양지리라는 마을에 '구들장 논'이 있었다. 구들장을 이용해서 논을 만들다니…. 내가 살았던 옛날 우리 집의 따뜻한 온돌방이 생각났다. 구들장 논은 돌이 많고 물이 잘 고이지 않는 섬의 약점을 보완하여 한 뼘이라도 넓은 농토를 만들어내기 위한 궁여지책이었다. 청산도는 척박하고 비탈이 심한 지세였으므로 농토가 귀했다. 농사지을 땅을 만들기 위해 경사지를 개간하여 돌로 기단을 쌓고, 그 위에 온돌방처럼 구들장을 깔았다. 구들장 위에는 흙과 자갈을 섞어 다진 자갈층을 만들고, 그 위에 좋은 흙을 깔아 모내기할 수 있도록 계단식 논을 만들었다. 구들장 논은 우리의 전통 난방 방식인 온돌의 원리를 논에 적용한 세계 유일무이한 농업 방식이다. 청산도의 구들장 논은 국가 중요 농업유산(11호)으로 지정되었을 뿐 아니라 유네스코 세계 농업유산으로 등재되었다. 환경 조건을 잘 극복한 조상들의 지혜가 놀랍다.

이번 청산도 여행을 통해서 가장 나의 관심을 끄는 것은 '초분草墳'이라는 특유의 장례 방식이었다. 당리 고갯길 아래에 가을걷이가 끝난 밭이랑 가운데 볏짚을 둘러쓴 지붕 모양의 짚더미가 하나 보였다. '초분'이었다. 10여 년 전 여수 금오도 벼랑길을 걸을 때 눈에 스치듯 보았던 그 초분을 다시 보게 되었다. 그때는 무엇인지, 용도가 무엇인지도 모른 채 무관심으로 지나쳤다. 청산도에 와서 또 보게 된다니. 반갑기도 하고 한편 호기심이 더했다.

해설사의 설명을 관심 있게 들었다. 초분은 주로 섬 지역의 고유한 장례 문화의 일종으로 청산도에 현재 9기 정도가 있다. 청산도에서는 가족이 세상을 떠나면 시체를 바로 매장을 하지 않고 일차적으로 집 근방의 논밭에 돌판을 쌓은 다음(덕대) 그 위에 목관을 얹고, 짚을 엮어서 만든 이엉을 덮어 씌어 일종의 초가집 같은 지붕을 만들어 주었다. 그리고 나서 바닷바람에 날아가지 않도록 새끼줄의 끝에 돌을 매달아 단단히 고정해 주었다. 돌 위에 관을 올려 두는 이유는 바람이 잘 통하게 하여 시체의 육탈肉脫을 돕기 위해서다. 초분을 한 후 3년 정도 지나 육탈되었을 즈음에 이차적으로, 좋은 날을 택해 시신의 뼈를 깨끗이 씻고 닦은 후 토질이 좋은 땅에다 매장해 주었다. 초분은 그래서 장례를 두 번 치르는 복장復葬 제도이다. 죽음을 삶의 연속으로 인식하고 죽은 자에 대한 남은 가족들이 베푸는 최소한의 사랑과 존엄의 표현이 아니었을까.

 초분을 하는 이유는 시체를 땅에 묻기 전에 몸의 물기를 빼고 난 후 깨끗한 뼈를 묻어주고자 하는 사랑과 인정 어린 마음이었을 것이다. 남은 가족들은 초분을 하고 난 다음, 고인이 생각날 때나 보고 싶을 때 초분 둘레를 맴돌며 매무새를 고쳐주기도 하고 생전의 고인과 속삭이듯 조곤조곤 이야기하면서 그리움을 달랬을 것이다. 죽었음에도 살아있는 존재로 여기며 죽음을 영원한 삶으로 인식했던 이곳 섬사람들의 정과 사랑이 깃든 장례 의식이었다.

 청산도 민초들의 인간 존중의 문화가 이곳 섬마을에 남아있었다. 사람이 귀했던 섬에서는 망자까지도 빨리 떠나보내지 않고 가까이에 더 잡아두고 보살펴 주고자 했던 섬사람들의 인정을 느꼈다. 죽은 자와 산 자의 묵언의 소통을 통해서 삶과 죽음의 공존을 오래 공유하고자 했던 초분이라는 장례 방식을 보면서 인간도 결국 자연의 일부라고 생각했다. 망자를 땅으로 돌려보내 주는 의식을 치르면서 자연과 하나가 되는 삶을 살았던 청산 섬사람들의 순수한 인간애를 보았다.

자연의 뭇 생명은 그들이 처한 환경과 질서 속에서 저마다의 삶을 이어가고자 하는 성스러운 지혜를 가지고 있었다. 청산도는 물과 돌과 산과 바람이 사람과 함께 숨 쉬며 느리게 느리게 살아가는 공존의 본향이었다.

## 구름 위의 찻집

 몇 해 전 8월 중순 아침나절이었다. 강더위 염천에 새털구름이 산마루에 걸려 있는 구름 위의 찻집에 왔다. 지리산 반야봉 아래로 흘러내린 계곡을 따라 지리산 연봉이 철갑을 두른 듯, 푸른 솔들이 하늘을 찌르듯 솟아 있는 곳, 마치 신선이 노닐 것 같은 구름 위에 폭신하게 앉아 있는 산속 찻집이다. 화개 장터에서 10여 킬로쯤 구불구불한 산길을 올라가면 '구름 위의 찻집[雲上茶苑]'이 있다. 얼마나 신비스럽고 청량하고 아름다운 이름인가. 지리산 신선들이 천상을 노닐면서 차향을 음미하며 수행했음 직한 시적인 이름 아닌가.
 몇 년 전 가을에 쌍계사를 답사하고 계곡을 끼고 나 있는 산길을 올라왔다가 만난 칠불사의 경내에 있는 찻집을 만났다. 구름 위의 선계仙界에 떠 있는 신선들의 찻집이 아닐까 하는 착각에 빠졌다. 세속에 찌든 내가 감히 천상의 찻집에 함부로 들어갈 수 있단 말인가. 부처님께 인사도 드리지 않으면 불경죄로 혼날 것 같은 생각이 들어 곧바로 대웅전으로 올라가 공손히 참배하고 마당으로 내려와 '구름 위의 찻집'의 문을 조심스럽게 열고 들어갔다.

20여 평 남짓 되는 공간에는 나무 마루에 원목 탁자와 하얀 천을 씌운 소파가 몇 군데 있었고 한옥 특유의 아亞자 모양의 창살 문이 둘러싸여 한옥이나 절집의 분위기를 느낄 수 있었다. 녹차 향이 은근히 콧속으로 스며들었다. 카운터에는 보살 한 분이 서빙을 하고 있었다. 녹차를 주문하고 탁자에 앉아 깊은 산속에 있는 찻집의 정취를 느껴보았다. 찻집 내부 벽에는 칠불사의 유래를 적은 서판이 빙 둘러서 장식되어 있었다. 말 없는 구름, 바람, 나무, 돌…. 말 많아 시끄러운 세속을 벗어나 고요한 지리산 품속에 드니 모든 게 다 말 없음에 쌓여 있었다. 스님들도 하안거 중이라 주인 없는 빈 절에 나 혼자 말 없이 고요를 덮어쓰고 정갈한 녹차 한 잔을 진하게 우려내 열에 지친 머리를 식혔다.

칠불사七佛寺는 지리산 반야봉 남쪽 기슭의 토끼봉 아래에 있는 천년 고찰이다. 이천 년 전 가락국 시조인 김수로왕의 전설과 관련 있는 절이다. 김수로金首露왕은 가락국駕洛國을 건국한 김해 김씨의 시조로 그에게는 일곱 아들이 있었다. 7왕자들은 외삼촌인 장유화상을 따라 김해에서 수행을 시작하여 가야산, 화왕산, 와룡산 등지로 옮겨 다니며 수행하다가 기원후 101년이 되던 해 이곳 지리산 자락 운상선원雲上禪院 터에서 깨달음을 얻었다. 김수로왕이 일곱 왕자의 성불成佛을 기념하여 칠불사를 창건하였다고 한다. 실제로 운상선원雲上禪院은 현 대웅전에서 위로 300m 지점에 있다. 칠불사 골짜기가 구름바다가 될 때, 이곳만은 구름 위에 모습을 그대로 드러내고 있어서 운상원雲上院이라고 이름을 지었다. 칠불사에는 운상원 외에 다른 절에서 볼 수 없는 아자방亞字房, 문수전文殊殿, 영지影池 등 전설을 품고 있는 유서 깊은 문화재가 있다.

아자방은 스님들의 참선 수행을 위한 공간으로 선방 내부 모양이 아亞자 형태로 되어 있다고 이름 붙여진 특이한 온돌 구조이다. 신라 효공왕 때 담고 화상이 축조하였는데, 한 번 불을 때면 49일에서 100일 동안 온기를 유지하였으므로 스님들의 안거 기간 동안 수행이 가능하였다고 한다.

영지影池는 구름 위의 찻집 바로 아래에 있는 인공 연못이다. 김수로왕 부부가 수행 중인 일곱 왕자를 보기 위해 칠불사에 왔다가 보지 못했다. 일곱 왕자의 스승이자 외삼촌인 장유화상은 일곱 왕자는 이미 출가하여 수도 중이므로 볼 수 없으니 돌아가라고 말하면서 꼭 보고 싶다면 이곳에 연못을 만든 다음, 물속을 보면 왕자들을 볼 수 있다고 말했다. 수로왕은 연못을 파고 물을 담았다. 수로왕과 허황후는 날을 잡아 다시 방문하여 연못을 가보았다. 과연 일곱 왕자의 그림자가 연못 속에 나타났다. 소망하던 일곱 왕자를 볼 수 있었다. 그때부터 영지影池라 불리게 되었다.

김수로왕과 그 부인 허황후가 일곱 왕자의 성불하기를 기도하고, 7왕자를 보기 위해 행차했을 때 머물렀던 마을이 법왕 마을이다. 절 아래 있다. 왕비(허황후)가 7왕자의 성불을 기다리며 머물던 곳은 대비 마을이라고 한다. 쌍계사와 화개장터 중간에 있는데 정금 차밭 옆에 있다. 그곳에 대비암이라는 절을 지었는데, 지금은 절골이라는 이름만 남아 있다.

오늘도 삼복더위를 뚫고 한달음에 이곳으로 달려 올라왔다. 다른 절과는 달리 칠불사 경내에까지 차로 올 수 있고 경내 마당에 바로 주차할 수 있어서 좋다. 마당에서 대웅전까지는 높은 계단을 올라야 한다. 땀을 내고 올랐다. 한여름인데도 티 없이 맑고 신선한 계곡 바람이 나뭇잎을 흔들어 더욱 시원한 느낌이다. 청량한 바람이 몸을 휘감아 옷깃을 파고든다. 대웅전에 올라 본존불에 참배하였다. 마음 비우고 사는 지혜를 주십사고 기원했다. 점심 공양으로 몇 가지 메뉴 중 냉콩국수를 골라서 시원하게 점심 배를 채웠다. 감사하는 마음으로 합장하고 구름 위의 찻집으로 내려왔다. 녹차를 시켜서 다탁에 앉았다. 천정이나 벽 등이 모두 원목으로 치장되어 안온하고 편안한 느낌이 들고 나무 향이 솔솔 피어나는 것 같다. 천연天然이 살아 숨 쉬는 것을 느끼면서 찻물을 따라 차 한 잔, 마음 한 잔 우린 녹차를 음미한다. 구름 위에 떠 있는 상상을 하면서 물소리, 바람 소리, 솔바람 소리를 귓전으로 흘려보낸다. 음다飮茶를 모르는 내가 차 맛을 알까마는 다인茶人인 체 차를 마시며 마음을 씻고, 청량한 바람 소리에 귀를 씻어내는 흉내를 내본다. 동다송東茶頌 한 구절도 읊어 본다.

찻물 끓는 대숲 소리 솔바람 소리 쓸쓸하고 청량하니
맑고 찬 기운 뼈에 스며 마음을 깨워주네
흰 구름 밝은 달 청해 두 손님 되니
도인의 찻자리 이것이 빼어난 경지라네

구름 위의 찻집에서 옛 선승들의 차 마시는 풍경을 떠올리며 마음의 고요가 풍성해진 하루를 보냈다.

## 이렇게 좋을 수가

 지중해 서유럽 3개국 유람선 여행을 하기 위해 지난 5월 10일에 밀라노행 비행기를 탔다. 13시간을 날아와 밀라노 호텔에 숙박했다. 아침 일찍 유람선 기항지인 사바나항으로 이동하여 두 시간여의 승선 절차를 마친 후에야 배에 오를 수 있었다. 오래전부터 바라던 버킷리스트 중 하나였다. 이곳 날씨는 우리의 한여름만큼 무더웠다. 우리가 탈 유람선은 이탈리아 선적의 코스타토스카나호이다. 18만 6천 톤급의 대형선박으로 5천여 명을 태우는 매우 큰 유람선이었다. 타이태닉호 같은 유람선을 떠올리며 기대와 흥분이 일기 시작했다. 승선 규정도 까다로웠다. 각국에서 모여든 수많은 여행객을 태우고 안전과 보안을 지키려는 조치이니 그럴 수밖에 없겠다는 생각이 들었다. 말로만 듣던 지중해 바다를 갑판에서 바라보니 감개무량했다. 온전히 지중해 바다 위에서 열흘간을 숙식하면서 여행한다고 생각하니 기분이 파란 하늘 위에 둥둥 떠다니는 구름이 된 것 같았다. 지중해는 정말 잔잔하고 온화하였다. 북적거리고 어수선했던 승선 절차를 마치고 점심을 먹는 사이에 배는 소리도 없이 스르륵 항구를 빠져나와 목적지로 방향을 틀었다. 우리의 여행 일정은 사바나에서 출항하여 마르세유, 바르셀로나, 이비사섬, 팔레르모, 치비타베키아를 거쳐 다시 사바나항으로 돌아와서 남프랑스 니스와 모나코를 돌아보고 제노바와 밀라노 관광을 끝으로 하는 9박 11일간의 여정이었다.

여행 6일째 치키타베키아 항에 정박 중이던 날 아침, 여느 때처럼 침대에서 일어나 눈을 뜨자마자 오른쪽 눈이 침침하여 물체가 보이지 않았다. 침대에서 일어나 바닥에 발을 딛는 순간, 중심을 잡지 못하고 넘어질 것 같았다. 가까스로 창문을 붙잡고 간신히 일어나 눈을 크게 떠보았다. 오른쪽 눈에 짙은 장막이 가려진 것처럼 물체를 선명하게 볼 수 없었다. 눈앞의 모든 것이 뿌옇게만 보였다. '왜 이러지! 이럴 수가?' 무척 당황스럽고 난감했다. 정말 눈앞이 캄캄해졌다. 절망감이 온 뇌리에 가득 찼다. 이게 무슨 일이지? 어떻게 이런 일이 생길 수 있단 말인가. 베란다로 나가 지중해 바다를 바라다보았지만 까만 바다의 형체만 어른거릴 뿐 파도의 움직임을 볼 수가 없었다. 왼쪽 눈으로 대충 물체의 윤곽은 볼 수 있어서 그나마 다행이었다. 선내 전화로 여행사 가이드에게 실정을 알렸다. 인솔자는 혹시 뇌신경에 이상이 생긴 게 아니냐며 무척 놀라는 기색이었다. 일단 조식 시간에 만나서 사후 처리 방안을 논의하기로 했다. 한국에 있는 아들에게 전화로 내가 처한 상황을 알렸다. 좀 있다가 아들의 지인인 안과 전문의로부터 전화를 받았다. 증상을 말했더니 정확한 건 아니지만, 일어날 수 있는 증상 두 가지를 말해 주었다. 망막의 동맥이 파열되었거나 정맥이 막혔을 수도 있다면서 일단 빨리 귀국해서 검사를 해 보는 것이 좋을 것 같다고 말했다.

    아침 식사를 마치고 인솔자와 아침 미팅을 했다. 여행사에서는 선내 의료실에 가서 일반의의 소견을 듣고, 이곳에서 가까운 도시의 병원에서 치료를 받을 건지 아닌지를 나에게 결정하라는 것이었다. 나는 안과 전문의가 아닌 일반의한테 진료를 받는 것은 의미가 없으니 선내 의무실은 아예 가지 않겠다고 했다. 인솔자의 얘기로는 이곳에서 제일 가까운 지역(이탈리아 밀라노)에 있는 병원을 가려면 당일 관광 일정을 포기해야 하고 이동차량편, 안내원 섭외뿐 아니라 진료비 등, 경비 일체를 내가 부담해야 한다고 했다. 상상을 초월하는 경비가 소요될 뿐 아니라, 현지 병원에 가서도 제때 진료가 가능한지도 불확실한 상황이라 여간 복잡한 문제가 아니었다. 나는 현지 진료를 포기하고 현 상태로 귀국일까지 여행을 계속하기로 마음을 먹었다. 인솔자는 조기 귀국을 하는 방안을 제시했다. 밀라노에서 귀국하는 비행기를 알아보았는데, 항공료가 2인 기준 450만 원에 밀라노까지 이동할 택시비와 공항까지 인솔해 줄 안내자 등 내가 부담해야 할 경비가 거의 500여만 원이 훌쩍 넘는 금액이었다. 그 제안도 받아들이지 않았다. 다음 날 저녁에 인솔자로부터 다시 미팅 요청이 왔다. 이번에는 로마에서 저녁 8시 30분에 출발하는 한국행 대한항공 좌석이 마침 두 좌석이 있는데, 항공료는 1인 72만 원이므로 귀국하겠느냐고 나의 의향을 물었다. 일단 경비가 저렴하므로 응하기로 했다. 다음날 로마 현지 관광 일정을 마친 후 바로 공항으로 이동하여 저녁 비행기를 타고 귀국했다. 호기심과 기대로 가득했던 유람선 여행의 묘미도 즐기지 못한 채 허겁지겁 돌아오고 말았다. 토요일 오후에 인천에 도착했다. 결과론적으로 이번 여행 중에 발생한 눈 이상으로 인해 많은 경제적, 정신적인 손해가 컸지만 내몸의 건강이 우선이었으므로 신속하게 대처할 수 있었음에 감사했다.

    월요일, 아들이 예약해 놓은 안과병원으로 갔다. 가자마자 10여 가지 이상의 검사를 일사천리로 진행했다. 검사를 마치고 원장실로 안내되어 내 눈의 증상에 대해 자세한 설명을 들었다. 원장 소견은 망막 손상은 아니고, 30년 전 백내장 수술했던 당시의 인공수정체가 떨어져 나와서 생긴 일이므로 다시 봉합하는 수술을 하면 회복이 가능하다고 친절하게 설명해 주었다. 그때 수술했던 인공수정체가 떨어져서 시력을 마비시켰다니 그나마 감사한 일이다. 그간의 걱정이 일시에 해소되었다. 걱정했던 망막 손상이 아니어서 다행이었다. 안도의 한숨을 쉬고 난 후 평정을 되찾을 수 있었다. 검사받은 날로부터 일주일 후에 수술을 잘 마쳤다.

    초등학교 시절, 시골에서 할아버지와 같이 살 때의 일이 떠올랐다. 가을이 되면 할아버지는 갓 태어난 새끼 쥐를 기름에 튀겨 우리에게 먹여 주었다. 새끼 쥐를 먹으면 눈이 좋아진다고 했다. 그때는 멋도 모르고 할아버지가 시킨 대로 꼬박꼬박 받아먹었다. 털도 나지 않은 벌거스름한 벌거숭이 새끼 쥐를 짚불에 양푼을 올려놓고 튀기면 고소한 냄새가 코를 진동했다. 고기를 먹어 본 적 없던 그 시절, 처음 먹어 보는 쥐고기는 아주 고소하고 맛있었다. 아무 거리낌 없이 먹었던 쥐새끼 튀

김 덕인지 모르지만, 눈이 좋다는 느낌으로 아무 거리낌 없이 건강하게 살아왔다. 그래서 그런지 나는 어렸을 적 시력이 아주 좋았다. 양쪽 눈이 다 1.2였다. 눈에 대해서는 전혀 신경을 쓰지 않고 자신감을 가지고 40대까지 잘 써먹었다. 그러다가 40대 중반, 낮에는 햇빛에 눈이 부시고 밤에도 형광등 불빛을 보면 눈이 부셔서 사물을 바로 볼 수 없었다. 무슨 증세인지 모르고 병원을 찾아가서야 백내장이라는 것을 알았다. 인공 수정체를 삽입하는 백내장 수술을 했다. 1990년 가을이었다. 수술 후 2주간을 병실에 누워 있다가 회복한 후 퇴원할 수 있었다.

우리 몸에는 오장육부를 비롯하여 보고, 듣고, 말하고, 먹고, 만지고, 숨 쉬고 생각하는 등의 수십 가지의 장기를 몸에 달고 일생을 살아가고 있다. 그러나 의례적이고 당연한 것처럼 고맙다거나 귀하다는 생각은 별로 하지 않고 일상을 지내기 일쑤다. 해가 떠올라 세상이 환할 때는 의식하지 못하다가 해가 지고 어두워져서야 밝음의 소중함을 느끼게 되듯이 누구나 건강할 때는 내몸에 있는 여러 가지 장기의 고마움을 모르고 살아가는 것이 일반적이다. 우리 몸의 장기는 하찮은 것이 하나도 없다. 눈에 보이지 않고 느껴지지도 않는 소소한 장기라도 이상이 생기면 몸과 정신 전체가 비상이 걸리기 십상이다. 아무 일 없이 지내는 일상이 한없이 고맙다는 사실을 새삼스럽게 느꼈다. 나의 몸을 이루고 있는 모든 장기는 아무리 소소하고 눈에 보이지 않더라도 잘 아끼고 감사하며 살 일이다.

　십 년 묵은 체증이 싹 내려간 기분이다. 아니 암흑에서 광명을 찾은 느낌이라고 하는 것이 더 좋을 것 같다. 눈이 안 보이기 시작한 지 꼭 일주일 만에 망막 수술을 했다. 수술이 끝난 후 바로 집으로 왔다. 두꺼운 안대를 하고 집까지 택시를 타고 왔다. 아직은 밝은 빛을 볼 수는 없어도 몇 시간 안정을 취하고 나면 안대를 풀고 안약을 넣어야 했다. 수술은 오후 3시 30분경에 시작해서 1시간 30분 정도 진행되었다. 두어 시간 누워서 안정을 취한 후 안대를 떼어내고 안약을 넣었다. 오른쪽 눈의 안대를 떼어냈다. 흐리게 보이던 물체가 거짓말같이 맑게 보이는 것이 아닌가. 와, 이렇게 좋을 수가 없다.

## 춤추는 바구니 배

　베트남 다낭행 비행기에 올랐다. 우리 부부와 초등학교 2학년이 되는 손자 서준이와 함께하는 여행길이다. 묵은 상념들이 머릿속을 채운다. 50여 년 전에 참전했던 전쟁터 중 한 곳이던 다낭에 손자와 함께 오리라곤 전혀 생각하지 못했다.

　1970년 4월, 내가 베트남 참전 요원으로 부산항에서 미군 수송선(바레트호)을 타고 검푸른 망망대해를 밤낮 7일간 항해하여 첫 번째 기항했던 곳이 다낭항이었다. 당시 다낭 지역에는 우리 청룡부대가 주둔하여 작전을 수행 중이었으므로 같이 타고 온 해병대 장병들을 내려 주기 위해 잠시 기항했던 곳이다. 그때 보았던 다낭항은 전쟁터라고는 전혀 느껴지지 않을 만큼 평온했던 것으로 기억한다.

　자정이 지나서야 호텔에 투숙했다. 다낭항 외곽의 바닷가에 있는 호텔이었다. 방에 들어와 창문을 여니 해안 도로에 켜진 가로등 너머로 잔잔한 파도가 불빛에 어리어 길게 이어지고 있었다. 바닷가 모래사장에도 하얀 파도가 밀려오고 빠져나가며 찰싹거리는 소리가 귓바퀴로 스며들기도 했다. 남국의 정취가 물씬 느껴졌다. 생후 처음 비행기를 타고 남의 나라에 온 손자 서준이는 신기한 듯 호기심 어린 흥분에 들떠서 침대에 올라타기도 하고 몸을 굴려보기도 하면서 잠자리에 들 생각을 하지 않고 해찰을 부리고 있다. 이번 여행은 4박 5일간의 일정으로 진행되는 패키지여행으로 다소 빡빡한 일정이 될 것이므로 서준이부터 빨리 잠을 재워야 했다.

　아침 5시경 눈을 떴다. 이국의 낯선 아침을 보기 위해 조용히 방에서 빠져나왔다. 희미한 어둠이 밀려나고 있었다. 바닷가와 연해 있는 도로를 건너서 해변으로 들어섰다. 어느새 모래사장에는 반소매, 반바지 차림의 젊은이들이 넘실거리는 물가에서 바닷물과 장난질을 하고 있었다. 영화 속에서나 볼 수 있는 평화로운 풍경이었다. 50여 년 전의 전쟁터였다는 것을 전혀 느낄 수 없었다. 해안으로 나 있는 도로 양옆으로는 가로수인 코코넛 나무가 건장하게 열을 지어 서 있고 도로 위로는 오토바이를 탄 젊은이들이 쌩쌩 달리고 있다. '이 나라 사람들은 참 부지런하고 역동적이구나'라는 생각이 들었다. 사회주의 국가임에도 퍽 자유스럽고 평온해 보였다. 이번 여행은 다낭과 주변 도시인 호이안, 후에 지역을 두루 관람하는 일정이다. 주요 관람 포인트는 바나 힐 국립공원, 마블 마운틴, 후에 궁 답사, 호이안 구시가지 관람, 투본강 바구니 배 타기 등으로 이루어져 있다. 다낭은 베트남 전쟁 당시에는 미군 공군기지가 주둔했고 2017년에는 APEC 정상회담이 열렸던, 인구 100만인 베트남에서 4번째 크기의 도시이다. 주변에는 유네스코 문화유산으로 지정될 만큼 역사 유물이 많은 호이안 지역과 통일 왕조인 '응우옌 왕조'의 수도였던 후에 지역에 있는 '후에 왕궁' 등 볼거리가 많이 산재해 있다.

  다낭 지역 여행을 통하여 가장 기억에 남는 것 중 하나는 손자 서준이와 함께 즐겼던 투본강의 '바구니 배(일명 코코넛 배)' 타기 체험이었다. 호이안 지역을 흐르는 투본강 주변의 깜탄 마을에 바구니 배 체험장이 있었다. 강의 입구 양옆으로 맹그로브 숲처럼 코코넛 나무로 빽빽하게 들어찬 선착장에는 광주리 모양의 바구니 배가 수십 척이 모여 있었다. 강 가운데에서는 이미 바구니 배들이 무리를 지어 노를 저어가면서 좌충우돌 묘기를 부리는 광경이 펼쳐졌다. 우리나라 트로트 메아리가 강물 위에 넘쳐흘렀다. 호기심이 작동하기 시작했다. 배를 배정받은 후 사공의 지시에 따라 구명조끼를 입고 배에 올랐다. 뒤뚱뒤뚱. 몸의 균형을 잡기가 어려웠다. 배의 폭은 좁고 몸체는 카누처럼 가늘고 길었다. 배 중간에 가로질러 걸쳐놓은 널빤지 한 조각이 좌석이었다. 서준이를 가운데 앉히고 우리 부부가 양옆으로 앉았다. 배가 곧 뒤집힐 것 같아 마음이 놓이지 않았다. 사공이 노를 저어나가자 뒤뚱거림이 순해지면서 안정감을 찾을 수 있었다. 서준이가 무서워하지 않을까 걱정되었으나 인상을 보니 태연하다. 신기한 듯 호기심 넘치는 시선으로 사공의 노 젓는 모습을 바라보았다.

사공이 노를 저어 서서히 코코넛 밀림 사이를 빠져나와 넓은 강으로 나아갔다. 강 위에는 우리 배를 비롯해 들고나는 수십 척의 배들로 가득했다. 바구니 배들이 춤을 추고 있었다. 배마다 서너 명씩의 관광객이 타고 있는데 우리나라 사람들이다. 국내 여행지라고 착각할 정도였다. 사공이 노를 가지고 장난을 치기 시작했다. 배들끼리 부딪칠 것 같은데도 아슬아슬 잘들 비껴갔다. 날렵한 조정 기술로 배가 좌우로 갸우뚱거리게 하기도 하고 빙글빙글 돌려대는 등 묘기를 부려 잔뜩 긴장시키면서 흥분과 재미를 유발하는 작전이었다. 서준이는 이런 상황을 재미있게 즐기는 것 같았다.

어느새 입이 함박만 해졌다. 조금 더 앞으로 나아가니 강폭이 넓어졌다. 한국에서 유행하는 트로트가 잇달아 흘러나와 우리나라 관광객의 떼창을 유도하여 이 배 저 배마다 대합창이 연출되고 있었다. 우리 부부도 덩달아 목청을 높여 동조했다. 참 가관이다. 배의 선장 중에는 선동하는 임무를 띤 정해진 사공이 있는지 스피커를 허리에 찬 어떤 배의 선장이 일어서서 마이크를 입에 대고 노래를 선창하면 주변의 배들이 모여들어 한 무리를 만들고 여러 배의 관광객들이 합창했다. 일종의 선상 가요제 분위기였다. 선장들이 돌아가며 싸이의 〈강남스타일〉, 박상철의 〈무조건〉 등 이름있는 트로트 가수들의 히트곡들을 연속해서 선창하면서 분위기를 고조시켰다. 가만히 주변을 살펴보니 배마다 관광객들이 노래를 선창하고 흥을 돋워 주는 노래꾼 선장에게는 미화 1불을 건네는 것이었다. 팁을 받은 선장은 더욱 기세를 올려 분위기를 끌어올렸다. 주변에는 떼창을 불러대는 배 무리가 서너 팀이 더 있었다. 그러니 강 전체가 들썩일 수밖에 없었다. 흥분의 도가니가 끝없이 이어지고 있었다. 근심, 걱정, 시름이 한순간에 강물 속으로 빨려 드는 것 같은 마술에 빠져들었다. 한국 사람은 어디를 가나 흥을 즐길 줄 아는 유전자를 가진 민족임을 다시 한번 느낄 수 있었다. 투본강의 바구니 배 투어는 다낭 여행의 백미로 꼽을 만했다. 서준이도 덩달아 흥분한 기색이 역력했다. 어른들이 한바탕 쏟아내는 떼창에 서준이는 어안이 벙벙했을 것이다. 어린 서준이는 무슨 생각을 했을까.

요란했던 바구니 배 투어의 흥분을 가라앉히고 다음 관광지로 가기 위해 버스에 올랐다. 흥이 가라앉자 내 가슴속에 자리 잡고 있던 참전 당시의 기억이 떠올라 가슴 한쪽이 송곳에 찔린 듯 아릿했다. 잠시 카이로스kairos적 회상에 젖어 들었다. 이곳 다낭과 호이안 지역은 1964년부터 1967년 사이 가장 치열했던 전쟁터로 수많은 군, 민 사상자가 발생했던, 피에 젖은 땅이다. 아마도 이곳 투본강에도 처참하게 죽어간 수많은 원혼이 떠돌고 있을 텐데, 바구니 뱃사공들은 참혹했던 역사를 알고나 있을까. 젊은 사공 중 누군가의 아버지 또는 할아버지의 시체가 이 강 밑바닥에 가라앉아 고기의 먹이가 되었거나 코코넛의 영양분이 되었을 것인데, 그들은 피에 젖은 땅의 기억을, 그때의 참상을 알고나 있는 건지.

넓은 투본강물 위에서 하늘이 무너져 내릴 듯이 불러대던 관광객의 합창이 진혼곡처럼 되살아나는 것은 나만의 심사일까? "역사는 죽지 않고 묻힐 뿐"이라는 윌리암 포크너의 말을 떠올리며 다음 행선지를 향해 달리는 버스에 몸을 맡겼다.

## 닌호아의 달

　춘천역을 떠나 부산항 3부두에 왔다. 40여 일간의 베트남 전 대비 훈련을 받고 4월 10일, 많은 학생과 가족의 환송(?)을 받으며 미군 수송선 바레트호에 탔다. 오륙도를 옆으로 밀어내며 월남행 수송선은 태평양으로 향했다. 태극기를 두 손에 들고 흔들면서 살아서 돌아오라고 불러대던 군가의 함성이 귓가에 여운처럼 맴돌았다. 전쟁터로 가는 길은 무덤덤할 뿐이었다.

　일주일간의 밤낮을 검푸른 남태평양 바다 위를 달려 열사의 나라 베트남의 해안 도시 '나트랑'에 내렸다. 남국의 햇볕이 따갑게 내리쬐는 모래사장이 넓게 펼쳐져 있고 맑고 푸른 바다가 잔파도를 일으키며 품어내는 하얀 거품은 햇살을 받아 한없이 아름다웠다. 치열하게 전쟁하는 땅이라고는 전혀 느껴지지 않았다. 하지만 나는 전쟁터에 투입되기 위한 군인으로 왔다는 것을 인솔 장교의 호령 소리에 언뜻 알게 되었다. 잔뜩 긴장된 나는 가을 산길의 다람쥐처럼 눈을 크게 뜬 채 인솔 장교가 안내하는 대로 대열에서 떨어지지 않으려고 곁눈질할 새도 없이 정신을 바짝 차리고 대열을 따라 내렸다. 앞서 파월되어 임무를 마친 장병들과 교대하는 병력이었다. 미군의 대형 수송선이 입을 벌리자 1,500여 명의 장병들은 일사불란하게 하선하여 대기 중인 트럭에 올라탔다. 수십 대의 차량 행렬이 미지의 전쟁터를 향하여 출발했다. 우리가 타고 가는 트럭 위에는 어디에서 날아왔는지 두 대의 헬리콥터가 길 양쪽으로 한 대씩 붙어서 우리를 공중에서 엄호해 주었다.

　나트랑(나짱)에서부터 1시간여(50km)를 이동하여 닌호아에 주둔하고 있는 백마부대 사령부에 도착했다. 백마부대는 1966년 파월하여 '닌호아'라는 작은 도시에 기지를 구축하고 주둔하고 있었다. 나는 공병대대로 인솔되어 갔다. 파월 기간 동안 임무를 수행해야 할 부대이다. 지휘관에게 전입신고를 하고 보직 임명을 받았다. 내가 받은 보직은 공병 제1중대 부중대장(중위)이다. 우리 중대는 미국 민간 용역회사가 운영하는 물

생산 공장을 경비하면서 부차적으로 현지 원주민들의 집이나 학교, 유치원 등을 건설해 주는 대민 지원 임무도 수행했다. 이곳은 사단 지역 내 모든 부대에 물을 생산해서 공급해 주는 미군의 민간인 용역 시설이었다. 배정받은 반지하 벙커의 숙소에 짐을 풀었다. 전장에서 맞이하는 첫날 밤은 두려움과 긴장감으로 깊은 잠을 잘 수가 없었다. 우리 중대 기지는 급수 시설이었으므로 베트콩으로부터 기습을 당하기 좋은 목표물이었으므로 더욱 그랬다. 우리 중대 외곽에는 3중 윤형 철조망이 처져 있고, 고가의 경계 초소가 세 곳이나 있었지만, 베트콩의 야간 기습은 언제든지 받을 수 있었다.

 내 숙소는 반지하 벙커형 막사였다. 반지하로 땅을 파고 두꺼운 침목으로 사방에 기둥을 세우고, 지붕엔 모래주머니를 쌓아 포탄이 뚫지 못하도록 구축된 막사였다. 출입문은 몸만 겨우 드나들 수 있는 정도로 좁고 낮으며 창문도 반쯤은 지하에 묻혀 있어 통풍이나 채광의 기능보다는 총안구의 기능이 더 많은 구조였다. 첫날 밤부터 인근 부대와 마을 쪽에서 소총 소리가 간헐적으로 들려오기도 하고 조명탄을 쏘아 올려 밤하늘이 훤하게 비추기도 했다. 공포감이 스멀스멀 몸속으로 파고들었다. 깊이 잠들지 못하고 여러 가지 상념으로 거의 뜬눈으로 아침을 맞았다. 먼저 와 있던 고참 장교들이나 병사들의 이야기를 듣고, 하루하루 상황 파악을 하게 되면서 환경에 익숙해졌다.

베트남에서의 전쟁은 일반적인 전술과 원칙으로 치러지는 전쟁이 아니었다. 낮에는 평온하다가도 밤이 되면 이곳저곳에서 포성이 울리고 총소리와 크레모아 터지는 공포스러운 분위기로 변했다. 전쟁터가 따로 없는 전장이었다. 언제 어디서 베트콩이 기습해 올지 모르는 상황이었다. 우리 부대를 관통하여 조그만 강이 흐르고 있었다. 급수장을 왜 이곳에 정했는지를 알 만했다. 우기에 비가 많이 내릴 때는 하천이 범람하여 하천 주변에 있는 막사까지 넘쳐서 피난한 적도 있었다. 그렇게 4개월 정도를 보내는 동안 현지 상황에 익숙해질 무렵 공병대대 본부 보급 지원 장교로 보직이 바뀌었다.

공병대대는 백마 사단 사령부 기지 내에 있었다. 사단 사령부의 외곽 경계 임무는 보병 전투부대에서 맡고 있었으므로 비교적 안전한 지역이었다. 그렇다고 안전이 보장되지는 않았다. 베트콩이 쏘는 포탄이 언제 어디에 떨어질지 모르고, 언제 야간 기습을 해올지도 모른다. 내가 대대로 전입하고 나서 한 달 정도 지났을 무렵 자정쯤 "꽝꽝" 하는 땅을 파고드는 듯한 굉음이 진동했다. 적군의 포탄 공격이 시작된 것이다. 월남전에 파견된 후 처음 당하는 상황이었다. 숙소에 30여 분간 엎드려 있다가 밖으로 나와 보니 연병장 가운데가 물구덩이처럼 깊이 파여 있었다. 다행히 연병장이었으므로 인명 피해는 없었다. 아찔한 순간이었다. 우리 공병대대 기지의 좌전방에는 1,000고지 정도 되는 호네오산이 있었다. 우리 부대가 아래로 내려다보일 정도의 고지에 베트콩 진지가 있었다. 베트콩은 가끔 포를 쏘아대며 우리 부대를 교란했다. 위험은 항상 머리 위에 얹고 지냈다.

 베트남 전쟁의 시발은 베트남을 식민지로 통치하던 프랑스로부터 독립하기 위하여 1946년 결성된 '베트남 독립동맹'과 프랑스군과의 전투(1946~1954)에서 비롯되었다. 1954년 프랑스군이 참패함에 따라 독립된 베트남이 다시 남베트남과 북베트남과의 내전(1955년) 성격으로 발전했다. 우리의 남과 북처럼 사회주의 진영과 자본주의 진영이 대립하면서 남베트남과 북베트남 간의 전쟁이 수년간 이어오다가 미국이 개입하기 시작하면서 우리나라도 참전하게 되었다. 우리나라는 월남전 참전 8년간 32만 명이 파병되어 전사자 5천 명, 2만여 명의 부상자를 낸 처참한 전쟁을 치렀다. 이런 아픈 역사 속에서도 미국으로부터 파병의 대가로 받은 장병들의 전투 수당과 현대화 장비를 받았고 경제 차관을 받아 경부고속도로 건설 등 경제 개발에 활용하여 우리나라의 경제력을 키울 수 있는 계기가 되었다.

　오늘날 베트남은 사회주의 국가로 통일되어 경제 발전을 이루면서 우리나라와 경제, 문화, 체육 등 다방면의 교류를 하고 있다. 참 다행한 일이 아닐 수 없다. 우리 군이 파병되어 수많은 인명을 살상했음에도 마음속에 꾹 눌러 둔 채 용서하고 이해해 주는 베트남 국민은 참 멋진 국민이라는 생각이 들었다. 파릇파릇하던 청춘의 시간을 40도를 오르내리던 열사의 베트남에서 자유와 평화를 지키기 위해 순수한 열정을 바친 것에 긍지를 갖고 살아왔음에 자부심을 느낀다. 전쟁터인 70년대의 베트남 닌호아의 밤하늘에도 밝고 환한 둥근 달이 떠오르고 있었다.

# 다낭 여행

2020년 첫 여행지인 다낭에 도착했다. 저녁 9시경 인천공항에서 출발해서 다낭에 내린 시간은 0시 25분경이므로 5시간 날아온 셈이다. 초등학교 2학년에 올라가는 손주와 안사람이 같이했다. 손주와 함께하는 추억의 여행지로 다낭을 택했던 것이다.

다낭은 나에게는 그렇게 낯설지 않은 이름이다. 땅은 밟아보지 않았지만, 기억속에 저장되어 있던 이름이다. 50년 전, 베트남 전쟁이 한창이던 1970년 푸른 시절에 월남전 참전 요원으로 미해군 수송선인 바레트호를 타고 남중국해를 일주일간 항해하여 첫 번째 기착한 곳이 다낭이었다. 청룡부대 주둔지였으므로 해병대 장병들을 내려 주기 위해 잠깐 들렸던 곳이다. 나는 다시 북상하여 나트랑항에 내려서 삼엄한 엄호를 받으며 백마부대 사령부를 향하여 길을 달렸던 기억이 남아 있다. 그때는 베트남이라는 나라가 동남아시아의 열대의 나라라는 것만 알았지 구체적으로 무슨 나라인지도 몰랐다. 공산 진영인 북베트남과 자유 진영인 남베트남이 싸우고 있었으므로 우리는 미국의 요청을 받아 북베트남 공산군을 몰아내는 임무를 수행하기 위해 참전했다.

자정 무렵이 되어서야 다낭 공항에 내려 지정된 호텔로 이동하였다. 해변에 있는 호텔이었다. 처음 밟아보는 다낭 땅, 생소하기도 하였지만, 밤이 어두워 분위기를 가늠할 수는 없었다. 날씨는 생각했던 것보다는 무덥지 않았다. 호텔방에 들어가 창밖을 내다보니 다낭 해변이 어렴풋이 보인다. 잔잔한 파도가 일어 해변을 적시다가 다시 멀리 도망치듯 멀어져가기를 반복하면서 하얀 포말이 일고 있었다. 잠자리에 들자 여러 상념들이 머릿속을 파고들었다. 해병대 청룡부대가 이곳에 주둔했을 정도로 전투가 심했던 곳으로 기억한다. 마치 우리나라에서의 4·3사건이나 여순사건 당시의 지리산 빨치산들을 토벌하던 군경이 했던 그 이상의 살벌한 학살이 자행되었던 곳 중의 한 곳이다. 아마도 이곳 다낭 지역에도 수많은 베트콩이나 민간인이 피해를 입었을 것으로 짐작된다. 당시는 엄혹한 전장이었는데 이렇게 조용하고 안온할 수가 있다니. 그 많은 피해자의 원혼이 어딘가에 떠돌고 있으려니 생각하니 마음이 편치 않았다. 베트남전은 전형적인 게릴라전으로 피아를 구분할 수 없는 애매모호한 전투 양상으로 진행되었다. 그래서 불가피하게 피해를 입은 민간인이 많았으리라 짐작된다. 지금은 너무나 평화롭다. 50년 전 피해를 입은 혼백들에게 마음으로나마 위령의 묵념을 올리고 잠을 청했다.

이튿날 아침 새벽 5시경 눈을 떴다. 안사람과 손주는 아직은 한밤중이다. 조용히 일어나 까치발로 종종거리며 옷을 챙겨 입고 밖으로 나왔다. 호텔 앞으로 해변 도로가 길게 나 있고 남국 특유의 코코넛 나무들이 줄지어 서 있다. 도로에는 오토바이들이 부지런히 지나가면서 내는 엔진소리가 새벽의 고요를 깨우고, 해변 산책로에는 현지 주민들이 반소매 반바지 차림으로 워킹하고 있다. 활기차고 평화로운 모습이다. 아직은 해가 뜨지도 않아 어두침침한데도 바닷가 모래사장에 가벼운 옷차림과 맨발로 바닷물이 넘실거리는 모래바닥을 걷는 사람들이 눈에 많이 띈다. 의외의 풍경이다. 50년 전 전쟁을 했던 흔적은 전혀 없이 너무나 자유롭고 평화스러운 모습에 감회가 새로웠다. 공산화를 막아주겠다는 명분으로 수많은 병사가 전투에 투입되어 밤낮없이 총부리를 겨누며 베트콩 색출과 살상을 자행하던 그때의 땅이 아니던가. 상처와 아픔은 시간 속에 묻힌 지 오래인 듯 아팠던 흔적을 전혀 느낄 수 없다. 호텔 옆 공지에는 어디서들 왔는지 5, 60명쯤 되는 무리의 사람들이 열을 지어 스피커에서 흘러나오는 음악에 따라 체조를 하고 있다. 마치 우리나라 70년대에 유행했던 국민 도수체조가 떠올랐다. 우리나라도 새마을 운동의 일환으로 직장이나 동네에서 사람들이 라디오에서 흘러나오는 곡에 맞추어 집단 체조를 했던 적이 있었다. 아침 시간이 5시경이었으므로 무척 이른 시간이었는데도 많이들 모여서 1시간여 동안 집단 체조를 하는 것을 보고, 지금 이 나라의 활력이 넘쳐나는 것을 알 수 있었다. 이 사람들은 아마도 전쟁이 끝난 후에 태어난 사람들이리라. 그래서 우리의 신세대들이 6.25의 참상을 알지 못하는 것처럼 그들도 그의 아버지, 할아버지가 겪었던 아픈 참상은 기억하지도 못하고 지내고 있는지도 모르겠다. 참 다행이라는 생각이 들었다. 지금까지 가졌던 미안한 생각이 줄어들었다.

  아침 7시경 호텔 식당에 가서 해변이 내려다보이는 창가에 자리를 잡았다. 창가에 앉아 코코넛 나무가 서 있는 너머로 하얀 잔파도가 일렁이는 바다를 바라다보면서 아침을 먹으니 가슴이 트이고 여유롭고 평화스러움이 꽉 찬 듯했다. 남국의 정서를 한껏 느끼면서 허기진 배를 채웠다.

다낭 관광 일정을 보면 오가는 데 2일이고 실제 현지를 관광하는 날은 3일이었다. 첫날은 전통 마사지 체험을 시작으로 다낭 시내의 주요 명소를 보고 다낭 주변의 호이안 구시가지와 후에 왕궁과 바나힐 국립공원 등을 관람하고 투본강 투어 및 야간 시티 투어가 계획되어 있었다.

이번 여행은 손주에게 넓은 세상을 보여주어 견문을 넓히고 또한 할아버지와 할머니와의 귀한 추억을 만들어 주고 싶어 계획했다. 손자가 어린 나이이므로 공포감이나 거부 반응이 없을까 염려했지만, 호기심이 많아서 그런지 전혀 피곤해하지도 않고 매사에 호기심을 보이며 잘 적응해 주고 있어서 다행이었다. 특히 처음 타 보는 비행기에 대한 신비감, 열대지방의 과일 종류 등에 대한 관심이 많아 빨리 먹어 보고 싶어 했다. 특히 망고나 두리안에 대해 관심이 많았다. 미리부터 언제 먹을 수 있냐고 보채는 등 호기심에 들떠 있었다. 세월의 무상함과 세대차가 느껴지는 조손 동행 여행이 될 것 같았다. 나는 50년 전 전투를 위해 일주일 동안 배를 타고 험한 바다를 건너 이곳 베트남에 왔었지만 손자는 편하게 비행기를 타고 구경하기 위해서 그것도 9살 나이에 할아버지와 할머니와 함께 이 땅을 밟았으니 얼마나 행복한 일인가. 이 아이의 눈에는 어떻게 비칠지 모르지만 앞으로 커서 역사를 배우는 기회가 생기면 좋은 추억거리가 되었으면 좋겠다.

다낭은 하노이로부터 호찌민까지 이르는 길게 뻗은 베트남의 국토 중간쯤에 위치해 있는 베트남에서 4번째 큰 도시이다. 인구는 100여만 명이고 도시 한 가운데로 '한강'이 흐르고 있다. 전쟁이 끝나고 나서 현대화 사업으로 가장 큰 항구 도시로 발전했으며, 2017년에는 APEC 정상회담이 열렸던 적이 있다. 다낭 주변에는 유네스코 문화유산으로 지정될 만큼 오랜 역사를 간직한 호이안 구시가지가 있으며 베트남의 마지막 왕조가 있던 후에가 있다. 다낭은 관광 자원이 풍부한 도시다.

옛날 내가 베트남에 첫발을 디뎠던 나트랑은 한참 아래에 있다. 그때만 해도 베트남에 대한 지식이 전혀 없는 상태로 오직 싸우기 위해서 왔었으므로 베트콩이 출몰하는 밀림 지역이나 전투 상황에만 신경을 쓰는 등 살아남기에 바빴다. 그런 연유로 베트남의 역사에 대해서는 잘 알지 못하고 1년의 임기를 마치고 귀국하였을 뿐이었다. 이번 다낭 여행을 계기로 베트남의 역사와 전쟁이 벌어진 경위를 대략 파악하게 되었다. 베트남은 우리와 같은 아프고 슬픈 역사를 고스란히 간직한 나라이다. 베트남은 약 천 년간 중국의 속국으로 지배를 받았고 1859년부터 1884년까지 프랑스의 식민지로 살다가 1945년 3월에는 일본에 침탈을 당했으나 다행히 히로시마 원자폭탄 투하로 일본이 철수하게 되었다.

베트남 전쟁(1965-1973)에는 우리나라 장병 연 32만 명이 파병되어 5,000명이 전사했다. 적국이었던 베트남이 근래에는 교류가 활발해져 한국 기업의 진출, 케이팝, 박항서 신드롬 등으로 깊은 관련을 맺고 활발한 관광지로 각광을 받고 있다. 국제 관계에서는 영원한 친구도 없고 영원한 적도 없다는 말이 실감이 난다.

## 스페인 여행의 추억

 오랫동안 별렀던 스페인 여행을 다녀왔다. 스페인 하면 떠오르는 단어들이 있다. 콜럼버스, 돈키호테, 가우디와 사그라다 파밀리아 성당, 피카소, 카미노 데 산디아고 순례길, 플라멩코, 알람브라 궁전 등이 그것이다. 고대와 중세의 모습을 간직하고 있는 유적과 문화를 보고 마음껏 느끼고 싶었다.
 스페인의 면적은 우리나라보다 2.3배다. 유럽에서 세 번째 큰 나라이다. 인종은 이베리아족, 켈트족, 라틴족, 게르만족, 무어족 등 다양한 종족이 섞인 혼혈 국가이기도 하다. 흔히 스페인을 일컬어 모히토 칵테일을 닮은 나라라고 한다. '모히토Mojito'란 골드 럼, 설탕, 민트 잎을 넣어 만든 칵테일인데 그만큼 스페인이 여러 종족과 왕국을 거쳐 오늘에 이르는 동안 다양한 역사와 문화가 혼합된 복잡다단한 나라 중 하나라는 의미이기도 하다. 지리적으로나 기후 등 살기 좋은 환경을 지녔기 때문에 오랜 세기 동안 여러 종족과 왕국이 번갈아 가며 침탈과 지배를 일삼았다.

이베리아반도 국가인 스페인의 원주민은 이베리아족이었다. 프랑스와 국경을 이루고 있는 피레네산맥을 넘어 온 켈트족이 합류하여 정착했으나 BC 1세기경 로마인이 침공하여 500여 년간 지배하였다. 이후 8세기경 이슬람군이 다시 침략해 와서 이슬람 왕국을 건설하고, 711년부터 1492년까지 800여 년을 지배했다. 11세기에 이르러 기독교 양대 왕국인 카스티야와 아라곤 왕국이 힘을 합하여 이슬람 나스르왕조를 몰아내고 스페인을 통일했다. 이때 이슬람 왕국의 마지막 왕조인 나스르 왕국의 '보아브딜 왕'은 그들이 짓고 살아온 아름다운 알람브라 궁전을 원상 그대로 이사벨라 여왕에게 내어 주고 모로코로 떠난 애절한 사연을 품고 있다.

스페인 여행에서 인상 깊은 곳이 그라나다이다. 이슬람교도의 마지막 거점 도시로 알람브라 궁전을 비롯한 이슬람의 흔적이 많이 남아 있는 곳이다. 중세의 풍경을 고스란히 간직하고 있을 뿐 아니라 가톨릭 문화와 이슬람 문화가 섞여서 공존하고 있어 신비로움을 자아내는 곳이다. 십여 일간의 여행 중 많은 역사 유적을 보았지만, 집에 돌아와서도 뇌리에 앙금처럼 고여 있는 기억은 이슬람 마지막 유적인 '알람브라 궁전'과 그에 얽힌 애잔한 사연이다. 지극히 아름다운 것에는 항상 알 수 없는 슬픔이 배어 있다는 말이 떠오른 곳이 바로 알람브라 궁전이다.

 스페인 여행 4일째 되는 날 아침 서둘러 '알람브라 궁전'으로 향했다. 여러 나라에서 몰려드는 관광객이 많아서 입장권을 예약했지만, 정해진 시간을 맞추려면 미리 가서 줄을 서야 했다. 한국의 가을 날씨와 흡사한 기온으로 하늘은 맑고 간간이 구름도 흘러가고 있었다. 커다란 기대와 설렘으로 궁전 입구에 들어섰다. 벌써 많은 인파가 길게 늘어서서 체크인 중이었다. 알람브라 궁전은 붉은 벽돌을 주재료로 지어졌으며 아랍어로 '붉은 성'이라는 뜻이다. 13세기 중엽 무함마드 1세가 짓기 시작하여 1세기 동안 역대 왕들이 증개축을 이어와 무하마드 5세에 완성한 최고의 걸작이다. 석류의 문을 통해 들어가면 궁전 내부는 헤네랄리페 정원, 카를로스 5세 궁전, 나스르 궁전, 알카사바 요새 등으로 구성되어 있다. '건축가의 정원'이라는 뜻으로 14세기에 지어졌다는 '히네랄리페'에 먼저 들어갔다. 왕가의 여름 별궁으로 시에라네바다 산맥에서 물을 끌어들여 수로를 조성했다는 물의 정원이다. 길게 조성된 수로 주변으로 아기자기하게 꾸민 정원과 정원수가 아름답게 조화를 이루고 시원함과 청량감을 준다. 바닥의 돌조각 하나하나가 천 년을 훌쩍 넘긴 나이를 가진 조형물인데 그 위를 걷게 되다니 황홀감이 느껴졌다. 이슬람 왕조들이 누렸을 화려한 일상과 그 속에 감춰진 갈등과 질시와 증오가 숨겨져 있을 내밀한 공간을 엿보고, 시간 속에 묻혀 버린 그들의 삶을 밟아 보면서 연민의 정이 느껴지기도 했다.

이어서 '나스르 궁전'으로 들어가 7개의 궁중에서 현재 남아 있는 '메수아르 궁'과 '코마레스 궁', '라이온 궁'을 차례로 둘러보았다. '메수아르 궁'은 왕의 집무실이었던 메수아르 방과 황금의 방이 있는데 화려한 이슬람의 전형적인 기하학적 조각 무늬와 정교함은 신비감이 느껴졌다. '황금의 방'의 벽과 천정을 금으로 치장한 문양은 화려함의 극치였다. 이어지는 '코마레스 궁'은 안뜰과 코마레스 탑이 있는 궁전의 핵심으로 물, 대기, 식물을 모티브로 꾸민 그라나다의 전형적인 정원이었다. 코마레스 탑 안쪽에는 '모카라베스'라고 불리는 아름다운 종유석 장식으로 꾸며진 '대사의 방'이 있다. 이는 왕이 각국의 대사를 접견하는 장소로 쓰였다고 한다. 특히 이슬람 마지막 보아브딜왕이 가톨릭 왕국이던 카스티야와 아라곤의 두

왕에게 나라와 궁전을 통째로 넘겨주는 행사를 치렀다는 신비롭고 아름다운 방이었다. 어느 편에서는 영광을, 어느 편에서는 치욕을 감수해야만 했던 역사적인 장소였다. '라이온 궁'은 왕족들의 사적인 거주 공간이면서 후궁들의 거처이기도 했다. 사자 입에서 물이 품어져 나오도록 설계가 되어 있는 사자 분수는 물시계 구실을 할 수 있도록 1시에는 한 마리, 2시에는 두 마리의 입에서 물이 나오도록 설계되었다. 알람브라 궁전은 하나같이 정교한 문양과 조각들로 조성되었으며 꿈이나 동화 속 같은 분위기의 환상적인 장식들로 가득했다.

동서고금의 역사는 힘있는 자와 힘 없는 자의 뺏음과 빼앗김의 연속이었다. 그라나다 이슬람 왕국의 쇠망과 우리 역사 속의 신라가 고려에 항복하고 사직을 내준 사례와 닮았다. 역사의 비정함을 새삼 느끼게 되었다.

그라나다의 이슬람 왕조인 나스르왕조 또한 중동에서 아프리카를 거쳐 이베리아반도로 진주한 무하마드 1세가 711년에 왕조를 열고 800여 년의 긴 시간을 지배하였으나 기독교 왕국의 공격으로 오랜 역사를 뒤로 한 채 1492년 그라나다의 마지막 왕인 보아브딜(무하마드 11세)은 그라나다 왕국(통일 스페인)과 알람브라 궁전을 하나도 훼손하지 않은 현 상태 그대로 카스티야 왕국의 이사벨라 여왕과 아라곤 왕국의 페르난도 3

세 왕에게 바치고 눈물을 흘리며 모로코로 망명하였다. 보아브딜왕은 모로코로 가는 도중에 멀리 알람브라 궁전이 내려다보이는 '라스 알 푸자라스' 언덕에서 마지막 눈물을 뿌렸다고 전한다. 이것을 '무어인의 탄식'이라고 한다. 얼마나 아끼고 사랑했으면 자기가 통치했던 그라나다와 알람브라 궁전을 그대로 넘겨주었을까. 전해오는 이야기로는 이슬람 무어인들이 알람브라 궁전을 너무 천국처럼 만들자 알라신이 노하여 이들을 이곳에서 쫓아낸 것이라고 한다.

알람브라 궁전과 관련하여 또 하나의 애절한 사연이 드리워진 이야기가 전해진다. 세계적인 클래식 기타 연주가인 프란시스코 타레가(Francisco Tarega, 1852~1909)가 작곡한 〈알람브라 궁전의 추억〉이라는 트레몰로 주법의 신비로운 멜로디이다. 찬연한 800여 년의 역사를 하루아침에 이민족에게 고스란히 바치고 지브롤터 해협을 건너 쫓겨가는 마지막 왕의 처연한 모습을 기타의 트레몰로 주법으로 연주하여 애잔하고 낭만적인 분위기를 잘 표현한 연주곡이다.

관람을 마치고 차에 올라 가이드가 틀어주는 〈알람브라 궁전의 추억〉이라는 기타 연주곡을 들었다. 헤아릴 수 없는 연민과 애잔함이 울컥 치밀어 올라와 눈시울을 자극하였다. 또한 이 연주곡은 타레가의 개인적인 사건과도 밀접한 관계를 맺고 있다고도 하여 더욱더 안타까움을 자아내기도 했다. 스페인 출신의 연주가이자 작곡가인 타레가는 1896년 그의 수제자이던 유부녀 콘차 부인을 짝사랑하고 있었는데, 그녀는 타레가의 사랑을 거부했고, 실연에 빠진 타레가는 그라나다 여행 중 알람브라 궁전을 방문하게 된다. 그는 달빛 드리워진 이 궁전의 아름다움과 궁전에 얽힌 사연을 자신의 실연과 관련지어 작곡했다는 이야기가 있다. 아무튼 그의 연주곡은 영화 〈킬링필드〉의 주제가로 사용되어 더욱더 많은 사람의 심금을 울리기도 했다. 옛사랑을 못 잊어 하는 심정을 멜로디에 담아 작곡하고 연주한 타레가의 이루지 못한 아픈 사랑의 한 장면과, 비운의 왕조의 슬픈 사연을 떠오르게 하는 애달픈 멜로디이기도 하다.

땅거미가 내려앉을 즈음 알람브라 궁전의 붉은 성벽은 무어인의 심장처럼 붉게 타들어 가는 듯했다. 집에 돌아와 타레가의 연주곡이 담긴 CD를 구입하여 비가 오는 날이거나 눈 내리는 날, 고요하게 익어가는 적막의 밤에 〈알람브라 궁전의 추억〉을 들으면서 추억의 시간을 떠올리기도 한다.

# 할·손 여행기

## 성묘

참 오랜만에 약속을 지켰다. 손자가 초등학교에 들어가면 여행을 함께 하기로 약속한 지가 어언 3년을 훌쩍 넘어버렸다. 코로나19가 세상을 덮치면서 옴짝달싹할 수 없이 코를 틀어막고 지나온 시간이 손자와의 약속을 붙잡았다.

2023년 2월 20일, 봄방학이 시작하는 날 손자 서준이의 손을 잡고 집을 나섰다. 고향 선영에 들러 참배하고 목포를 돌아보고 오는 일정을 잡았다. 남부 터미널에서 구례행 버스표를 사고, 목포행은 광주 송정리역에서 KTX로 이동하기로 하고 열차표를 예약했다. 정보통신 기술이 발달하고 일상화된 요즘에는 여행 정보 검색이나 버스, 열차 승차권 예매를 모바일로 할 수 있어서 참 좋다. 나는 몇 년 전부터 일상에 필요한 모든 앱을 설치해서 집에 앉아서 필요한 업무를 스스로 해결해 오고 있다. 할·손 여행을 스스로 계획하고 직접 데리고 다닐 수 있어서 다행일 뿐 아니라 기쁨과 자부심도 느낀다.

남부 터미널에서 9시에 출발하는 서울-하동(구례 경유)행 버스를 탔다. 좌석은 1번과 2번, 운전기사 바로 뒤편으로 잡았다. 손자에게 차창 밖으로 스쳐 지나가는 풍경을 잘 볼 수 있도록 하는 배려였다. 버스가 출발하고 나서 "서준아, 지금부터 할아버지가 태어나 자란 할아버지의 고향으로 가는 길이니 가는 동안 창밖의 풍경을 눈에 많이 담아 두어라. 이런 것이 지리 공부인 거야. 중학교 가면 배우게 될 테니 미리 알아 두면 좋겠지" 하고 주문을 해 두었다. "네" 하고 넙죽 대답은 잘했지만 얼마나 알아듣고 실천할지는 모르겠다. 대답이라도 얌전히 해주니 고마웠다. 버스가 출발하여 고속도로에 진입하자 서준이는 창밖을 응시하면서 생각에 잠기는 듯했다. 잠시 후 "할아버지 핸드폰 좀 주면 안 돼요" 하고 내 핸드폰을 달라고 했다. 이유를 물었더니 유튜브 축구 채널을 보겠단다. 동시에 내가 귀에 걸고 있던 음악 감상용 헤드폰까지 빼앗겼다. 요즘은 축구광이 되었단다.

 12시 30분쯤 구례 터미널에 도착했다. 청허재淸虛齋로 가서 배낭을 내려놓고, 몇 번 다녀본 적이 있는 한식 뷔페식당으로 갔다. 서준이에게 시골의 전통 한식을 먹여 보려는 생각이었다. 청허재는 내가 고향에 오면 머무는 컨테이너 6평짜리 농막이다. 뷔페식당은 도시에나 있음 직한 서양 스타일의 음식점이다. 80이 넘은 할머니와 할아버지가 직접 운영하는 밥집인데 주로 일꾼들이 이용하는 토속 음식점이다. 식단에 진열된 음식 종류는 하얀 밥, 찰밥을 비롯해 각종 나물, 국 등 20여 가지가 넘는 다양한 반찬들이다. 일단 보기만 해도 배가 부를 것 같은 느낌이다. 누룽지 숭늉과 시원한 식혜까지도 서비스하는 인심 좋은 시골밥상이다. 서준이는 처음 맛보는 반찬이지만 거부감 없이 이것저것 골라서 잘 먹었다.

 선영에 왔다. 대형 제단 앞에 서서 조상님들께 세배를 올리고 서준이는 학교 들어가기 전 7살쯤 한 번 데리고 온 적이 있으므로 이번이 두 번째이다. 5대조 할아버지의 묘소부터 차례로 참배를 마치고 나서 선영의 유래에 관해 설명을 해주었다. 손자놈은 무슨 말인지 알아듣는지 못 알아듣는지 모르지만, 대답은 곧잘 했다. 나도 옛날 할아버지 손에 끌려 성묘 다닐 적에는 무슨 말인지 왜 절을 해야 하는지도 모르고 끌려다녔지만, 중년이 지나서야 조상이 나의 뿌리임을 인식하게 되었고 선영 관리에 관심을 두게 되었다. 아마도 서준이도 훗날 철이 들고 성인이 되면, 할아버지와 함께 참배했던 기억을 떠올리며 숭조 의식을 이어가리라 기대해 본다.

## 맛보기

이틀째인 2월 21, 구례 터미널에서 아침 7시 50분 광주행 시외버스를 탔다. 광주 송정리역에서 목포로 가는 KTX 열차를 타기 위해서다. 송정리역에서 10시 15분 열차에는 서울에서 출발한 안사람과 11호 열차 안에서 만나도록 약속되어 있었다. 미리 좌석까지 예약해 둔 터이므로 이제부터는 세 사람이 동행하게 된다. 서준이는 외지에서 그것도 열차 안에서 할머니와 만난다는 말에 기대와 반가운 만남에 한껏 들떠 있다. 전혀 생소한 곳에서 가족을 만난다는 일은 신기하고 반갑고 정겨운 풍경이 될 것이다. 서준이가 태어나 처음 경험하는 일이므로 좋은 추억으로 깊이 간직했으면 좋겠다.

송정리에서 출발한 열차는 몇 개의 역을 더 지나서 30여 분 후에 목포역에 도착했다. 11시 조금 넘은 시간이므로 점심 먹기에 딱 좋은 시간이다. 서준이는 소고기뿐만 아니라 생선회

류를 좋아한다. 어린애들은 음식을 가리는 게 일반적인데 서준이는 전혀 가리지 않고 무엇이든 잘 먹는 편이다. 타고난 식객이다. 서준이에게 목포 여행을 가자고 제의했을 때도 목포에 유명한 산낙지를 먹을 수 있다고 말했을 때 잔뜩 호기심을 가지고 부푼 기대감을 감추지 않았다. 서준이의 호기심을 충족시켜 줘야 하는 사명감이 있는 나로서는 제일 먼저 낙지 전문점으로 손자님을 모셔야 했다.

며칠 전부터 인터넷 검색을 통해서 알아 둔 소문난 낙지집으로 곧장 직행했다. 다행히 역 근처였다. 조금 이른 시간인데도 식당 안에는 많은 사람이 삼삼오오 자리를 차지하고 있었다. 유명 맛집이라는 생각이 들었다. 잘 찾아온 것 같았다는 안도감에 긴장감도 한결 풀렸다. 서준이에게 메뉴판을 들이대고 먹고 싶은 것을 고르라고 했다. 맨 먼저 '낙지탕탕이'를 찍고 난 다음 연포탕, 낙지호롱이, 낙지볶음 등 메뉴판에 있는 요리를 순서대로 찍었다. 우리 내외도 사실은 먹어보지 못한 귀한 낙지요리였으므로 서준이가 골라놓은 요리를 다 주문했다. 손자님 입이 빙그레 벌어졌다. 내 주머니 사정은 아랑곳하지 않고 자기 욕심만 채웠다. 그래도 어쩌겠는가. 애초 여행 섭외할 때부터 제시한 조건이었으니 감수할 수밖에.

상에 차려진 메뉴를 이것저것 맛보면서 세 사람이 주거니

받거니 하면서 즐겁고 맛있게 배를 불리었다. 낙지 탕탕이 3인분 접시 중 2인분은 서준이가 거의 다 먹어 치웠다. 낙지 요리를 배불리 먹었으니 일단 손자와 한 약속은 지킨 셈이니 흐뭇했다. 손자 덕에 나도 잘 먹어보지 못하던 낙지호롱이 맛도 보고 낙지볶음도 실컷 먹어보았으니 원님 덕에 나팔 불어본 셈이다. 낚지 호롱이는 어린 시절 고향에서 제사 모실 때나 시제 모시는 제상에 올리던 귀한 음식인데, 손자님과 함께 푸짐하게 먹어보았으니 더없는 기쁨이었다.

### 식후경食後景

식후경의 목적지로는 목포의 명소인 '목포 해상케이블카' 탑승이다. 목포 여행에서 케이블카가 개통하기 전의 볼거리로는 유달산과 삼학도 정도였다. 서울에서 목포까지 KTX가 개통되고 케이블카 건설되면서 목포는 관광지로서의 새로운 면모를 갖추게 되었다. 나도 2004년 목포역까지 KTX 고속열차가 연장 운행을 시작하던 해에 용산역에서 목포까지 처음으로 하루 여행을 했다. 목포 여행은 마음먹고 오지 않으면 쉬이 올 수 있는 여행지가 아니었다. 그 당시 유달산에 오르면 이난영의 〈목포의 눈물〉이라는 노래를 들으며 노적봉을 돌아보고, 삼학도와 목포 시내를 내려다보는 것이 유일한 하루 관광 코스였다. 지금은 2019년에 건설한 '목포 해상케이블카' 가 유달산 정상을 관통하여 고하도에 이르는 3.2킬로미터를 운행했다. 케이블카는 목포 시내와 주변의 섬들을 한눈에 내려다볼 수 있는 명물이 되었다. 케이블카의 지주 타워 높이는 155m에 이르며 왕복 40여 분을 공중에서 바다와 섬들을 한눈에 감상할 수 있었다. 서준이와 함께 아찔하면서도 짜릿한 기분을 공유하는 순간은 흐뭇하고 즐겁기만 했다. 서준이는 전혀 무서움을 타지 않고 즐기고 있는 표정이었다.

고하도에서 내려 전망대까지 산책길을 걸어서 올라갔다. 케이블카 탑승 중 첫 눈길을 끌었던 멋진 외관으로 디자인된 전망대였다. 고하도 전망대는 이순신 장군이 명량대첩에서 승리한 후 106일 동안 이곳에서 머무르며 전열을 재정비했던 흔적을 기리기 위해 13척의 판옥선 모양을 격자형으로 쌓아 올려 만든 24m 높이 규모로 조성한 전망대였다. 맨 위층에서 내려다본 바다 풍경은 또 다른 매력이었다. 해안 절벽을 따라 만들어진 해상 데크 산책길은 해안 동굴, 절벽, 해송 등을 감상할 수 있는 멋진 코스였다. 내려가서 직접 걸어보고 싶은 충동을 느꼈지만, 일정상 아쉬움을 뒤로한 채 카페에서 차 한 잔과 함께 눈앞에 펼쳐진 풍경을 여유 있게 감상하고 되돌아

내려왔다. 하산하는 케이블카 유달산 정차장에 잠시 내려 임진왜란과 노적봉에 얽힌 이야기를 서준이에게 들려주었다. 서준이는 아직 역사 공부를 하지 않아 설명을 소화할 수 없겠지만 학년이 올라가면 언젠가는 할아버지와 여행했던 기억을 떠올리며 좋은 추억으로 회상할 때가 있으리라 기대해 본다.

## 걷고 돌아보기

북항 출발지로 귀환해서 예약된 숙소로 향했다. 정해 놓은 잠자리는 평화광장 근처에 있는 3성급 호텔이다. 목포 앞바다가 보이고 갓바위 산책로가 연결되어 있었다. 체크인하고 짐을 내려놓은 다음 평화광장을 연이어 조성된 갓바위 산책길에 나섰다. 갓바위는 오랜 시간 동안 해안 침식작용과 풍화작용으로 형성된 바람구멍으로 마치 삿갓을 쓴 사람의 모습을 닮았다고 하여 붙여진 이름이다. 갓바위는 자연이 만들어 낸 천연 조각 작품으로 천연기념물 500호로 지정되어 있을 만큼 기묘했다. 병든 아버지와 효자에 얽힌 애틋한 전설을 품고 있기도 하다. 갓바위를 조망할 수 있는 데크길이 바다 위에 설치되어 있어서 바다 가운데를 걷는 기분도 느낄 수 있어 좋았다. 서준이도 힘 있고 늠름하게 바다 위를 걷는 느낌이라서 그런지 깡충거리며 즐거워하는 모습을 보니 나도 흐뭇하고 행복감에 빠져들었다.

어느덧 해가 뉘엿뉘엿 일과의 마감을 서두르는 낌새가 보였다. 산책길을 더 걷고 싶었지만 허기도 지고 서준이의 발걸음이 반듯하지 못한 것을 보니 저녁을 먹여야 할 것 같았다. 평화광장을 끼고 바다를 바라다보이는 산책길 옆으로 난 도로변에 생소한 이름의 음식점들이 어느새 조명을 밝히고 손님들을 맞을 준비를 하고 있었다. 저녁 메뉴도 서준이 취향에 맞추어 정하기로 약속했으니 가게 앞에 붙어있는 메뉴를 보고 마음대로 고르도록 했다.

도로변 식당들의 메뉴를 훑으며 오락가락하다가 바지락 낙지 전문 음식점에 눈을 고정하고 식당 안쪽을 살펴보았다. 바지락전골, 바지락 낙지 무침, 바지락 비빔밥, 바지락죽, 낙지탕탕이 비빔밥 등 온전히 바지락을 앞세운 전문 음식점이었다. 서준이의 호기심이 발동했다. 바지락 요리를 먹고 싶다며 식당 문을 앞서 열고 들어갔다. 이번 여행은 서준이를 위한 여행이므로 우리는 안내하고 지갑만 열면 되는 것이고, 손자놈만 즐겁고 행복하다면 우리 부부도 덩달아 행복감을 느꼈으니 더 바랄 것이 없었다. 식탁에 앉자마자 바지락죽, 바지락 낙지 무침, 바지락 비빔밥을 하나씩 주문했다. 손자 덕분에 바지락 요리 맛을 처음 맛보게 되었다. 주문한 요리마다 신선한 바지락에서 바다향이 그대로 느껴졌다. 서준이도 처음 맛보는 바지락 요리를 아무 거부감 없이 맛있게 먹어 주어서 대견하고 고마웠다. 둥글어진 배를 쓸어내리며 바닷가를 걷고 난 후 호텔로 향했다.

## 역사의 흔적 찾기

3일째 22일 아침, 느긋하게 일어나 호텔식으로 간단한 아침 요기를 했다. 충분히 자서 그런지 아침 기분은 다들 산뜻했다. 해는 벌써 떠올라 아침 바다를 붉게 물들이고 있었다.

오늘이 목포 여행 마지막 일정이므로 서준이가 흥미롭게 볼 수 있는 곳을 우선 목적지로 정해야 할 것 같았다. 목포 관광 안내도를 펼쳐서 살펴보았다. 안내 지도에는 주요 관광지를 북항권, 고하도권, 갓바위 권역으로 분류해 놓았다. 우리가 잠잤던 평화광장 주변과 갓바위 해상보행교 인근 지역이 바로 갓바위권 관광지였다. 인근에는 '목포 자연사박물관', '국립해양 유물전시관', '국립 해양문화재연구소' 등 볼거리가 몰려 있었다. 다 보았으면 좋겠지만 서울행 열차를 예약해 놓은 상태여서 시간 사용에 제한이 있었다. 서준이의 눈높이에 맞추어 '자연사 박물관'과 '국립 해양유물전시관'을 보기로 했다. 자연사 박물관에는 각종 광물, 화석, 조개류, 포유류, 곤충류 등이 망라되어 전시되어 있어서 어린이들의 호기심을 자극하기에 좋았다. 특히 서준이가 관심을 많이 가지고 있는 것은 공룡이었는데 공룡의 모형과 뼈, 공룡알의 화석 등은 특별한 볼거리였다. 서준이는 관심 있게 전시물을 관람하는 것을 보니 잘 데리고 왔다는 생각이 들고 보람을 느꼈다.

자연사박물관을 관람하고 난 후 곧바로 '국립 해양유물전시관'으로 향했다. 이곳은 12세기경 중국과 일본 간에 왕래하던 무역선이 신안 바다에서 침몰하여 900여 년간 매몰되어 있던 난파선을 1976년 발굴, 인양하여 복원을 거쳐 원형 그대로 전시하고 있는 곳이다. 난파선에 선적되어 있던 동전과 도자기 등 수백 점이 선복船腹에 꽉 차 있는 모습을 그대로 볼 수 있었다. 천여 년 전의 우리 조상들의 해상무역 활동과 도자기 등의 제조 기술을 한눈에 볼 수 있는 경이로운 시간이었다. 서준이도 신기한 듯 두리번거리며 열심히 보면서 잘 따라다녔다. 서준이는 아직 이해할 수 없는 상황이지만 고학년이 되고 학교 교육을 접하게 되면 할아버지와 함께 전시관에서 보았던 배와 유물들을 떠 올리며 공부할 때가 있을 것이라는 기대를 해보면서 할·손 동행이 헛되지 않기를 바랐다.

'자연사박물관'과 '해양유물전시관'을 쉬엄쉬엄 관람했는데도 어언 점심시간이 되어 간다.

'목포 낭만 콜' 앱을 열어 택시를 불렀다. 택시 기사분에게 목포에서 제일 잘하는 민어횟집을 안내해 달라고 하니 민어횟집 골목으로 차를 몰아 안내해 주었다. 우리 서준이가 민어회를 먹고 싶다고 사전 예약을 받아 두었으니 안 먹여 줄 수 없는 일이었다. Y 횟집으로 들어갔다. 이른 점심시간인데도 식당 안에는 벌써 반 이상 자리를 잡은 식객들이 삼삼오오 얼굴을 맞대고 입맛을 다시며 담소를 나누는 모습들이었다. 한쪽 자리에는 70은 넘었음 직한 노인들 다섯 명이 앉아 술잔을 기울이며 민어회를 즐기고 있었다. 짐작건대 이 지역에 사는 오랜 친구들이 모여서 회포를 풀고 있는 것 같았다.

식당 안의 풍경을 보면서 과연 이곳이 오래된 유명 맛집이라는 걸 실감할 수 있었다. 우리가 주문하고 앉아 있는 새에도 여러 식객이 들어와 자리를 채웠다. 민어회 한 접시와 민어무침, 민어탕을 주문했다. 목포 맛 기행의 종착지였으므로 서준이 입맛을 충분히 맞춰 주고 배부르도록 먹여 주고 싶었다. 민어회는 고급 생선요리로 알고 있었다. 나도 사실은 경제적 사정으로 많이 먹어본 적이 없는 귀한 음식이었다. 손자와 집사람과 함께 귀한 민어회를 먹어보는 것은 감사하고 귀한 시간이었다. 열한 살짜리가 칠십이 넘은 할아버지하고 여행을 와서 먹어보고 싶은 비싼 생선회를 먹다니 이놈은 상팔자로 태어난 놈이다. 서준이의 팔자가 살짝 부럽기도 했다. 한편 내가 자랑스럽기도 했다. 따져 보면 손자가 없었으면 이런 기회를 만들어 보기나 했겠는가. 할·손이 윈윈하는 셈이다. 쫀득쫀득하게 씹히고 매끄럽게 목을 넘어가는 민어 요리를 한껏 맛있고 배부르게 먹었다. 서준이에게 마지막 회 한 점까지 양보하면서 할배·할매·손자 셋이서 오순도순 정답고 즐겁게 점심을 잘 먹었다. 서준이가 잘 먹었다고 깍듯이 인사를 한다. 참 많이 컸다. 얻어먹고 고마움을 표현할 정도로 자랐으니 앞으로 더욱 힘내고 건강하게 자라기를 바라며 식당을 나왔다.

점심을 배불리 먹고 나니 몸 움직이기가 쉽지 않다. 마지막 예정 코스는 목포 근대역사관이다. 수소문한 바에 의하면 여기서 걸어가도 될 만한 거리였으므로 소화도 시킬 겸 걸어서 찾아가기로 했다. 음식점 골목을 빠져나와서 큰길로 접어드는 길목에서 해안 쪽으로 올라가는 오래된 골목길 앞에 '김대중 공부방'이라는 안내판이 보였다. 전혀 생각지 않았는데 우연히 눈앞에 안내판이 우리를 안내하는 것이었다. 좁은 골목길을 올라가니 옛날 이순신 장군 시절에 만들어진 '목포진'이 있었다. 바로 그 옆에 '김대중 공부방'이 있었다. 김대중 전 대통령이 섬에서 나와 이곳에 집을 얻어 학교에 다닌 듯했다. 골목의 제일 꼭대기에 있는 집이었는데 바다가 바로 내려다보이는 곳이었다. 오르내리기에는 힘겨울 것 같았다. 내부를 들여다보니 아래층에서 이층으로 올라 공부방이 있었다. 아마도 대통령이 되신 후에 만들어진 듯 보였다. 방마다 김대중 대통령 관련 자료들이 전시되어 있었다. 바로 인근에 있는 민가는 허물어진 상태로 낡아 못 쓰게 된 블록 함석지붕의 집이 그대로 방치된 것을 보니 50, 60년대의 생활상을 짐작할 수 있었다. 그 어려운 시절에 이곳에서 소년 김대중은 먼 꿈을 꾸지 않았을까.

시간을 재촉하여 '목포 근대역사관'을 찾아 내려왔다. 이곳은 옛날 러시아 대사관으로 지어서 사용하다가 일제 강점기 일본 영사관으로 사용했던 곳으로 당시 사용했던 행정 문서나 관련 기기들을 전시해 놓았다. 우리나라를 수탈하기 위한 기관이었으므로 어쩐지 개운치 않은 생각이 들어서 빨리 빠져나왔다. 서준이에게 간략하게나마 일제의 만행에 대하여 설명을 해주었다. 다시는 남에게 나라를 빼앗기지 않아야 한다고. 그러기 위해서는 역사를 알고 공부를 열심히 해야 자신뿐 아니라 가족과 나라를 지킬 수 있다고 조곤조곤 설명해 주었다. 고개는 끄덕거리지만 알아듣기나 하였는지 모르겠다. 그러나 훗날 역사를 접하는 시간이 있으면 할·손 여행의 기억을 떠올리며 공부하는 시절이 올 것이니 헛설명은 아닐 것이다.

시간 여유가 있어서 근방에 있는 '120년 된 적산가옥 카페'를 찾아갔다. 인터넷 검색하다가 발견했던 곳이다. 멀지 않은 곳에 자리하고 있었다. 건물 자체는 일본식 2층 건물이지만 내부 실내 장식은 현대식 이미지로 리모델링해서 여행객을 대상으로 하는 카페로 이용되고 있었다. 주 고객은 목포 근대 역사 골목을 찾아오는 젊은 관광객들인 듯했다. 젊은 학생들이 드나들고 있었다. 시원한 음료와 차를 한 잔씩 마시고 서울행 열차를 타기 위해 목포역을 향해 걸었다. 걸어오는 도중에 만난 해물 시장의 즐비한 점포에는 홍어와 낙지들만 깔려 있었다. 목포는 역시 홍어와 낙지의 본산지였다.

서준이와 함께한 2박 3일간의 짧은 여행이었지만 서준이로서는 세상에 나와 처음 보는 풍물일 것이다. 서준이에게는 소중한 경험이 될 것이다. 좋은 기억으로 오래오래 간직하고 삶의 영양소가 되어 넓은 식견을 가진 멋진 청년으로 성장했으면 좋겠다. 먼 훗날 할아버지, 할머니와 함께 여행했던 기억을 되새김질하며 좋은 추억으로 간직해 주기를 바란다.

## 가을 숲에 들다

    손주와 함께 알밤 줍기를 체험하러 갔다. 큰 도로에서 언덕 위까지 차로 올라가 보니, 계곡을 끼고 꼬막처럼 붙어있는 서너 채의 집이 보인다. 길 입구에 '무수내舞袖川 마을'이라는 표석이 서 있다. '무수내?' 의문부호가 순간적으로 머릿속에 그려졌다. 어릴 적 할아버지 따라 성묘 다닐 때 지나다녔던 계곡 마을이었다. 까마득히 잊었던 기억의 심연에서 70년 전 기억이 죽순처럼 솟아오르고, 할아버지 얼굴이 무지개처럼 피어올랐다. 계곡 위에 게시던 조상님들 묘소를 선영으로 모시고 난 후에는 올 일이 없었으므로 긴 시간 속에 묵혀 있던 마을 이름이었다. 할아버지를 만나 뵌 것처럼 무척 반갑고 감개무량했다.

 가을 해가 떠올라 백운산 능선을 넘어설 무렵, 손주와 함께 밤나무 숲으로 들어섰다. 숲속에 머물던 공기가 외부인이 접근하자 금방 습한 냄새를 풍기며 코앞에서 바람이 휘도는 것 같다. 막상 숲에 들어오니 고요한 것 같았는데, 고요 속은 무수한 자연의 소리로 가득하다. 개울물 흐르는 소리, 숲을 지나는 청량한 바람 소리, 걸음을 옮길 때마다 질퍽질퍽 흙과 부딪는 발소리가 조화를 이루어 다채로운 실내악이 연주되는 듯하다. 추석을 갓 지난 숲속에서 가을이 깊어져 가는 소리와 빛깔을 듣고 보았다.

 초등학교 5학년인 손주에게 알밤 줍는 체험을 시켜주겠다던 약속을 지키기 위해 추석 연휴 자투리 시간을 이용해 내려왔다. 지인의 밤나무밭이다. 백운산 자락을 길게 타고 내리다가 섬진강 변에서 멈춘 능선 자락에 있는 네 배미쯤 되는 밤나무 숲이다. 옛날에는 다랑논이었다. 논농사가 힘들어 이삼십 년 전에 밤나무를 심었던 터라 논의 본성이 살아있어 질퍽거린다. 밤나무는 사십여 그루쯤 되는 것 같다. 우리는 준비해 온 장화와 장갑과 집게로 무장했다. 서준이 눈을 보니 호기심과 기대감에 가득 차 이미 힘이 들어가 있고, 금방 알밤을 주우러 나설 태세다.

가을 숲에 들다

"서준아, 지금부터 알밤을 줍자. 많이 주어라. 넘어지지 않게 조심하고."

서준이가 기다렸다는 듯이 후닥닥 집게를 들어 알밤을 줍기 시작한다. 눈알이 반짝인다. 마치 다람쥐의 눈빛이다.

"야! 알밤이 많다. 할아버지 누가 많이 줍나 내기할까요?"

그러면서 알밤을 줍는다. 빨리, 많이 줍고자 하는 마음이 전해진다. 금세 손발의 움직임이 분주해졌다. 물질에 대한 욕망은 아이나 어른이나 다르지 않은 것 같다. 더 먼저, 더 많이 가지려는 인간의 물욕에 대한 본성은 숨길 수 없나 보다.

할아버지의 유년 시절 고향은 이곳에서 멀지 않은 곳에 있는 양천리라는 마을인데, 애초 빈한한 집에서 태어났다. 할아버지가 성인이 되었을 때, 물려받은 혹독한 가난을 벗어나고자 맨주먹으로 일본으로 건너가서 살과 뼈를 깎는 노동으로 돈을 벌었다. 해방되자 귀향하여 화엄사 아래 300여 호 되는 냉천리라는 마을에 새로운 보금자리를 마련했다. 바로 내가 자라던 곳이다. 할아버지는 가을이 되면 추수를 마치고 인부들을 데리고 이곳에 와서 하루나 이틀 밤을 노숙하면서 목초를 베어서 모은 후, 자동차를 빌려 집으로 운반하였다. 집 마당에 부린 목초를 차곡차곡 쌓아서 거름 무더기를 만들어 퇴비를 생산하였다. 할아버지는 화학비료를 전혀 쓰지 않고 소,

돼지, 닭 등의 똥오줌이나 목초 거름으로 땅심을 길러 농사를 지었다. 요즘 말하는 유기농법이었다. 월든 호수에서 오두막을 손수 짓고 2년 2개월 동안 농사로 자급자족의 삶을 체험했던 200년 전의 '헨리 데이비드 소로'보다 할아버지가 더 진정한 생태주의, 자연주의자가 아니었을까 생각해 본다. 그 시절에는 생태生態라는 개념이 없었지만, 할아버지는 이미 생태주의 삶을 살았다.

  손자와 함께 밤 줍기 체험을 하고자 하는 것은, 도시에서 태어나 회색 구조물 속에서 자라는 아이들이 정서적으로 피폐해지지 않도록 자연의 아름다움과 고마움을 느껴볼 수 있는 계기를 만들어 주고자 하는 속마음이었다. 도시 아이들은 농촌의 생활상이나 자연의 모습을 전혀 모르고 살아간다. 밤 줍기 체험을 통해서라도 자연의 아름다움과 고마움을 느끼고, 자연과 공존하고 상생하는 삶을 살아주었으면 하는 소박한 바람을 가져 본다. 지금은 어려서 이해하지 못하겠지만, 이번의 체험을 기억하였다가 장차 성인이 되어서라도 자연의 소중함을 느끼고 인간의 삶의 근본을 잊지 말았으면 좋겠다. 우리나라는 농경을 기반으로 살아왔고 장래도 농촌에서 먹거리를 생산해서 자급자족할 수 있는 체계를 유지해야 지속 가능한 국가로 생존할 수 있다.

두어 시간이 훌쩍 지났다. 서준이의 몸놀림도 둔해졌고 다람쥐 눈처럼 두리번거리던 눈초리도 어느새 힘이 빠졌다. 가져온 빈 배낭이 가득 찼다. 그리고 여분으로 가져온 비료 포대까지도 알밤으로 가득 채워졌다.

"할아버지, 이제 힘들어요. 내려가요."

서준이가 지친 모습이다.

"그래, 인제 그만 줍고 내려가자. 서준이 힘들지?"

서준이의 몸태가 흐느적거린다. 꽉 찬 배낭은 서준이가 등에 메고, 포대는 내가 들고 차가 있는 곳으로 내려왔다.

내 할아버지의 발자국이 찍히고 구슬땀을 흘리며 낫질하셨을 계곡에서, 이제는 내가 할아버지가 되어 내 손자와 숲속에 들어 알밤 줍기 체험을 잘 마쳤다.

깊어지는 가을 숲에서 천연의 향기를 맡고, 햇볕의 따스함을 느끼며 알밤을 줍던 체험의 기억이 우리 서준이에게 풍요로운 추억의 한 페이지로 가득 채워져서, 훗날 자연과 공존하는 삶을 위한 마음의 여백으로 가꾸어 나가기를 바라는 마음이다.

| 작 | 품 | 론 |

# 뿌리를 찾아가는 애도의 순례

신재기(문학평론가)

## 1. 애도의 기록

수필가 임철호의 두 번째 수필집 《저물어 가는 풍경》에는 50편의 작품이 수록되어 있다. 대부분의 개인 수필집이 그렇듯이 그의 작품집도 화제와 주제가 다양한 작품을 한자리에 모아놓았다. 그런 터라 전체를 관통하는 통일된 하나의 주제를 찾기가 쉽지 않다. 물론 이는 단점이 아니다. 대부분의 문학작품집이 이런 비슷한 모습으로 세상에 얼굴을 내밀기 때문이다. 수필집뿐만 아니라 시집과 단편소설집을 포함하여 모든 문학작품집의 매력은 차이 있는 여러 작품이 한자리에 모여서 문학적 울림을 확산하고 다변화한다는 점이다. 하지만 작품집에 따라 수록된 작품 간의 접착력이 두드러지는 경우가 있다. 작가가 특정 화제나 주제에 집중력을 보이는 경우 작품들의 상관성이 높아지고 작가의 뚜렷한 성향이 드러나기 마련이다. 의도적으로 계획되지 않더라도 창작 과정에서 작가의 관심과 취향이 무의식적으로 작동하여 작품들이 특별한 흐름을 형성할 수 있다. 임철호의 이번 수필집도 다른 작품집과 비교하여 작품들의 상관성이 상대적으로 높아 보인다. 작가의 글쓰기가 어떤 한 지점을 향해 무의식적으로 수렴되는 듯한 느낌을 강하게 준다.

수필집 《저물어 가는 풍경》에는 화제나 주제가 서로 겹치거나 연관성을 지니는 작품이 상당수 있는데, 그 구심점이 되는 작품이 〈복덩이〉다. 〈복덩이〉를 중심으로 여러 작품의 주제가 파장되는 양상을 드러낸다. 이 작품은 '복덩이'라는 이름을 가진 소년이 성장하여 성인이 되기까지 일제 강점기와 해방, 해방 후 1948년 여순사건 등의 한국 근대사의 격랑을 겪으면서 억울한 죽임을 당한다는 이야기를 담고 있다.

복덩이는 1918년 백운산 자락이 섬진강 쪽으로 흘러내리는 산줄기 아래 있는 작은 마을에서 태어난다. 아버지는 삼대째 독자인 그를 "복 많이 받고 좋은 세상을 살아가기를" 바라는 마음에서 '복덩이'로 이름을 짓는다. 복덩이가 8살이 되던 해에 어머니는 병으로 세상을 떠났고, 아버지는 재혼한다. 이후 가족은 생계를 위해 고향을 떠나 일본 미야자키로 가서 기와 공장에서 일하며 생계를 꾸린다. 복덩이는 머리가 명석하여 오오요도 소학교에서 우등생으로 성장하고, 학교 수업을 마친 후에는 아버지를 도와 일하며 가족의 희망이 된다. 1934년 소학교를 마친 복덩이는 미야자키 농업학교를 거쳐 대구 관립 사범학교를 졸업하고 경남 창녕 지역 초등학교에서 교사로 재직한다. 해방 후 고향인 구례로 전근하여 교장이 된다. 그런데 1948년 여순사건이 발발하고, 복덩이가 교장으로 있던 중동초등학교가 반군의 물자 보관 장소로 이용된 것이 빌미가 되어 복덩이는 국군 토벌대에 의해 '산동면 외산리 한천마을 참새미'에서 사살된다. 복덩이 아버지는 혹한 속에 아들의 시신을 찾아 임시 매장한 후, 봄이 되어 지리산 소나무 숲에 묻는다. 결국 복덩이라는 인물은 삶의 꿈을 제대로 실현해 보지도 못하고 어린 삼 남매를 남겨두고 생을 비극적으로 마감한다.

이 작품 끝부분에서 작가는 "복덩이는 내 아버지다"라고 밝히고 있다. 아버지(복덩이)가 희생당할 때 작가는 2살의 아이였다. 아버지 죽음과 함께 곧바로 어머니마저 집을 떠나 할아버지 손에서 "고아 아닌 고아"로 자란다. 아버지와 어머니 부재에 대해 말해 주는 사람이 아무도 없어 그 내막을 알지 못한 채 유년을 보낸다. 15살에 서울로 유학하면서 고향을 떠나 산다. 나이 70대 중반이 되어서야 겨우 아버지의 억울한 죽음과 가족사의 전모를 파악하게 된다. 임철호의 가족사 관련 작품들은 바로 이 지점에서 출발하고 있다. 아버지의 억울한 죽음과 어머니의 떠남이란 충격적인 사실을 알고 났을 때 작가에게 밀려온 생각과 감정이 작품 곳곳에 스며 있다. 아버지의 억울한 죽음에 대한 분노, 자식을 떠난 어머니에 대한 미움과 그리움, 삼 남매를 부모 대신 키워 준 할아버지에 대한 고마움, 고향과 뿌리를 찾으면서 되살아난 유년 시절에 대한 아련한 향수 등은 임철호 수필의 중심에 깊숙이 뿌리 내리고 있다.

임철호의 가족사, 고향 산천의 모습, 유년의 기억을 담고 있는 수필은 두꺼운 시간을 걷어내고 과거의 진실에 다가서는 엄숙한 의식인 동시에 사실의 냉철한 기록이기도 하다. 고향을 찾아 조상의 묘를 돌보며 과거를 소환하는 그의 수필 쓰기는 오랫동안 쌓였던 상처와 한을 털어내는 씻김굿 같다는 생각이 든다. 유년의 꿈을 빼앗아 간 슬픈 가족사의 전모를 밝히고, 그 잊힌 세월과 계절을 복원하는 것은 작가 임철호에게 절실하면서도 의미 있는 일이었을 것이다. 이런 점에서 그의 수필은 문학이란 심미적 영역과는 별도로 한 존재의 정체성을 세우는 간절한 몸부림이라고 할 수 있다. 그에게 가족사의 진실, 세월 속에 묻힌 지난날의 일은 과거사가 아니라 현재의 나를 바로 세우고 지탱해 주는 지렛대 역할을 한다. 과거를 통해 그간의 결핍을 만회하고 상처를 치유하려는 그 몸부림은 깊은 슬픔의 다른 모습이기도 하다.

어쨌든 그의 수필 한복판에는 "한마디 변명도 못 하고 총부리에서 뿜어져 나온 두 발의 총탄에 이슬처럼 하늘로 사라져 간 아버지의 죽음"이 있다. 2021년 여순사건 희생자 명예회복 특별법이 제정되었지만, 작가는 "이미 수명 연한을 다한 아버지의 초록빛 꿈과 꾸어보지도 못한 나의 슬픈 꿈도 보상해 주려나"라며 회의적으로 반문한다. 여전히 자신은 "잊혀진 계절을 살고 있는데"라고 표현하며, 깊은 상실감과 역사적 비극에 대해 씁쓸하고 비판적인 태도를 보인다. 이런 점에서 임철호의 수필은 가족의 기억을 넘어 일제와 전쟁, 이념 갈등 속에서 희생된 민중의 삶을 조명하는 증언이자 애도의 기록이다.

## 2. 고향과 뿌리를 찾다

교육자로서의 꿈을 제대로 펼쳐 보지도 못하고 억울하게 죽은 아버지, 아들의 비극적인 죽음을 겪고 참척의 아픔을 안고 살다가 떠난 할아버지, 부모의 부재로 상실과 궁핍의 유년을 보내야 했던 작가는 모두 우리 현대사의 피해자들이다. 역사적 비극과 상처는 민족이나 국가 차원에서는 추상화된 관념이라면, 그것이 구성원 개인에게 해당할 때는 삶의 뿌리를 흔드는 아픔으로 남는다. 승화되지 않고 고스란히 이어진다면 그것은 분노와 같은 격한 감정의 소용돌이를 불러와 존재를 불행의 나락으로 몰고 갈 가능성이 크다. 그렇다고 과거에 있었던 일을 없었던 것으로 되돌려 놓을 수 없는 노릇이다. 현실적인 보상이나 위로도 소용없는 지금에서 중요한 것은 어떤 방식으로든 상처를 치유하고 분노를 가라앉히는 일이다. 즉 어두운 동굴에서 벗어날 수 있는 출구를 찾고 과거와 화해하는 길을 모색할 필요가 있다.

작품 〈저물어 가는 풍경〉에서 작가는 과거의 아픔과 분노를 내려놓아야 한다는 점을 깨닫는다. 유년 시절 자주 건너던 동방천 옛 나루터를 찾아가 과거와 현재의 풍경을 교차하며 회상한다. 정자 마루에 앉아 반짝이는 여울물과 그 곁의 풍경을 바라보며 자신의 인생을 돌아본다. 그리고 세월의 덧없음과 인생에 대한 연민을 느낀다. 작가가 느낀 슬픔과 회한은 할아버지의 삶이었다. 할아버지의 굽은 뒷모습과 슬픈 한숨은 1948년 무법과 무질서 속에서 억울하게 세상을 떠난 아들에 대한 깊은 비탄에서 나온 것이다. 작가는 당시 어려서 아버지의 죽음을 직접 기억하지 못하지만, 할아버지의 애처로운 뒷모습과 그 슬픔만큼은 선명히 기억한다. 할아버지의 늙고 초라

한 뒷모습을 떠올리며, 그 연민과 그리움을 오늘 다시 섬진강 여울물의 반짝이는 윤슬 속에서 발견한다. 작가의 심정은 깊은 그리움과 슬픔, 자책과 회한으로 점철되어 있다. 삶의 욕망과 허무, 가족사에 얽힌 아픔을 담담히 돌아보면서 말없이 살아낸 할아버지의 고단한 삶에 대한 존경과 연민을 드러낸다. 할아버지의 긴 한숨이 담긴 여울 위로 석양이 지는 풍경은 인생의 황혼기에 접어든 작가의 내면을 상징적으로 비추며 쓸쓸하고도 아름다운 정경을 만들어 낸다. 작가는 이 모든 것을 차분하고 성찰적인 태도로 풀어내며 욕망과 경쟁 속에서 움켜쥐려던 삶이 허무하게 손가락 사이로 빠져나간다는 깨달음을 얻는다. 자기 삶을 누구의 탓으로 돌리며 원망하거나 분노하지 말고 있는 그대로 수용하리라는 내면의 다짐이었다. 즉 노년의 작가가 취해야 할 삶의 태도는 과거와의 화해였다. 이는 오랫동안 마음에 가두어 두었던 분노와 아픔을 새롭게 승화시키는 일이다. 과거의 비극적인 가족사에 매달려 마음을 허비하는 것은 어리석은 태도이기 때문이다.

작가가 찾아낸 첫 번째 탈출구는 비극적인 가족사를 떳떳하게 드러내고 그것의 의미를 재정립하는 일이었다. 〈벌초〉〈시묘侍墓살이〉〈고향 마을을 짓다〉〈근원에 대하여〉〈제례단상祭禮斷想〉 등의 작품에서 이런 주제가 잘 드러난다. 이들 작품은 가족과 조상, 고향이라는 주제를 중심으로 깊이 있는 성찰과 현대적 해석을 담고 있다. 뿌리 의식과 조상숭배를 통한 가족의 유대감 회복, 과거와 현재를 잇는 고향의 재발견, 그리고 전통문화의 현대적 계승과 실천이란 주제로 담고 있다. 작가는 조상과 가족의 역사를 중요한 삶의 가치로 여기며 이를 적극적으로 수호하고 실천하는 태도를 보인다.

〈시묘侍墓살이〉에서 작가가 고향마을을 찾았으나 거기에는 "아무도 반갑게 맞이해 주는 이 없고, 찾아보아야 할 가까운 친척 한 집도 남아 있지" 않았다. 이런 고향의 현실을 마주한 작가는 결국 조상들이 묻힌 선산이 진정한 고향이라고 생각한다. 또한 선산을 가족의 영원한 정신적 안식처로 인식하며 이곳을 적극적으로 가꿀 것을 결심한다. 고향의 본질을 정신적이고 상징적인 공간으로 재구성하고 있음을 알 수 있다. 〈고향 마을을 짓다〉에서는 할아버지가 평생 실천한 조상숭배 정신을 깊이 이해하고 이를 물려받고자 노력하는 모습이 구체적으로 나타난다. "할아버지에게는 조상 모시는 일이 당신의 종교이며, 선산은 당신의 성전聖殿이었는지도 모른다"라는 대목에서 작가가 조상 모시기를 전통의 단순한 계승이 아니라 삶의 중요한 가치이자 성스러운 임무로 간주하고 있음을 확인할 수 있다. 또한 선산 개축 작업을 실제로 진행하는 것에서 전통을 현대적 방식으로 계승하고자 하는 작가의 실천적 의지를 엿볼 수 있다.

〈벌초〉에서는 조상의 묘를 직접 관리하며 세대 간 전통적 가치의 연결을 강조한다. 작가는 벌초 행위가 효도의 실천이자 후손에게 전통을 물려주는 중요한 수단이라고 생각한다. 과거의 가족사가 현재와 미래 세대에게 지속적으로 전달되는 것이 가치 있는 정신이라고 본다. 〈근원에 대하여〉에서는 민들레 홀씨를 매개로 작가 자신의 정체성과 뿌리에 대한 성찰을 철학적으로 확장한다. 작가는 조상 모시기를 인간 존재의 근원을 지키는 중요한 행위로 규정하며, "나를 있게 한 아버지 어머니를 넘어 조상은 나의 근원이므로, 기억하고 추모하는 의식은 길이길이 이어져야 할 경건한 보은 의식"이라고 말한다. 조상 숭배와 뿌리 의식이 개인의 정체성과 존재의 근본을 확인하는 필수적인 과정이라고 여긴다. 〈제례단상祭禮斷想〉에서는 전통적인 제례 문화가 현대 사회에서 겪는 갈등과 문제점을 지적하면서도, 본질적인 의미를 훼손하지 않고 시대에 맞게 개혁해야 함을 주장한다. "제례 의식은 시대의 정신에 맞게, 미래지향적이고 지속 가능한 제례 문화로 개선하는 것이 시대적 요구"라는 말에서 전통을 맹목적으로 지키는 것이 아니라 시대 변화에 맞춰 능동적으로 개선하고 실천해야 한다는, 작가의 현실적인 태도를 확인할 수 있다.

　작가는 과거의 가족사와 조상에 대한 존경을 통해 자신의 정체성을 명확히 하고, 전통의 현대적 계승이라는 균형 잡힌

시각으로 이를 실천하고자 노력한다. 전통을 소중히 여기면서도 현실적인 문제를 합리적인 방식으로 해결하고자 하는 유연한 태도를 보인다. 이런 태도는 가족과 사회적 유대를 회복해서 이를 다음 세대로 계승하고자 하는 깊은 책임감에서 우러나온 것이다. 작가는 일관되게 조상숭배와 효도를 중시하고 가족사를 깊이 성찰하며, 이를 통해 자기 존재의 정체성을 재확인하고자 한다.

임철호 수필에서 전통의 현대적 계승이란 주제는 손자를 제재로 한 작품에서 다른 색깔로 드러난다. 작품 〈손주의 미소〉〈다낭 여행〉〈할·손 여행기〉〈춤추는 바구니 배〉〈닌호아의 달〉〈가을 숲에 들다〉 등은 손자 '서준이'와 함께한 여행에 관한 이야기가 중심을 이룬다. 손자를 사랑하고 소중한 존재로 여기는 할아버지의 마음이 잘 드러나는 작품들이다. 하지만 여기서 끝나지 않고 작가는 손자와의 여행을 통해 과거의 자신과 현재의 손자를 겹쳐보며 삶의 연속성을 되새긴다. 이런 과정에서 아픈 상처를 치유하고 여기까지 살아온 자기 삶에 대해 자부심을 느낀다. 손자는 과거 작가의 결핍과 상처를 보상해 주는 동시에 밝은 미래를 약속하는 희망의 의미를 지닌다.

70년 전의 그 손자는 지금은 할아버지가 되어 그의 어린 손주를 데리고 머나먼 나라 베트남 다낭이라는 곳에 여행을 왔다. 참 감개무량하고 자랑스럽고 한량없이 기뻤다. 나의 유년 시절에 할아버지를 따라 한 기차 여행은 엄마를 찾기 위한 희망과 기대에 찬 여행이었다면, 이번 서준이와 비행기를 타고 온 외국 여행은 손자가 태어나서 처음 할아버지와 함께 좋은 추억을 만들기 위한 아름답고 유쾌한 여행이다. (중략) 서준이가 나중에 커서, 태어나 처음으로 할아버지와 낯선 나라에 여행하면서 마사지 받았던 기억을 예쁜 추억으로 잘 간직해 주었으면 좋겠다.

― 〈손주의 미소〉에서

  작가에게 손자 서준이는 바로 70년 전의 할아버지 슬하에서 성장했던 작가 자신과 겹친다. 작가는 자신의 유년기 기억과 손자의 현재를 겹쳐보며, 한 인간의 삶이 세대를 넘어 이어지고 완성되기를 희망한다. 자신의 기억과 삶의 철학들이 손자에게 이어져 갔으면 하는 염원이 깊이 깔려 있다. 작가의 유년은 결핍과 상처로 점철되었다. 여순사건으로 아버지를 잃고 어머니마저 떠난 뒤, 그는 할아버지 밑에서 '고아 아닌 고아'로 성장했다. 그 시절, 할아버지의 손을 잡고 기차를 타고 엄마를 찾아 떠났던 기억은 그의 삶에 깊은 인상으로 남아 있다. 이러한 배경 위에서, 손자와의 여행은 과거의 상처를 간접적으로 치유하는 의례로 작동한다. 손자를 통해 작가는 유년의 상처를 어루

만지고 되돌릴 수 없는 세월을 재구성하며 오늘의 자신을 다독인다. 손자에게 할아버지와의 추억이 아름다운 기억으로 남기를 바라는 마음은 작가가 살아온 세월이 헛되지 않았다는 점을 확인해 주는 위안의 표현이기도 하다.

이 작품집에서 등장하는 현재 가족은 손자 '서준이'가 유일하다. 아내나 자식에 대한 이야기는 괄호 속에 묻어두고 유독 손자 이야기를 자주 하는 것은 '뿌리 찾기'라는 주제와 무관하지 않다. '할아버지-나-손자'에서 '나'에게 할아버지와 손자는 동격이다. 할아버지(과거)를 이야기하지 않고는 내가 살아있다는 것을 설명할 수 없는 것과 마찬가지로 내 삶의 의미는 손자를 통해 빛을 발한다. 과거를 긍정함으로써 내 존재가 정체성을 확보할 수 있고, 내 삶은 손자에 의해 새로운 의미를 얻을 수 있다. 이런 점에서 임철호 수필의 근저에는 니체의 '영원회귀' 사상이 자리 잡고 있는지도 모르겠다.

## 3. 유년 시절의 복원

수필가 임철호는 과거의 비극적인 가족사를 극복하고 정체성을 재정립하는 두 번째의 방안으로 유년 시절을 복원하고자 한다. 상처와 결핍으로 얼룩진 시간이었든 향수를 자극하는 아련한 추억의 시간이었든 그것은 결국 과거와 화해하는 길이었다. 작가는 과거를 피하거나 우회하지 않고 긍정과 연민으로 직시하는 태도를 보인다. 〈유년의 골목〉〈삼거리의 추억〉〈햇살 바라기〉〈그리움의 쉼터〉〈잊혀진 계절〉〈눈 오는 날의 수묵화〉〈자운영 꽃밭에 누워〉〈취향臭響 – 냄새 교향곡〉〈쥬라이〉〈바람의 몽니〉 등이 바로 유년 시절의 기억과 감정을 복원하고 있는 작품들이다. 이들 작품은 유년 시절로 되돌아가 그때의 고향이란 공간과 감각적 경험을 되살려낸다. 모두 고향이라는 특정 장소와 그곳에서의 특별한 감각적 경험을 중심으로 작품이 전개된다. 이 공간들은 지리적 위치에 머물지 않고 작가의 내면에 깊이 스며들어 삶의 정서를 구성하는 원초적 요소로 작용한다. 작가 임철호에게 고향이란 공간은 기억과 경험의 저장소이며, 동시에 자신이 누구인지를 이해하는 데 필수적인 정서적 기제이기도 하다.

〈유년의 골목〉과 〈삼거리의 추억〉에서 나타나는 공간은 작가 개인의 역사와 긴밀히 결부되어 있다. 작가는 골목과 삼거리를 통해 유년의 상실과 외로움, 우정과 모험을 회상한다. 회상을 통해 이곳에서의 경험을 생생하게 묘사한다. "내 뇌리에 잠재되어 있는 안타깝고 슬픈 기억의 편린들 때문일 것"이라며 골목의 의미를 밝힌다. 삼거리 역시 서리 사건이라는 특별한 체험을 통해 작가의 기억에 강하게 각인된 정서적 장소이다. 두 공간 모두 작가에게 그리움과 동시에 과거의 상처를 돌아보게 하는 곳이다. 이러한 정서적 장소성은 〈햇살 바라기〉에서도 이어진다. 이 작품에서 작가는 햇살이라는 시각적이고 촉각적인 감각을 통해 유년 시절의 기억과 고향의 풍경을 불러낸다. 햇살은 그 자체가 정서적 위안이며, 동시에 작가에게 부족했던 온정과 사랑을 대신해 주는 존재다. "고프고 아팠던, 얼음처럼 시린 가슴을 녹여주던 먼 유년 시절의 겨울 햇살"이라는 표현에서 확인할 수 있듯이, 햇살은 작가가 느꼈던 결핍을 치유하고 위안을 주는 대상으로서 의미를 지닌다.

〈그리움의 쉼터〉에서 작가는 더욱 깊숙이 내면으로 들어가 고향과 기억의 관계를 탐색한다. 고향 골목길은 가족의 비극, 즉 여순사건으로 인한 아버지의 죽음과 어머니와의 이별이라는 개인적 상처를 안고 있는 장소로 작가의 정체성과 직결된다. 특히 "당산 할머니의 품속은 내 그리움의 쉼터였다"라고 말하는 대목은 고향이란 공간이 정서적 안정과 동시에 해결되지 않은 상실감을 함께 품고 있음을 잘 말해 준다. 작가에게 당산나무는 실제 어머니를 대신하는 상징적 존재이며, 그의 내적 고통과 그리움을 수렴하고 위로를 주는 대상물이다. 〈잊혀진 계절〉은 보다 직접적으로 작가의 정체성 문제를 심화한다. 아버지의 죽음과 어머니의 부재가 초래한 정신적 공백과 꿈의 상실을 두고 작가는 '잊혀진 계절'로 규정한다. 작가는 "꿈이라는 단어를 망각한 채 살아왔다"라고 고백하며 과거의 역사적 비극이 개인적 삶에 미친 상흔을 문학적으로 승화한다.

〈눈 오는 날의 수묵화〉에서는 자연의 풍경을 통해 과거의 기억을 시적으로 환기한다. 눈은 작가의 내면적 순수와 유년의 기억을 불러내는 매개체다. 작가는 눈 오는 날의 감각적 경험을 통해 자신이 살아온 삶의 희로애락을 성찰적으로 조망한다. 이 작품은 감각적이고 시적인 묘사를 통해 과거와 현재, 자연과 인간의 조화를 뛰어나게 구현했다는 점에서 문학적 성과가 돋보인다. 〈자운영 꽃밭에 누워〉 역시 자연과 유년의 기억을 결합하여 작가가 느끼는 정서적 소외와 근원적 외로움을 표현한다. 자운영꽃밭은 작가에게 어머니의 부재로 인한 외로움과 고독을 위로하는 안식처 역할을 한다. 작가는 이 공간에서 어린 시절 느꼈던 정서적 결핍과 의문을 되새기며 자신의 존재에 대한 철학적 질문을 던진다. 이 작품은 자운영꽃밭이라는 구체적 자연물에서 보편적 인간의 내적 고민과 그리움을 문학적으로 표현하는 데 성공했다.

이처럼 앞의 작품들은 고향이라는 특정한 공간을 중심으로 작가가 유년기에 겪었던 감각적이고 정서적인 경험을 다양하게 그려내고 있다. 이를 통해 작가는 과거의 기억과 현재의 자신을 연결하는 고리를 찾아간다. 햇살, 냄새, 꽃, 눈, 골목 등이 바로 그 고리이다. 이런 다양한 감각적 소재는 과거를 현재로 소환하고, 내면적 결핍과 상실과 그리움의 정서를 생생하게 환기하는 매개체로 작용한다. 임철호에게 고향은 물리적 공간의 의미만을 지니는 것이 아니다. 그가 자란 마을 골목, 삼거리, 당산나무 밑이나 자운영꽃밭과 같은 장소들은 그의 삶 속에서 발생한 개인적인 아픔과 역사적인 비극의 흔적을 담고 있다. 여순사건과 같은 역사적 사건으로 인해 아버지를 잃고 어머니와 헤어져 살아야 했던 그의 유년기는 고향이라는 공간에 상처와 그리움이라는 정서를 덧입힌다. 그가 떠올리는 고향의 이미지는 때로는 슬프고 때로는 포근하며, 개인적 상처와 공동체의 비극이 교차하는 역사적, 사회적 맥락을 내포하고 있다. 작가는 이러한 공간에서 비롯된 기억을 통해 자신의 정체성을 끊임없이 탐구하고 성찰한다.

임철호의 글쓰기에서 중요한 부분은 기억과 감각의 문학적 재구성이다. 이러한 재구성을 통해 인간의 내적 상실감과 정서적 결핍을 치유하는 과정을 섬세하게 보여준다. 결핍과 상처로 얼룩진 유년의 추억을 지금에 와서 소환한다는 것은 자기 인생의 의미를 긍정한다는 뜻이다. 하지만 과거 유년의 추억을 말하는 데에는 늘 불안이 뒤따른다. 즉 타자에게 나의 이야기가 충분히 전달되어 공감을 줄 수 있는지에 대한 확신이 없기 때문이다. 수필가에 따라 과거 추억을 이야기하는 데 따르는 불안을 해소하는 방법이 다양하지만, 대체로 비슷한 기억의 반복적인 병치가 두드러진다. 분명한 기억으로 남아있다손 치더라도 예외는 아니다. 분명하고 강하기 때문에 더욱더 작품에서 반복될 수 있다. 임철호의 이번 수필집에서 유년의 기억을 불어오는 작품의 수가 많았던 것은 자기 인생의 의미를 긍정적으로 포용하겠다는 강한 욕망이 작동한 결과로 보인다. 이런 화소 반복은 그 근원이 무엇인가를 이해하는 순간 감동이 배가된다. 작가의 이야기가 얼마나 절실했던 것인가를 새삼 확인할 수 있는 대목이다. 임철호의 수필에서 드러나는 유년의 추억과 관련된 화소의 반복은 유년을 복원하여 자기 존재의 정체성을 확립하려는 작가의 절실함이 표출된 것이다.

### 4. 건강한 생태 의식

수필가 임철호는 2013년에 수필가로 등단하여 2020년에 첫 수필집 《길 위의 정원》을 출간한 바 있다. 그리고 5년 만에 두 번째 수필집 《저물어 가는 풍경》을 상재하게 되었다. 그는 현직에서 은퇴한 후 다소 늦은 나이에 수필 창작활동을 시작한 만큼 이번 수필집에 수록된 작품에는 노년의 삶을 살아가는 작가의 의식과 정서가 지하의 물길처럼 면면히 흐르고 있다. '사람이 나이를 먹는다'는 것, 즉 '나이 듦'이란 어떤 의미를 지니는가. 나이의 진정한 의미는 숫자를 넘어서서 한 사람이 세상을 바라보는 태도와 관계있다. 나이 듦이 고집과 독선의 표상일 때도 있지만, 긍정적인 측면에서는 경륜과 동의어로 이해된다. 경륜을 쌓은 사람, 즉 풍부한 삶의 경험을 축적한 사람은 세상을 읽고 사안을 판단하는 데 무엇보다도 성숙함과 유연함을 보인다. 이는 삶의 경험에서 얻은 교훈과 지혜를 바탕으로 세상과 타자를 공정하게 판단하려는 태도이다. 공정성을 중요시하게 되면 나의 입장과 이익을 앞세우기보다는 상대나 타자를 이해하고 포용하려고 한다. 이처럼 세상살이의 경륜은 타인의 입장과 처지를 이해하고, 다양한 관점을 수용하는 포용력으로 이어진다. 이 포용력은 인간에게만 제한되지 않고 범우주적인 차원으로 확대하여 자연과의 상생을 지향하는 생태주의적 철학에 이르게 된다.

　이 수필집에서 생태주의적 삶의 태도가 잘 드러나는 작품으로는 〈수선 꽃 피다〉, 〈비명 소리〉를 꼽을 수 있다. 〈수선 꽃 피다〉는 작가가 우면산의 산책길에서 우연히 발견한 '수선화 약수터'에 관한 서정적이고 개인적인 체험을 담은 작품이다. 작가는 익숙했던 산길에서 뜻밖의 샘터를 발견하고, 평범한 샘터에 '수선화'라는 특별한 이름이 붙어 있는 데 호기심과 반가움을 느낀다. 이름에 걸맞게 주변 환경을 바꾸기로 결심하고 직접 수선화 알뿌리를 구해서 심는다. 겨울 동안 기대와 기원을 품고 기다린 끝에 이듬해 봄 수선화가 아름답게 피어나자 깊은 감동과 기쁨을 느낀다. 이 작품은 자연과 인간의 소박하고도 깊은 교감을 표현하는 데 주력한다. 작가는 우면산을 오랜 시간 동안 가까이하면서 삶의 일부로 자연과 소통한다. '수선화 약수터'라는 작은 장소에 개인적인 의미를 부여하고 그것을 실제 행동으로 완성하는 과정은 인간과 자연 사이의 유의미한 관계 형성을 상징적으로 표현한다. 이 작품에서 작가는 자신과 자연의 상호작용을 통해 삶의 의미를 발견하고 심리적 치유를 얻으려는 성찰적 태도를 보여준다. 이러한 태도는 낭만적 감상에 머무르지 않고 구체적인 실천과 노력으로 이어진다. 작품 끝의 "수선화 약수터의 수선화가 건강하게 자라서 야생의 산책을 즐기는 모든 산객에게 약수 한 모금이라도 선사하여 위로를 전하는 산속의 오아시스가 되었으면 좋겠다"라는 대목에서 보듯이, 작가의 실천과 노력은 자신뿐 아니라 다른 이들에게도 위안을 주고자 하는 공동체적 의식으로 확장한다. 가꾸고 관심을 가짐으로써 자연은 인간에게 더 기쁨과 아름다움을 준다는 주제는 생태 의식의 출발점이다. 약수터에 수선화를 심은 작가의 행동은 인간이 자연과 상호 연관된 존재임을 인식하고, 자연과의 공존과 조화를 중시하는 사고방식의 구체적인 실천이었다.

생태주의적 관점이 선명하게 드러나는 작품은 〈비명 소리〉

이다. 이 작품은 아파트 재건축 과정에서 무자비하게 잘려 나가는 나무들의 모습을 생생하게 그려낸다. 작가는 전동 톱과 굴착기가 나무를 베어내는 소리를 "핏빛 머금은 비명"으로 표현하며, 인간의 무감각과 폭력적 행위를 날카롭게 비판한다. 그리고 "아파트 마당과 울타리의 조경 수목은 입주민과 함께 수십 년간 같이 살아오면서 묵묵히 인간을 지켜 주었건만"이라며 나무를 인간과 동등한 삶의 동반자로 바라본다. 하지만 재건축으로 나무를 방치하고 떠나는 모습을 두고 "인간의 이기심과 인정머리 없는 냉혹함에 치를 떨었을 것이다"라고 하면서 인간의 나무(자연)를 방치하는 이기심을 꼬집는다.

이 작품에서 작가는 생태주의적 관점에서 나무를 생명체이자 정령을 가진 존재로 여긴다. 이는 자연을 도구화하지 않고 인간과 동일한 존엄성을 부여하는 생태주의 윤리의 발현이다. 또한 작가는 인간이 "지구의 주인이 아니라 손님"임을 강조하면서 오스트리아의 예술가 훈데르트 바서의 말을 인용하여 자연에 대한 인간의 오만과 착각을 비판한다. "산소를 생산하여 공기를 깨끗하게 정화해 줄 뿐만 아니라 질병을 예방해 주고 피부의 탄력과 윤기를 더해주는 등 인간의 삶에 필요한 요소를 아무 대가 없이 제공해 준다"라고 하며 나무(자연)의 공익적 가치를 강력히 환기한다. 이처럼 이 작품은 인간 중심의 개발 이데올로기에 대한 날카로운 비판과 더불어 자연과 조화로운 공존을 호소한다. 작가는 자연을 정령이 깃든 생명으로 바라보며, 나무와 인간을 공생의 관계로 인식하는 생태주의 윤리를 일관되게 견지한다.

임철호 작가는 자연을 생태주의적 관점에서 인식하고 자연과 상생하고 공존하는 삶과 관계를 강조한다. 물론 이러한 주제는 새롭거나 독창적인 것이라고 하기 어렵다. 한국 현대수필 가운데에는 인간 중심주의, 과학 기술 문화의 비인간성, 만연하는 물질 숭배와 개인의 이기성 등을 비판하는 작품이 적지 않다. 자연과의 상생을 강조하는 생태 수필도 수필의 한 부류를 이루고 있다. 하지만 익숙한 주제를 다루었다고 작품의 가치가 떨어지는 것은 아니다. 이러한 주제를 어떻게 구현하느냐의 방법이 중요하다. 임철호 생태 의식을 반영하고 작품이 지니는 장점은 그 주제의 무게나 선명성보다는 그것을 드러내는 방법에 있어 구체성을 띠고 있다는 점이다. 서사적 경험을 바탕으로 삼아 의식과 세계관을 구체화하고 있다는 말이다. 여기서 생태 의식과 서사적 경험이 매우 밀착되어 있음을 볼 수 있는데, 이는 작가의 주제 의식이 독자에게 설득력 있게 전달되는 원동력이다. 임철호 수필에서 이러한 생태주의적 세계관은 그의 수필 세계를 빛나게 하는 맑은 햇살과 같은 요소이다. 과거의 비극적 가족사가 이 작품집에 전면화되는 과정에서 동일 서사의 반복이 다소 문학성을 떨어뜨리는 것이 사실이다.

하지만 이러한 결점은 생태 의식을 반영한 작품에 의해 얼마간 상쇄되고 있다.


## 5. 이야기 수필의 성과

　수필은 작가가 자신과 세상에 관해 이야기하는 형식이다. 인간 삶의 실체나 과정은 이야기되지 않으면 시간의 블랙홀 속으로 빨려 들어가 소멸하고 만다. 시간 속으로 서서히 묻혀 가는 삶의 파편들을 모아서 의미 있는 형태를 부여하는 글쓰기가 문학이고 수필이다. 나의 이야기를 하든 나 밖에 있는 세상을 이야기하든 수필은 아직 무정형인, 경험의 원석들을 특별한 맥락에 따라 연결하고 결합하여 의미 있는 이야기를 만들어 낸다. 인간의 삶은 물살에 떠내려가는 불안전한 조각들이다. 이 조각들이 엮여 하나의 이야기로 탄생할 때 마침내 혼돈에서 벗어나 존재로서 빛을 발한다. 이야기, 즉 서사는 인간 존재의 의미를 만들어 낸다. 우리의 삶과 그 의미는 이야기를 통해 구체화되기 때문이다. 수필이 경험을 기록하고 해석하는 글쓰기라고 할 때, 그 함의는 삶을 의미 있는 이야기로 조직한다는 뜻이다. 따라서 좋은 수필은 언제나 이야기 가까이에 있다. 삶의 진실과 의미를 설명하거나 해석하기보다는 구체적인 이야기를 통해 보여주려는 수필이 독자의 공감을 더 강하게 불러올 수 있다는 점은 임철호 수필을 통해서 확인할 수 있다.

임철호 수필의 장점은 이야기를 바탕으로 하고 있다는 점이다. 그의 수필은 설명이나 해석 쪽보다는 이야기 쪽에 서 있다. 그의 작품이 재미있게 읽히는 것도 바로 이야기의 힘 때문일 것이다. 앞에서 살펴본 가족사 관련 작품들의 중심축도 이야기다. 그리고 이야기의 장점을 잘 살릴 몇몇 작품이 그의 수필 세계를 더욱 빛나게 한다. 〈산길에서 만난 노인〉〈인연의 끝〉〈어떤 고백〉〈삼봉三封의 계절〉〈친절의 온도〉 등이 그 대표적인 작품이다.

수필 〈산길에서 만난 노인〉은 서울을 떠나 백운 밸리로 이사한 작가가 주변 산길에서 우연히 만난 한 노인에 관한 이야기를 담고 있다. 노인은 부천에서 매일 새벽 두 시간 가까이 버스와 전철을 갈아타고 백운 밸리에 위치한 '하늘 쉼터 공원'에 묻힌 부인의 잔디 묘소를 참배하러 온다고 말한다. 아내의 묘소와 주변에 물을 주고 잡초를 정리하며, 매일같이 참배를 이어가는 노인의 이야기는 작가에게 큰 감동을 준다. 작가는 프랑스 철학자 샤를 페펭의 말을 인용하며, 과거는 흘러간 시간이 아니라 현재를 살아가게 하는 의미 있는 존재임을 강조한다. 노인은 과거 아내와 함께했던 시간을 소중히 여기며, 과거와의 적절한 거리를 유지하면서도 그리움을 간직하며 살아간다. 노인의 모습에서 작가는 과거와 현재가 만나는 아름답고 숭고한 인간적 모습을 발견한다. 우연한 만남을 계기로 평범한 일상을 특별한 의미의 장으로 전환하는 작가의 서정적 시선이 탁월하다. 이 작품의 가장 눈에 띄는 특징은 인간미 넘치는 작가의 따뜻한 시선이다. 작가는 노인의 순박한 행동을 숭고한 인간애의 표현으로 바라보며, 작가 본인 역시 봄이 오면 노인과 함께 묘소를 참배하고 따뜻한 국밥을 나누고자 하는 소박한 바람을 드러낸다. 이처럼 인간미가 풍부한 작가의 태도는 이 작품의 감동과 여운을 더욱 깊게 한다.

〈인연의 끝〉은 작가의 집 반지하에서 살았던 할머니와의 인연을 회고하는 작품이다. 할머니는 1·4 후퇴 때 월남하여 험난한 생을 살아왔으며, 말년에 작가의 단독주택 반지하에 아들과 함께 세 들어 살게 된다. 작가는 할머니의 생활에 배려를 아끼지 않았고, 할머니 역시 작가 가족을 위해 기도하며 따뜻한 관계를 유지한다. 이후 필자가 새집으로 이사하며 할머니를 데려간다. 세월이 흐르고 할머니는 요양병원으로 옮겨지지만, 작가는 정기적으로 문병한다. 어느 날 폭우로 인해 집의 지하실이 침수되어 할머니의 장롱과 평생의 물건이 뻘에 묻히는 비극을 겪는데, 작가는 죄책감을 느끼며 그 사실을 끝내 할머니에게 말하지 못한다. 이후 집을 재건축하게 되면서 아들까지 집을 비워야 했고, 마지막으로 할머니를 찾아가 마음속 작별

인사를 전한다. 작가는 오랜 시간 함께했던 이웃을 단순한 세입자가 아닌 가족처럼 대했고, 할머니 역시 그 정에 응답한다. 하지만 세월의 흐름과 현실적 제약은 결국 이별을 만들고, 그 이별은 '인연의 끝'이라는 제목처럼 숙연하게 마무리된다. 이 수필은 독자에게 인간관계의 따뜻함과 그리움을 잔잔하게 전달한다. 무엇보다도 서사 구조의 완결성과 자연스러운 흐름이 돋보이는 작품이다. 삶의 단면을 특정 인물을 중심으로 조명하면서, 긴 시간의 흐름을 한 호흡에 녹여낸다. 이 작품은 사회적 약자에 대한 배려와 인간적 예의, 함께 살아가는 공동체 윤리에 대한 묵직한 성찰을 담고 있다. 특히 필자의 마음속 갈등과 죄책감, 그리고 현실 속에서 한계를 느끼는 내면 고백은 진정성을 더하고 작가의 따뜻한 인간미를 재확인하게 한다.

〈어떤 고백〉은 한 개인의 삶에 깊이 각인된 배신과 그 후유증, 그리고 오랜 세월을 거쳐 나타나는 복합적인 감정의 지형을 섬세하게 탐색하고 있는 작품이다. 이 작품은 시간의 흐름 속에서 기억과 감정이 어떻게 변모하고 재구성되는지, 그리고 인간 신뢰의 본질과 그 상실이 가져오는 상처가 얼마나 끈질긴지를 깊이 있게 성찰한다. 이 작품의 가장 큰 문학적 성취는 결말 부분의 역설적인 서사 구조다. 작가는 "수행하듯 마음을 다스리고 살아"왔고, 법적 해결마저 포기한 채 "양심이 언젠가는 깨어나리라는 일말의 기대를 가슴 한쪽에 담았다"라고 고백한다. 그러나 30년이 지나 가해자의 처참한 몰락을 접하게 되었을 때, 피해자인 작가는 예상치 못한 감정에 직면한다. "아저씨 죄송해요, 제가 아저씨께 죄를 지어서 이렇게 된 것 같아요"라는 아주머니의 울먹이는 사과 앞에서 작가는 오히려 "내가 위로해야 할 처지가 되었다"는 아이러니한 상황을 인식한다. 이 대목은 인간 운명의 복잡성과 상호 연결성을 드러낸다. 가해자의 불행이 피해자에게 온전한 해방감이나 만족감을 주기보다, 오히려 깊은 연민과 함께 삶의 비극성을 다시금 상기시키는 부분은 이 작품의 문학적 깊이를 더해 준다. 한 개인의 아픈 경험을 통해 신뢰의 배신, 고통의 지속성, 그리고 용서와 연민이라는 복합적인 인간 감정의 파노라마를 진솔하게 그려 낸 수작이다. 더욱이 담담하면서도 진심이 어린 문체는 독자가 보편적인 인간사의 고뇌에 깊이 공감하게 만든다. 특히 피해자가 가해자의 불행 속에서 역설적인 위로의 감정을 느끼게 되는 결말은 삶의 아이러니와 인간 존재의 심연을 탐색하는 강한 문학적 울림을 전한다.

　이야기를 근간으로 하는 임철호의 수필은 '윤리적 성찰과 따뜻한 인간애'라는 주제를 효율적으로 구현하고 있다. 이러한 이야기의 구체성은 독자와의 공감대를 확대하는 원동력으로 작용한다. 수필이 서사적인 경험을 이야기하는 것은 기억의 조각을 시간적인 순서로 엮어내는 데 그치는 것이 아니다. 이야기는 인간 삶과 존재에 대한 능동적 이해와 해석의 과정이다. 삶의 의미와 메시지는 작가가 표면적으로 나서서 설명하는 것보다 구체적인 이야기를 통해 훨씬 설득력 있게 구현된다. 임철호의 수필이 주제를 명확하게 드러내고 독자에게 깊은 감동으로 다가가는 것도 이야기의 효능 때문이다.

수필은 자아 반영적 글쓰기다. 자기 이야기를 통해 자신의 삶을 돌이켜보는 문학이 수필이다. 자기 삶을 이야기로 형상화하는 수필 쓰기는 객관적인 경험을 기억하고 기록하는 것에 그치지 않고 자기를 이해하는 데로 나아간다. 그래서 수필 쓰기는 '자기 해석학'이다. 즉 자기 해석을 통해 자기 전환의 계기를 만드는 것이다. 이런 점에서 자기 이야기는 윤리적 판단에서 출발하여 삶의 실천으로 이어질 때 그 진가를 드러낼 수 있다. 하지만 '수필도 문학이다'라는 명제는 이러한 이야기로서 수필의 진가를 배척해 왔다. 문학이라는 가치를 앞세워 서사(이야기)보다는 서정을 앞세우고 있는 것이 현재 한국 수필의 현주소다. 오늘날 재미없는 수필, 읽히지 않는 수필이 양산되고 있는 것도 바로 서사 부재가 그 원인이라고 볼 수 있다. 이런 점에서 임철호 수필의 성과는 그의 수필이 이야기하기를 주요 방법으로 삼았다는 점일 것이다. 임철호는 '이야기하기'에 남다른 근육을 가진 수필가로 평가할 수 있다.

## 저물어 가는 풍경

초판발행  2025년 7월 25일
지은이  임철호
펴낸이  신지원
펴낸곳  도서출판 소소담담
등  록  2015년 10월 7일(제2017-000017호)
주  소  대구광역시 북구 호국로43길 7-19, 201호
메  일  sosodamdam01@naver.com
전  화  053-953-2112

ISBN 979-11-94141-15-0 (03810)
ⓒ 임철호, 2025

\* 책값은 뒤표지에 있습니다.
\* 저자와 출판사의 사전 동의 없는 무단 전재 및 복제를 금합니다.